GOTTES
WORT

IM KIRCHENJAHR

2021

GOTTES WORT

IM KIRCHENJAHR

2021

**DAS WERKBUCH
FÜR VERKÜNDIGUNG
UND LITURGIE**

LESEJAHR B – BAND 1
Advent bis 6. Sonntag

echter

Imprimi potest: Mainz, den 10. September 2020
P. Felix Rehbock, Provinzial

Herausgegeben im Auftrag der Mitteleuropäischen Ordensprovinz
der Oblaten der Makellosen Jungfrau Maria
von P. Christoph Heinemann OMI,
Merkurweg 21 · D-55126 Mainz · E-Mail: heinemann@oblaten.de
Begründet 1939 von Bernhard Willenbrink OMI †

Redaktion: P. Christoph Heinemann OMI (verantwortlich)
Maria-Theresia Brantzen · Elisabeth Hardt
Kristina Unger

Redaktionsbeirat: Prof. Dr. Thomas Hieke
Pastoralreferentin Stephanie Rieth · Pfarrer Tobias Schäfer · P. Jens Watteroth OMI

Die Tagesgebete wurden mit Erlaubnis der Ständigen Kommission für die
Herausgabe der gemeinsamen liturgischen Bücher im deutschen Sprachgebiet
dem Messbuch für die Bistümer des deutschen Sprachgebietes entnommen.
Das Deutsche Liturgische Institut erteilte für die aus ‚Wort-Gottes-Feier‘
entnommenen Perikopenorationen die Abdruckerlaubnis.

Verlag: Echter Verlag GmbH · Dominikanerplatz 8 · D-97070 Würzburg,
Telefon 0931/66068-0 · Telefax 0931/66068-23 · E-Mail: info@echter.de,
Internet: www.echter.de · www.gotteswort.echter.de

Druck und Bindung: Friedrich Pustet · Regensburg

Bezugspreise:
Band 1+2/2019: je 16,90 EUR (D) · 17,40 EUR (A)
Band 3/2019: 21,00 EUR (D) · 21,60 EUR (A)
Jahresabo: 49,00 EUR (D) · 50,40 EUR (A)
jeweils zuzüglich Versandkosten

GOTTES WORT IM KIRCHENJAHR ist auch digital erhältlich:
www.gotteswort.echter.de

Zu beziehen durch alle Buchhandlungen oder direkt beim Verlag.
Abonnementkündigungen sind nur zum Ende des jeweiligen Jahrgangs möglich.

Auslieferung: Brockhaus/Commission, Kreidlerstraße 9, D-70806 Kornwestheim.
Auslieferung für die Schweiz: AVA Verlagsauslieferung AG, Centralweg 16,
CH-8910 Affoltern am Alibs.
Auslieferung für Österreich: Mohr Morawa Buchvertrieb GmbH, Sulzengasse 2,
A-1232 Wien.

ISBN 978-3-429-05570-7

Eine Stunde bei uns selbst

Zu den Sonn- und Festtagen (B)

Thematische Reihen

Gottesdienstmodelle

Zu besonderen Gelegenheiten

Liebe Mitbrüder,
liebe Haupt- und Ehrenamtliche in Liturgie und Verkündigung!

Während wir an diesen Band von GOTTES WORT IM KIRCHENJAHR arbeiten, bestimmt Corona oder besser gesagt, der richtige und der falsche Umgang mit der Pandemie die Medienlandschaft.

Während einige Bürgerinnen und Bürger die getroffenen Maßnahmen der Behörden gutheißen oder noch strengere einfordern, lehnen andere sie ab. Manche plagen berechtigte Existenzängste, weil sie von Kurzarbeit betroffen sind oder Schutzmaßnahmen die selbstständige Tätigkeit erschweren. Andere wiederum betrachten die Krise als großen Bluff, als unangemessene Einschränkung ihres Alltags, als Gefährdung unserer Freiheit oder gar als Teil einer bösartigen Weltverschwörung.

Eine Unsicherheit im Umgang mit der Pandemie und eine Vielzahl unterschiedlicher Auffassungen und Herangehensweisen zeigt sich auch im kirchlichen Leben. Einige Gläubige fühlen sich alleingelassen, vermissen große und feierliche Gottesdienste und haben kein Verständnis für die getroffenen Maßnahmen. Andere wiederum sind froh, dass strenge Schutzmaßnahmen getroffen werden und die Kirche ihren Teil dazu beiträgt, um die Verbreitung des Virus einzudämmen.

Da ich selbst nicht in der Pfarrseelsorge tätig bin, habe ich sehr oft die Gelegenheit, in unterschiedlichen Gemeinden Gottesdienste feiern zu dürfen. Nach einem dieser Gottesdienste haben wir uns in einer kleinen Gruppe, natürlich mit Alltagsmasken und ausreichend Abstand, über die Krise unterhalten. Jemand meinte, es würde ihn stören, dass viele andere für ihre Interessen auf die Straße gingen und gegen zu strenge Corona-Regeln protestieren würden. Genau das würde ihm bei der Kirche fehlen. Mir scheint eine Aussage der deutschen Bischöfe anlässlich der Corona-Kollekte dazu die richtige Antwort zu geben: „Als Kirche sind wir auch betroffen: Ein reges Gemeindeleben ist kaum möglich und die Gottesdienste können nur eingeschränkt gefeiert werden. Das alles besorgt uns sehr. Wir nehmen Teil an den Nöten und Ängsten, die die Corona-Pandemie auslöst, und tragen mit unseren Möglichkeiten dazu bei, die Krise zu bewältigen."

Als Werkbuch für den liturgischen und homiletischen Gebrauch beschäftigt uns die Pandemie und ihre Auswirkungen auf das kirchliche Leben natürlich auch. Die Leitartikel in diesem Jahrgang werden sich der Thematik widmen und versuchen sie unter verschiedenen Aspekten zu betrachten. Den Anfang macht ein Beitrag von Thomas Hieke, Professor für Altes Testament am FB 01, Katholisch-Theologische Fakultät der Johannes Gutenberg-Universität Mainz. Er geht unter dem Titel „Theologie und Corona-Krise" einigen drängenden Fragen nach. Etwa, ob Gott Schuld an Corona ist oder was uns die Krise lehren soll. Seinen Beitrag finden Sie auf den folgenden Seiten. Ich darf ihn Ihnen herzlich empfehlen.

Natürlich hat das Thema Corona auch teilweise die Predigten beeinflusst. Bei den Vorlagen für Gottesdienste haben wir uns an unsere normalen Standards gehalten und zum Beispiel auch Liedvorschläge gemacht, obwohl momentan das Singen in vielen Kirchen noch verboten ist. Angesichts der vielen unterschiedlichen gesetzlichen Bestimmungen, die im Verbreitungsgebiet von GWiK gerade herrschen, war uns eine einheitliche und für alle gültige Gestaltung der Vorlagen nicht möglich. Auch die Tatsache, dass noch nicht klar ist, welche genauen Bestimmungen Anfang 2021 gelten, haben uns dazu veranlasst, alles so zu belassen, wie es immer ist.

Welche unserer Ideen und Anregungen Sie nutzen, bleibt wie immer Ihre Wahl. Nur Sie kennen die Bedürfnisse Ihrer Gemeinde und nur Sie wissen, welche Regeln und Bestimmungen in Ihren Kirchen einzuhalten sind.

Ich wünsche Ihnen und Ihren Gemeinden Gesundheit und Mut, Kreativität und Gottvertrauen und hoffe, dass Sie alle die Pandemie und die damit verbundenen Herausforderungen gut bewältigen.

Mit den besten Wünschen und herzlichen Grüßen

Ihr P. Christoph Heinemann OMI

Theologie und Corona-Krise

Das Corona-Virus bekämpfen wir zuerst und vor allem mit Vernunft, medizinischer Wissenschaft und Pflege. Trotzdem bleiben für viele glaubende Menschen Fragen offen, etwa: Warum lässt Gott das zu? Ist Gott überhaupt dafür verantwortlich? Warum müssen so viele Menschen an COVID-19 sterben? Bringt es mir etwas in der Krise, wenn ich an Gott glaube? Die Theologie hat Antworten auf diese Frage – doch auch sie ist eine Wissenschaft, und das bedeutet, dass jede Antwort neue, tiefere Fragen auslöst.
Ist nun Gott für diese Pandemie die letzte Ursache? Hat Gott all das ausgelöst? Eins vorweg: Es ist wesentlich humaner, den Ursprung des Virus bei Gott zu suchen, als in irgendeiner blödsinnigen Verschwörungsideologie wahlweise die Chinesen, Bill Gates oder die jüdische Weltherrschaft verantwortlich zu machen. Eine nüchterne, vernunftbasierte Religion ist besser als jede Verschwörungsideologie, die letztlich doch nur aus Hass und Chauvinismus bestimmte Gruppierungen oder Minderheiten beschuldigen will.

GOTT IST FÜR COVID-19 VERANTWORTLICH

Gott ist niemandem gegenüber „verantwortlich" und muss niemandem gegenüber Rechenschaft ablegen. Gott muss sich auch nicht an unsere Vorstellungen von „richtig" und „falsch" halten, Gott ist immer noch größer als all mein Denken und mein Bemühen um das Richtige. Die Entstehung der Corona-Pandemie ist ein komplexer Vorgang, und vielleicht können wir das nie bis ins Letzte aufklären. Wenn ich aber an den „allmächtigen Gott" aus dem Glaubensbekenntnis glaube: Gibt es irgendetwas auf dieser Welt, das unabhängig und losgelöst von Gott passieren kann? Außer natürlich das, was auf das Verhalten bzw. Fehlverhalten von Menschen zurückgeht, denen Gott die Freiheit gegeben hat. Auch die Freiheit, gegen Gottes Gebot und gegen die Vernunft zu handeln, leider.
„Brüllt der Löwe im Wald und er hat keine Beute? ... Fällt ein Vogel zur Erde, wenn niemand nach ihm geworfen hat? ... Geschieht ein Unglück in der Stadt, ohne dass der HERR es bewirkt hat?" (Amos 3,4–6). Mit den Bildern sagt die Prophetenschrift, dass jede Wirkung ihre Ursache hat. Jede Ursache kann aber auch als Wirkung einer dahinterliegenden Ursache aufgefasst werden, und so kann man zurückfragen und ist irgendwann – bei Gott. Wichtig ist dabei immer zu bedenken, dass das alles keine definitiven Aussagen darüber sind, wie Gott an sich ist, sondern das sind menschliche Deutungen, mit denen wir versuchen, uns auf komplizierte Beobachtungen einen Reim zu machen.
Wir können aber auch die Gegenprobe machen: Wenn Gott nicht die letzte Ursache ist (und wenn auch in der Form des schlichten Zulassens) – wer ist es dann? Der Zufall? Ist dann der Zufall mächtiger als Gott? Als an den einen Gott des jüdisch-christlichen Bekenntnisses glaubende Menschen haben wir keine Wahl: Ist er es nicht, wer ist es dann? So ähnlich fragt schon Ijob (Ijob 9,24). Wenn es ein Unfall oder Zufall war, den Gott nicht verhindern konnte, ist Gott nicht allmächtig. Einen nicht ganz so mächtigen Zauberer brauche ich aber

nicht als Gott. Die Alternative wäre, an einen Gott zu glauben, der mit dieser Welt nichts (mehr) zu tun hat und sich nicht (mehr) um sie kümmert. Auch dieses „höhere Wesen" brauche ich nicht, wie soll es mir helfen?

WAS WILL GOTT EIGENTLICH?

Will Gott mit COVID-19 Menschen töten? Gott spielt nicht Schach mit den Menschen und opfert ab und zu ein paar Bauern. Jeder einzelne Mensch, der an der Krankheit verstorben ist, zählt und der Verlust ist zu betrauern. Diese Menschen sind aber wie alle unsere Verstorbenen nicht ins Nichts gefallen, sondern in die Welt Gottes hinübergegangen. „Die Seelen der Gerechten sind in Gottes Hand", dieser Satz aus dem Buch der Weisheit ist sehr wichtig (Weish 3,1a). Die Verstorbenen sind in Gottes Hand gut aufgehoben. Aber viele trauernde Hinterbliebene sehen sich von geliebten Menschen getrennt. All das demonstriert unsere Begrenztheit und Endlichkeit als Menschen.
Gott ist weder Schachspieler noch Prügelpädagoge. Niemand kann die Gehirnwindungen Gottes aufzeigen und Gottes Pläne offenlegen. Der Anthropologe in der Biologie weiß auch nicht, wie genau sich ein Mensch im nächsten Moment verhalten wird, und der Psychologe kann mit Mühe die Seelengeschichte eines Menschen erhellen, aber auch nicht hundertprozentig voraussagen, wie einer seiner Patienten tickt. Also: Was will Gott? Als Theologe kann ich versuchen, mir einen menschlichen Reim auf meine Beobachtungen zu machen und dabei Gott mit einzukalkulieren. Eines unserer theologischen Werkzeuge ist die Vorstellung „etsi deus non daretur" – als wenn es Gott nicht gäbe. Stellen wir uns vor, Gott gibt es nicht – was sollen wir dann mit der Krise anfangen?

WAS SOLL UNS DIE KRISE LEHREN?

Was war das große Problem vor der Corona-Krise? Der Klimawandel. Der ist immer noch da. Nur als Größenvergleich: Nehmen Sie die Zahl der an COVID-19 verstorbenen Menschen her – und rechnen Sie noch etliche dazu, bis wir bald einen Impfstoff und ein Medikament haben. Setzen Sie nun die Zahl ins Verhältnis zu fast acht Milliarden Menschen. Am Klimawandel, wenn er sich ungebremst fortsetzt und wir nichts tun und nichts ändern, werden über kurz oder lang diese acht Milliarden sterben (nach all den Tier- und Pflanzenarten, die ohnehin schon sterben). Das ist etwas in Vergessenheit geraten, zeigt aber die Dringlichkeit des Problems – oder: der Probleme – an.
Nun wurde im Streit um den Klimawandel immer behauptet, man könne sich nicht einschränken, die Wirtschaft müsse laufen, wir müssen so weitermachen, um unseren Wohlstand nicht zu verlieren usw. Plötzlich kommt so ein Virus und alles steht still. Keine Fernreisen mehr, keine Kreuzfahrten – ist jemand gestorben, weil er nicht mehr reisen konnte? Was also müssen wir dringend aus der Krise lernen? Es geht auch mit weniger, und wir kommen besser durch, wenn wir alle vernünftiger mit unseren Ressourcen umgehen. Der vieldiskutierte und unvermeidliche „shut down" hat eine überhitzte Maschinerie sehr schnell und sehr umfassend fast ganz zum Stillstand gebracht – und nun

haben wir die Chance des Jahrtausends, ja, die Pandemie zwingt es uns auf: Wir müssen diese Chance jetzt nutzen, ganz neu anzufangen, unser Wirtschaften auf andere Grundlagen und unseren Lebensstil auf den Prüfstand zu stellen.

Jede einzelne Maßnahme, jeder Euro Fördergeld muss geprüft werden: Fördere ich damit nur die alte Gier, die auf Verschwendung von Ressourcen aufbaut und nicht nach morgen fragt? Oder fördere ich neue Technologien, die auf Nachhaltigkeit, Klimaschutz und Umweltverträglichkeit aufbauen? Und jede/r von uns muss sich fragen: Was ich da konsumiere, was ich da reise, genieße, verbrauche – halten das der Planet und meine Mitbewohner auf Dauer aus? Muss das alles sein, brauche ich das alles oder kann ich auch mit einem ökologischen Fußabdruck sehr gut leben, der ein paar Nummern kleiner ist? Ich halte die von vielen ersehnte Rückkehr zur alten Normalität für Wahnsinn, denn der Zustand „vorher" war weder notwendig noch in sich gut. Wir müssen das neue „Normal" neu denken und erkennen, was wirklich lebenswichtig ist.

DAS FUNKTIONIERT AUCH OHNE GOTT

Für diese vernünftigen Überlegungen brauche ich Gott nicht – „etsi deus non daretur". Als Theologe kann ich trotzdem eine Antwort für glaubende Menschen finden: Vielleicht hat Gott uns mit der Nasenspitze darauf stoßen wollen, dass wir nicht so weiterwirtschaften können wie bisher. Ich gebe zu, etwas brutal und umfassend, aber der Klimawandel ist leider auch brutal und weltumfassend. Der Gedanke ist übrigens nicht neu: Die Menschen, die das Ijob-Buch geschrieben haben, dachten auch schon so ähnlich: „Haut um Haut! Alles, was der Mensch besitzt, gibt er hin für sein Leben. Doch streck deine Hand aus und rühr an sein Gebein und Fleisch; wahrhaftig, er wird dich ins Angesicht fluchen" (Ijob 2,4–5). Das sagt der Satan zu Gott und meint damit: Wenn man seine Gesundheit und seinen Leib und sein Leben angreift, dann wird der Mensch hellhörig, dünnhäutig und fängt an zu denken oder zu beten oder zu fluchen. Wie anders sonst könnte Gott den Menschen aus seiner ichbezogenen Gier und seinem Kreisen um seinen eigenen Profit herauszerren?

GOTT DENKT ANDERS ALS WIR MENSCHEN

Versetzen Sie sich in die Lage Gottes, und Sie werden sich die Haare raufen: Da gibt man den Menschen eine Tora, damit sie gut leben können (Lev 18,5), aber sie befolgen sie nicht. Da kommt man selbst als Mensch zu ihnen, und sie kreuzigen einen (Jesus). Was soll ich, sagt Gott, denn noch alles machen, damit sie zur Vernunft kommen? Zweitausend Jahre lässt Gott die Menschen nach seiner Menschwerdung dahinwursteln. Sie begehen unglaubliche Grausamkeiten an ihresgleichen, Gott weint und kümmert sich um die Opfer (s. o., die Seelen der Gerechten sind in Gottes Hand). Aber jetzt, am Ende des 20. und am Beginn des 21. Jahrhunderts, da greift der Mensch in seinem Wahn so auf die Erde zu, dass es nicht mehr gutgehen wird. Gott will aber nicht, dass acht Milliarden Menschen durch den Klimawandel samt dem ganzen Planeten hopsgehen. Als Bibelleser, gläubiger Mensch und Theologe fällt es mir nicht schwer, hier einen Plan Gottes zu erkennen.

GOTT MACHT ÖFTER SO VERRÜCKTE SACHEN

In der Bibel macht Gott öfter so verrückte Sachen. Als Gott sein Volk aus Ägypten befreit, schickt er nicht eine Legion Engel, um die Ägypter zu verdreschen, sondern schiebt Wasser hin und her. Das Judit-Buch erzählt, dass eine feindliche Armee die letzte Bastion vor Jerusalem belagert – auch hier schickt Gott kein Engelheer, sondern eine kluge, tapfere und schöne Frau, Judit. Sie geht ins feindliche Heerlager und schlägt dem Anführer den Kopf ab. – Als Theologe reflektiere ich diese von Menschen erzählten Geschichten und suche danach, wie sich Menschen Gott vorstellen. Ich erkenne hier das Muster, dass Menschen sich vorstellen, dass Gott eben ganz anders ist und damit auch ganz anders handelt, als Menschen mit ihrer Logik von Krieg und Gewinnstreben argumentieren würden. Daher passt das mit dem Virus zu meinen biblischen Geschichten.

IST DAS WIRKLICH SO?

Das mit dem Virus passt auch insofern zu den biblischen Geschichten, als es Narrative sind, Erzählungen, Mythen – und damit Deutungen von Beobachtungen. Mit diesen Narrativen bekomme ich einen Sinn in das, was ich beobachte. Hat von den herausragenden Virologen, die eine tolle Arbeit machen, jemand nach dem Sinn dieser Pandemie gefragt? Das ist nicht ihre Aufgabe. Wenn ich als Theologe nun das Narrativ erzähle, dass Gott uns mit der Pandemie zeigen will, dass wir nicht mehr so weiterwirtschaften und die Erde zerstören sollen wie vorher, dann behaupte ich damit nicht, eine naturwissenschaftliche Wahrheit entdeckt zu haben. Ich weiß ebenso wenig wie die Virologen, ob es einen naturwissenschaftlich zwingenden Grund für den Ausbruch dieser Pandemie gibt – wahrscheinlich gibt es keinen, es ist schlicht Zufall. Naturwissenschaftlich betrachtet.
Aus der Perspektive der Vernunft und zunächst so, als wenn es Gott nicht gäbe (etsi deus non daretur), kann ich sagen: Wir müssen daraus lernen, unseren Umgang mit den Ressourcen dieser Welt und mit den armen Menschen zu ändern und auf eine vernünftigere Basis zu stellen. Wir sind vernetzt, weltweit, und können solche Probleme nur durch eine weltweite Solidarität und Zusammenarbeit lösen.
Aus der Perspektive der Theologie, die in Vernunft auch den Blick auf Gott einbezieht (coram Deo), kann ich sagen: Gott hat dem Menschen die Freiheit gegeben, auf dieser Erde zu schalten und zu walten – aber Gott hat den Menschen als sein Abbild und seinen Stellvertreter geschaffen, um diese Erde zu erhalten als ein Lebenshaus für Pflanzen, Tiere und Menschen. Dass alle – Pflanzen, Tiere und Menschen – auf dieser Erde in Frieden und Gerechtigkeit leben können, das will Gott. Das weiß ich aus der Bibel. Als Theologe weiß ich auch, dass Gott die Macht hat, das durchzusetzen. Wenn Gott nun den Weg des Virus wählt, um der zerstörerischen Gier des Menschen Einhalt zu

gebieten – wieso nicht? Zu den biblischen Geschichten und zu den biblischen Gottesvorstellungen würde es passen. Nochmal: Das Ganze bleibt aber eine Geschichte, ein Narrativ, eine Sinndeutung, ein Mythos, wenn Sie so wollen. Keine naturwissenschaftliche Tatsache.

AUFGABEN DER THEOLOGIE

Die wichtigste Aufgabe der Theologie besteht darin, dass sie auf die Stimme der Vernunft hinweist – Gott gab dem Menschen ein Herz zum Denken, so lehrt der Weise Jesus Sirach (Sir 17,6). Also ist mit Vernunft und Denken an die Krise heranzugehen, nicht mit Verschwörungsideologien und Schuldzuweisungen. Die Theologie kann und muss ihre guten Narrative, die auf die Bibel aufbauen, den diskriminierenden und Spaltung schürenden Verschwörungserzählungen entgegensetzen. Hier hat die Theologie eine gute Utopie zu bieten. Sie predigt eben nicht den Endzeitkampf aller gegen alle, bei dem die Schwachen zuerst untergehen müssen. Vielmehr geht es um den Entwurf einer Welt mit guten Lebensmöglichkeiten für alle Menschen und nicht nur für eine reiche, weiße, westliche, aber sich als dominant gebärdende Minderheit. Diese Minderheit hat zu lange schon die Natur zerstört, Tiere und Menschen ausgebeutet (Beispiel: Fleischindustrie!), um sich zu bereichern.

Die Theologie muss auf Gottes Plan der Gerechtigkeit hinweisen, dass Gott ein gedeihliches Auskommen für alle Menschen, Tiere und Pflanzen will. Das ist eine wichtige Lehre aus den Schöpfungstexten der Bibel (Genesis 1–2; Psalm 104). Diesen Plan kann Gott auf sehr ungewöhnliche Weise durchsetzen, auch dazu gibt es biblische Geschichten, die von der ungewöhnlichen Logik Gottes erzählen, die ganz und gar nicht zu menschlichen Logiken passt. Falls jemand den barmherzigen Gott in dieser Argumentation vermisst: Angesichts der Möglichkeit einer Sintflut (Genesis 6–9) mit einer Totalvernichtung allen Lebens (mit Ausnahme der Arche) – auch das ist ein Gedankenexperiment, ein Mythos, notabene! – ist Gott in den Jahrtausenden nach der Sintflut sehr barmherzig gewesen. Gott spricht aber nicht einfach frei (Exodus 34,6–7), sondern zieht die Menschen, die Gott als Stellvertreter auf Erden eingesetzt hat, zur Rechenschaft. Wir haben eine große Chance und Aufgabe: aus der Krise zu lernen und die alten Fehler abzulegen. Gerechtigkeit, Nachhaltigkeit, Bewahrung der natürlichen Ressourcen – das sind die Gebote des Jahrhunderts und damit gehen Begrenzung der eigenen Gier und des kurzsichtigen Gewinnstrebens einher.

An sich gebietet das schon die Vernunft, aber wer an Gott glaubt, dem sage ich als Theologe: Gott will, dass wir nicht so weitermachen wie bisher, sondern unseren Lebensstil, unser Wirtschaften und unser weltweites Zusammenleben ändern, so dass am Ende alle, Menschen, Tiere und Pflanzen, auf diesem Planeten sehr gut leben können.

ALLES ÜBERPRÜFEN

Der Zustand der Welt vor der Corona-Pandemie war leider nicht so ideal: Die „alte Normalität" war eine Welt voller Gewalt, Menschenverachtung,

Ungerechtigkeit, Ressourcenverschwendung, Schädigung des Klimas und vieles mehr – wollen wir zu dieser „Normalität" ernsthaft zurück? Ich nicht!

Jede*r Einzelne muss den eigenen Lebensstil überprüfen: Konsum, Reisen, Urlaub, Vergnügen, Fleischverzehr – ist mein Handeln verträglich für meine Umwelt oder lebe ich auf Kosten anderer und zukünftiger Generationen? Das alte Denken ist: „Das habe ich mir verdient, das gönne ich mir!" Dabei wird vergessen, dass wir uns leider viele Dinge leisten und gönnen können, die dem Planeten und zukünftigen Generationen gar nicht guttun. Das neue Denken ist: „Machen mich Dinge wirklich glücklich, von denen ich eigentlich weiß, dass sie schädlich sind oder Ungerechtigkeit fördern?" „Was macht wirklich glücklich, was brauche ich wirklich?" Da haben wir in der Corona-Zeit einiges gelernt.

Die Politik muss die Weichen der Wirtschaft – weltweit – so stellen, dass gefördert wird, was nachhaltig und klimaschonend ist. Alles, was zu viele Ressourcen verbraucht, alte Technologien usw., darf nicht wieder hochgefahren oder gefördert werden. Das Konjunkturpaket der Großen Koalition scheint mir da gute Maßstäbe zu setzen, die konsequent umgesetzt werden müssen: Kein gutes, neues Geld für alte, rückwärtsgewandte Technologien und Konzepte!

Die Wirtschaft wird nach und nach erkennen, dass wirklicher Profit auf lange Sicht nur mit der Schonung der Ressourcen und mit nachhaltigen Konzepten möglich sein wird. Strukturwandel, Erneuerung ist das Stichwort: Neue Konzepte und Technologien, erneuerbare Energien – und immer der Blick auf die zukünftigen Generationen und die Schonung des Planeten!

Die Gesellschaft hat in der Corona-Zeit viel gelernt: Solidarität, Rücksicht nehmen, Abstand halten – gegen die „Hoppla, jetzt komm ich"-Mentalität, die uns doch allen so auf die Nerven geht. Es geht auch anders, das haben wir lernen müssen, und es geht besser so. Die Ansteckungsgefahr zwingt uns, auf die anderen zu schauen und an andere zu denken – wir hätten das längst mehr tun sollen und müssen es in Zukunft auch unter „normalen" Bedingungen tun. Nicht nur: ich – sondern immer: ich und die anderen (und der Planet)!

Gerechtigkeit ist ein wichtiges Thema – heute und in der Bibel (Dtn 16,20: „Gerechtigkeit, Gerechtigkeit – ihr sollst du nachjagen"). Auch da ist in Gesellschaft, Politik, Wirtschaft und jeder/jedem Einzelnen von uns noch viel Luft nach oben!

DREI SIEBE

Im Grunde könnte man mal damit anfangen, alles, was ich „danach" wieder tun will / tun darf, durch drei Siebe zu sieben:

Macht es mich wirklich glücklich? Brauche ich es unbedingt?

Ist es gerecht? Oder leiden andere unter meinem Genießen, Konsumieren usw.?

Ist es verträglich für den Planeten? Ist es nachhaltig?

Übrigens: Meistens kommt es anders, wenn man denkt …

Thomas Hieke

29. November 2020 · Zur Liturgie

Erster Adventssonntag (B)

LIEDVORSCHLÄGE

Gesänge zur Eucharistiefeier

Eröffnungsgesang: O Heiland, reiß die Himmel auf (GL 231,1+4–5); *Antwortgesang:* Biete deine Macht auf, Herr, unser Gott (GL 48,1) mit den Psalmversen; *Ruf vor dem Evangelium:* Halleluja (GL 174,3) mit dem Vers; *zur Gabenbereitung:* Kündet allen in der Not (GL 221,1–2+5); *Danklied:* O Herr, wenn du kommst (GL 233).

Gesänge zur Wort-Gottes-Feier

Eröffnungsgesang: Macht hoch die Tür (GL 218,1+3); *Predigtlied:* O Heiland, reiß die Himmel auf (GL 231,1+4–5); *Danklied:* Die Nacht ist vorgedrungen (GL 220,1+5).

ERÖFFNUNG

Liturgischer Gruß

Der Herr, unser Gott, ist Grund unserer Hoffnung und unserer Zuversicht. Er sei mit euch / ist mit uns allen!

Einführung

Ein neues Kirchenjahr beginnt. Aufs Neue rufen wir zu Gott, dass er seinen Himmel öffne, ja aufreiße. Alles, was zwischen ihm und seinem Volk steht, soll weggeräumt werden. Wir dürfen uns Gott anbieten, dass er uns forme, uns helfe Verhärtungen und Eingefahrenes zu überwinden und Hoffnung zu leben. Freuen wir uns über diese neue Chance, dieses Geschenk vor uns liegender Zeit, über alles, was Gottes Treue uns schenkt, damit die Gemeinschaft zwischen ihm und uns spürbar und prägend sei.

Kyrie-Litanei

Herr Jesus Christus, du bist unsere Hoffnung. Herr, erbarme dich.
Dir dürfen wir in jeder Lebenslage vertrauen. Christus, erbarme dich.
Auf dich hin und von dir her dürfen wir leben. Herr, erbarme dich.

Tagesgebet der Eucharistiefeier

Herr, unser Gott, alles steht in deiner Macht;
du schenkst das Wollen und das Vollbringen.
Hilf uns, dass wir auf dem Weg der Gerechtigkeit
Christus entgegengehen und uns durch Taten der Liebe
auf seine Ankunft vorbereiten, damit wir den Platz zu seiner Rechten erhalten,
wenn er wiederkommt in Herrlichkeit. Er, der in der Einheit des Heiligen Geistes
mit dir lebt und herrscht in alle Ewigkeit.

1. Lesung: Jes 63,16b–17.19b; 64,3–7
In der Lesung dürfen wir einem Beter zuhören, der die Beziehung zu Gott reflektiert, aus dem Gewesenen, aus Versagen und Scheitern heraus, Gott um sein erneutes Entgegenkommen und Gestalten bittet.

2. Lesung: 1 Kor 1,3–9
Paulus verkündet uns Gottes Treue. Er erinnert uns daran, dass wir von Gott alles empfangen haben, was seine Gnade uns schenkt. Deshalb dürfen wir für unsere Berufung danken.

Evangelium: Mk 13,24–37
Wachsamkeit ist die große Aufforderung, die uns Jesus im Evangelium ans Herz legt: Wachsam für alles Geschehende, wachsam für alles Kommende, wach für Gottes Spuren und Botschaft in den Zeichen der Zeit.

FÜRBITTEN

Rufen wir miteinander zu Gott, dass er seinen Himmel öffne:

- Für die ganze Menschheit, die berufen ist, Frieden zu gestalten, Gerechtigkeit zu suchen, Versöhnung zu schenken.
- Für alle, die an Gott glauben, die um Gottes offenen Himmel wissen, seiner Liebe vertrauen und sich mühen, diese weiter zu schenken.
- Für alle, die einander ein Stück Himmel sind: alle Liebenden, alle, die einander von Herzen gut sind, Geduld miteinander haben, Verständnis, Güte und Beistand schenken.
- Für alle, die sich Schuld und Versagen eingestehen, mitten im Scheitern mit Enttäuschung ringen, Ermutigung und Verständnis brauchen.
- Für alle, die keine Antenne mehr für die Frohe Botschaft haben, nicht mehr nach Gott fragen, Glauben und Wissen nicht zusammenbringen - und dennoch Unruhe und Sehnsucht in sich spüren.
- Für unsere Verstorbenen, die wir in Gottes Liebe geborgen glauben. Für die Sterbenden, denen wir wünschen, dass sich der Himmel für sie auftut.
- Für die Trauernden, die mit dem Zurückbleiben und Loslassenmüssen kämpfen.

Gott, du bist bei allen Menschen. Du liebst deine Schöpfung. Deine Kraft lässt uns leben. Sei gepriesen in Ewigkeit.

Zum Vaterunser

Wenn wir mit Jesu Worten beten, wollen wir ihn bitten, dass unser Leben gelingt, weil wir uns ihm im Gebet immer neu anvertrauen, damit er, der Töpfer, uns zu einem herrlichen Kunstwerk gestalte.

Kommunionvers

Gott hat uns berufen zur Gemeinschaft mit ihm. Er gibt sich selbst in unsere Hände, schenkt uns Nahrung und Heil.

Zur Besinnung

Gott, wo bin ich schmutziges Kleid?
Wo vergesse ich deinen Namen anzurufen?
Wann irre ich von deinen Wegen ab?

Danke, dass du mir trotzdem treu bist!
Danke, dass du die Gemeinschaft mit mir nicht aufkündigst!
Danke, dass du mich zur Wachsamkeit rufst!

ELEMENTE FÜR DIE WORT-GOTTES-FEIER

Zum Predigtlied

Die biblischen Texte im Advent mahnen uns zur Wachsamkeit. Wir erwarten die Ankunft des Herrn. In Erwartung seiner Ankunft singen wir voller Hoffnung und Erwartung das adventliche Lied: „O Heiland, reiß die Himmel auf" (s. o.).

Zum Schuldbekenntnis

In einem Augenblick der Stille wollen wir auf uns selber schauen: Wie steht es um mich, meine Beziehungen, meinen Glauben, meine Arbeit, meine Ehrlichkeit, meine Liebe?

Zum Friedenszeichen

Treten wir mit offenen, ausgestreckten Händen vor Gott. Bitten wir ihn, dass er unsere leeren Hände fülle, unserem Tasten Halt schenke, unserem Mühen um Frieden Kraft gebe und unser Schenken mit Liebe durchdringe.

Albert L. Miorin

Gebt Acht!

Wer hätte vor einem Jahr gedacht, dass die Aufforderung achtsam zu sein und zu bleiben nicht allein für Christen im Advent, sondern für alle Menschen auf der Welt zur tagtäglichen Herausforderung werden könnte? Einzig der Beginn des Lebens in Achtsamkeit mit dem Ziel sich selbst, die nächsten Angehörigen und auch andere Mitmenschen vor der Ansteckung mit dem gefährlichen Corona-Virus zu schützen, war zeitlich etwas versetzt, aber kein Mensch blieb davon verschont. Tatsächlich sind die konkreten Bedingungen sehr unterschiedlich, wie Menschen diese Haltung leben können, je nachdem wie die häusliche und berufliche Situation ist, wie die Vorkehrungen der Regierungen sind, die Menschen in ihrer Selbstsorge und der Sorge füreinander zu unterstützen. Aber nicht nur die Umstände variieren sehr stark, auch die Ausdauer in der Achtsamkeit ist von Mensch zu Mensch verschieden.

Der Evangelist Markus hat die Mahnung Jesu: „Gebt Acht und bleibt wach!" in der Zeit um 70 n. Chr. verkündet, als Krieg im Land herrschte, der Tempel in Jerusalem zerstört worden war und die frühchristliche Gemeinde sich neu orientieren musste. Diese Schrecken bedeuteten nicht das allgemeine Ende der Welt und das Wiederkommen des Menschensohns mit Macht und Herrlichkeit, das viele als nah bevorstehend dachten. Die anschauliche Erzählung von dem Mann, der für eine unbestimmte Zeit auf Reisen ging und während seiner Abwesenheit alle Verantwortung den Dienern übertrug, sollte ihnen helfen, sich in der Zwischenzeit einzurichten, es sich aber nicht zu gemütlich zu machen, um die Rückkehr des Hausherrn keinesfalls zu verschlafen.

Wie können Menschen über eine ungewiss lange Zeit in einer gespannten, wachen Haltung leben? Das ist eine Grundfrage menschlichen Lebens. Es ist nicht ausgeschlossen, dass Menschen, die es gewohnt sind, von der Hand in den Mund zu leben, sich darin leichter tun als wir Satten, die wir es uns über eine so lange Zeit recht komfortabel eingerichtet hatten: reisen können, freies Leben ohne Einschränkungen führen. Millionen von Menschen in den armen Ländern der Südhalbkugel sind im eigentlichen Sinn des Wortes Tagelöhner. Sie leben mit ihrer Familie von dem Lohn, den sie an einem Tag erwirtschaften. Da heißt es immer wach zu bleiben für jede kleine Verdienstmöglichkeit, nicht eine zu verpassen, weil das Leben davon abhängen könnte. All diese Menschen sind besonders hart getroffen von der Corona-Krise, ihnen sollte unsere praktische Solidarität gelten. Zugleich haben wir die unerwartete Möglichkeit, sie als unsere Lehrmeister in der Achtsamkeit wertzuschätzen.

Schwärmerisches Leugnen der Gefahren für mich und andere ist ebenso wenig angebracht wie spannungsloses Desinteresse. Alles egal, nein: jede Stunde, jeder Augenblick ist von Bedeutung. Nur wenn ich ganz gegenwärtig bin, bin ich frei so oder anders zu handeln, Verantwortung zu übernehmen. Jesus sagt es allen: Seid wachsam!

Brigitte Schmidt

Gott ist treu!

Unsicher sein in Bezug auf Gottes Treue? Israel kennt das. Jesaja bringt die Unsicherheit seines Volkes im Gebet vor Gott. Darin erkennt man: Israel fühlt sich gottverlassen. Es weiß, dass es sich selbst von seinem Gott abgewandt hat. Jetzt jedoch meint es, dass Gott sich von ihm abgewandt hätte. Es findet keinen Zugang mehr zu seinem Gott. Und dennoch ist es sich bewusst: Kein anderer Gott ist sein Gott als jener, der sich immer wieder an ihm gnädig erwiesen hat. Es ist der Gott Abrahams, Isaaks und Jakobs. Sein Erlöser von jeher.

WENN GOTTES TREUE IN FRAGE STEHT

Unsicher sein in Bezug auf Gottes Treue? Diese Unsicherheit kennt auch der Jesuit Huub Oosterhius, der uns durch seine Lieder und Texte bekannt ist. Lieder wie dieses: 1. „Ich steh vor dir mit leeren Händen Herr; fremd wie dein Name sind mir deine Wege. Seit Menschen leben, rufen sie nach Gott, mein Los ist Tod, hast du nicht anderen Segen? Bist du der Gott, der Zukunft mir verheißt? Ich möchte glauben, komm mir doch entgegen. 2. Von Zweifeln ist mein Leben übermannt, mein Unvermögen nimmt mich ganz gefangen. Hast du mit Namen mich in deine Hand, in dein Erbarmen fest mich eingeschrieben? Nimmst du mich auf in dein gelobtes Land? Werd ich dich noch mit neuen Augen sehen?" (Huub Oosterhuis / Lothar Zenetti, „Ich steh vor dir mit leeren Händen ...", Nr. 422 aus: Neues Gotteslob. Katholisches Gebet- und Gesangbuch)[1].

Unsicher sein in Bezug auf Gottes Treue? Kennen Sie das auch? Momente, in denen Gott Ihnen so völlig fremd ist? Augenblicke, in denen Sie Gottes Wege mit Ihnen nicht verstehen können? In denen vieles für Sie keinen Sinn ergibt? Wo Sie sich keinen Reim darauf machen können? Stunden, Tage, in denen Sie an Gott in die Irre gehen könnten, weil Sie ihn nicht mehr nahe spüren? – Darin besteht die Ambivalenz unseres Gottes, dass wir ihn einmal hautnah und ein anderes Mal unendlich weit entfernt von uns erfahren. Gott lässt sich finden. Gott lässt sich suchen. Wir haben es nicht einfach mit ihm. Und er nicht mit uns! So ist das Verhältnis zwischen Gott und uns Menschen, nahezu menschlich fast und zugleich so unbegreiflich. Im wahrsten Sinne des Wortes: Gott lässt sich nicht greifen, festhalten, besitzen.

Ja, es gibt diese Unsicherheit in Bezug auf Gottes Treue. Zweifel, die vollkommen menschlich sind. Derer wir uns nicht zu schämen brauchen. Mystiker sprechen in diesem Zusammenhang von Gottesfinsternis oder der dunklen Nacht des Glaubens. Kennen Sie solche Nächte? Momente, in denen Sie nur noch schwarz sehen können und ihr Blick verstellt ist? – Was hat Ihnen geholfen, diese Nächste durchzustehen? Was hat Sie gehalten und langsam wieder aufgerichtet? Wie konnte es wieder hell in Ihrem Leben werden? Wie

---

[1] © Verlag Herder GmbH, Freiburg i.Br. 2014.

haben Sie Ihren Gott wieder gefunden? Oder wie haben Sie sich von ihm finden lassen? Und wie war das, als Sie sich wieder gefunden hatten, Gott und Sie? Sie sich von Gott wieder in den Arm genommen fühlten?

ERINNERUNG IN ZEITEN DER NOT

Unsicher sein in Bezug auf Gottes Treue? Wie halte ich die Unsicherheit aus? Es heißt, dass die Erinnerung wie ein Fenster sei, durch das man Gott sehen kann, wann immer der Mensch will. – Israel hat eine lange Geschichte mit seinem Gott. Sie steckt voller Erinnerungen. Erinnerungen, die es aufrichten in den Momenten, in denen es am Boden liegt. Juden erinnern sich bis heute an die Errettung aus der Sklaverei und aus den Händen der Ägypter. Sie erinnern sich an einen Gott, der Herr und Vater ihres Volkes ist und sich als solcher immer wieder erweist. – Welche aufrichtenden Momente der Erfahrung mit Gott gibt es in Ihrem ganz eigenen Leben? Wie hat Gott sich Ihnen dabei gezeigt? Wie hat er Sie aus der Gefangenschaft Ihres ganz eigenen Ägyptens herausgeführt? Was bewirken heute diese Erinnerungen bei Ihnen? Möchten Sie sich darauf verlassen? Möchten Sie sich auf Gott verlassen?

GEBET FÜHRT ZU GOTT

Wege aus der Unsicherheit bezüglich Gottes Treue heraus suchen und finden Menschen auf ganz unterschiedliche Weise. Für viele ist das Gebet ein Weg, der Unsicherheit zu entkommen. Sie beten auch dann, wenn für sie im Augenblick ihr Beten keinen Widerhall findet. Treu bleiben im Gebet, auch dann, wenn Gott augenscheinlich nicht antworten sollte, darum geht es von unserer Seite aus. Jesaja betet, was seinem Volk auf dem Herzen liegt. Fragend, bittend, selbstanklagend tritt er vor Gott. Am Ende seines Gebetes steht ein Ausrufezeichen, das aller Unsicherheit ein Ende setzt: Die Unsicherheit seines Betens weicht der Überzeugung, dass Israel zu Gott gehört und, untrennbar mit diesem Volk verbunden, Gott zu Israel. „Und doch bist du, Herr, unser Vater."

ZUSAGE VON GOTT SELBST

Die letzte Strophe des zitierten Liedes von Huub Oosterhuis beginnt so: „Sprich du das Wort, das tröstet und befreit und das mich führt in deinen großen Frieden." – Gott hat sein Wort bereits gesprochen. An Weihnachten werden wir im Johannesprolog hören, dass dieses Wort fleischgeworden ist, dass es unter uns Menschen gewohnt, gelebt hat. Dass uns in Christus dieses Wort geschenkt ist und mit ihm Gottes Versprechen uns Menschen gegenüber: Dass er treu ist, treu seinem Volk gegenüber, treu gegenüber einem jeden von uns. Wir sind und wir bleiben das Werk seiner Hände.

Thomas Diener

Bleibt wach!

Es ist bizarr, wovon Jesus da im Jüngerkreis berichtet: Die Sonne wird sich verfinstern, der Mond nicht mehr scheinen, die Sterne vom Himmel fallen. So sehr uns Jesu Worte am Herzen liegen, so absurd scheinen sie doch auch zu sein, so biblisch fern. Apokalyptische Weltuntergangsszenarien waren damals zwar gang und gäbe – geheime Enthüllungen über das Ende der Welt. Allerdings scheint das nicht in unsere Zeit zu passen. Oder vielleicht doch.

BIBLISCHE UND MODERNE APOKALYPTIK

Die Weltuntergangsbeschwörungen hatten zur Zeit Jesu folgenden Hintergrund: Die Unterdrückung durch fremde Mächte wie die Römer, hohe Abgaben und die dadurch sich vergrößernde Armut machten den Menschen in Israel neben allen persönlichen Schicksalsschlägen das Leben schwer und ließen die Hoffnung auf eine Erlösung stärker werden, die plötzlich und von außen über alle hereinbrechen und wieder Gerechtigkeit schaffen würde. Doch was Erlösung werden sollte, kam zunächst einmal als Umsturz aller bisherigen Zustände daher, hier im Markusevangelium so: Kein Licht mehr von den Gestirnen und die Kräfte des Himmels werden erschüttert.

Nun, auch wenn uns die biblische Apokalyptik eher fremd vorkommt, so sind uns doch Enthüllungen über zukünftige Katastrophenszenarien gerade überhaupt nicht fremd. Während die einen den Klimawandel weiterdenken und eine Zukunft mit Dürren, Überschwemmungen und Wirbelstürmen prophezeien, sehen andere in eine Zukunft sich steigernder Epidemien, die unsere Bevölkerungen heimsuchen werden, Bedrohungen des Lebens vom Embryo bis hin zu den ältesten Mitbürgern, und wieder andere sehen die Demokratie am Ende und an allen Ecken der Welt wieder Diktaturen und totalitäre Herrschaftssysteme an die Macht kommen. Das ist nicht ganz so, als ob die Sterne vom Himmel fallen, aber es ist auch nicht weit davon entfernt. Denn: Auch heute gibt es, von den Nachrichten in Zeitung und Fernsehen über die Populärwissenschaft bis zur Welt der Filme, geradezu eine Lust an Bildern und Geschichten vom Sterben und Aussterben, Verkümmern und Ersticken, Explodieren und Verbrennen.

DIE ZEICHEN ERKENNEN

Vorstellungen von einer Zukunft, die unser bisheriges Leben völlig auf den Kopf stellt, sind also nicht neu. Doch genau an dieser Stelle setzen die Ermahnungen Jesu an seine Jünger ja an. Sie sollen die Zeichen der Zeit erkennen, sollen aufmerksam sein und wach bleiben, damit sie nicht ahnungslos in die ungewisse Zukunft gehen. Und diese Zeichen der Zeit sind absolut keine Geheimzeichen, die nur Eingeweihte erkennen können. Jesus spricht vom Feigenbaum, der Blätter treibt, als Zeichen für den Sommer, auch Paulus spricht an anderer Stelle davon, dass man an den Früchten erkennen kann, welcher Geist die Menschen um- und antreibt. Es scheint also wirklich nicht so schwer zu sein, Zeichen für einen Umbruch in der Welt, Zeichen für Ungerechtigkeit und Unmenschlichkeit in der Welt auszumachen. Christen sollten vielmehr in Jesu Worten und seinem Vorbild einen ziemlich guten Maßstab haben, das zu erkennen, was nicht (mehr) stimmt in unserer Welt.

Das Problem ist vielmehr – und das ist das Besondere der Reden von der Endzeit und dem Gericht – für diese Veränderungen in der Welt wachsam zu bleiben. Und das ist wohl bis heute eine viel größere Herausforderung, sind Menschen doch groß darin, das, was in der Welt falsch läuft, zu ignorieren oder achselzuckend zu registrieren, weil man ja eh nichts dagegen tun kann.

DREIMAL WACHSAM

Bleibt wach! Seid also wachsam! Seid wachsam! Gleich dreimal beschwört Jesus am Ende seiner Rede seine Jünger. Und diese Aufforderung geht nicht nur an sie, sondern durch das Evangelium an alle, die auf Jesu Worte hören und sich nach ihnen richten. Denn das Ende der Welt, wie wir sie kennen, steht auch heute immer vor unserer Tür: Umweltzerstörung, Klimawandel, Epidemien, totalitäre Herrschaften in unserer Welt, Bürgerkriege, soziale Ungerechtigkeiten, ungleiche Verteilung von Reichtum – das sind alles Realitäten, die über kurz oder lang unsere Welt verändern werden. Und es ist nicht so, als ob sie nicht erkennbar wären. Zwar lässt sich Vieles anscheinend so hinnehmen, die menschliche Ignoranz scheint groß zu sein, die Zustände in der Welt erscheinen wohl Vielen als unveränderlich oder alternativlos. Doch sollte es Christinnen und Christen immer klar sein, dass sie in dieser Welt in der Verantwortung Jesus gegenüberstehen. Das Gleichnis vom Herrn, der auf Reisen ging und alles seinen Dienern überließ, lässt sich nicht anders deuten, als dass das, was in der Welt zu sehen ist, immer wieder daraufhin befragt werden muss, ob es in Jesu Sinne ist. Wachsam sein bedeutet, die Welt mit offenen Augen zu sehen und dabei zu fragen, was Jesus tun würde. Konkret: Die Welt heute mit der Bibel in der Hand beurteilen. Das klingt vielleicht naiv oder weltfremd, ist aber absolut richtig, wenn man wachsam bleiben will. Selbst Epidemien kann man sich mit christlicher Nächstenliebe nähern, auch den Klimawandel kann man zwar im Moment nicht aufhalten, sich aber darum bemühen, dass die Schöpfung weiter so gut wie möglich erhalten bleibt. Die Kluft zwischen arm und reich muss uns immer ein Stachel im Fleisch bleiben, der sowohl privat als auch gesellschaftlich bekämpft werden muss.

Im Moment fallen keine Sterne vom Himmel und auch die Sonne verfinstert sich nicht, aber hell ist die Welt bei weitem nicht für alle Menschen. Jesus hat gepredigt, dass das Reich Gottes nah ist und er hat damit gemeint, dass es im Handeln eines jeden Menschen nahe kommen und wirklich werden kann. Genauso aber ist das Ende der Welt, wie man sie kennt, eine ständige Bedrohung, sei es im Privaten, sei es in einer Gesellschaft oder eben auch für die ganze Welt. Seien wir also wachsam und tun wir unser Möglichstes im Namen Jesu, um das Himmelreich zu schaffen und nicht nur auf das Ende zu warten.

Christoph Buysch

Seid wachsam!

Vorbereitung: Die Gemeinde einladen, am 1. Adventssonntag den häuslichen Adventskranz zur Segnung mit in den Gottesdienst zu bringen.

ZUR ERÖFFNUNG

Schon seit einigen Wochen kann man an den Häusern, in den Geschäften und Straßen Veränderungen feststellen: Es ist auf einmal gar nicht mehr so dunkel, obwohl November ist. Wisst ihr, was ich meine? (–) Ja, die Lichterketten und die Weihnachtsdekorationen werden täglich mehr. Auch hier in der Kirche sehen wir eine Veränderung. (–) Der Adventskranz ist aufgestellt, denn heute feiern wir den ersten Adventssonntag. Einige von euch haben den Adventskranz von zuhause mitgebracht. Alle schauen ein wenig anders aus, aber eines haben sie gemeinsam. (–) Genau. vier Kerzen. Der Adventskranz mit grünen Zweigen und vier Kerzen ist seit über 150 Jahren ein Brauch, der in vielen christlichen Familien gepflegt wird. Er macht sichtbar, dass sich die Adventszeit von anderen Jahreszeiten unterscheidet, und er erinnert uns täglich daran, unsere Aufmerksamkeit auf das nahende Geburtsfest Jesu zu richten.
So wollen wir jetzt um Gottes Segen für unsere Adventskränze bitten. Aus jeder Familie kommt nun jemand nach vorne und stellt den mitgebrachten Adventskranz auf die Stufen des Altarraums.

Segnung des Adventskranzes (Benediktionale, S. 25) oder:
Lasset uns beten:
Wir danken dir, guter Gott, für die heute beginnende Adventszeit.
Mitten in der Dunkelheit der Wintermonate weisen die Kerzen des Adventskranzes auf Jesus hin.
Jesus ist unser Licht, Zeichen deiner großen Liebe zu uns.
Wir hoffen und glauben, dass Jesus zu uns kommt:
Heute, in unserem Gottesdienst,
zuhause, wenn wir gemeinsam um den Adventskranz sitzen, und
am Ende der Zeit, wenn deine Liebe alles Dunkle der Welt in Licht wandelt.

Segne + diese Adventskränze und diese Kerzen *(Besprengen mit Weihwasser)* und segne + auch uns. Mache uns in diesen Tagen des Advents zum Licht für andere. Darum bitten wir durch Christus, unseren Herrn.

ZUR VERKÜNDIGUNG

Evangelium: Mk 13,33–37
Bestimmt habt ihr es auch gehört: Dreimal das gleiche Wort – „wachsam". Das scheint Jesus sehr wichtig zu sein. In unserem heutigen Sprachgebrauch ist es eher selten zu hören. Ihr kennt die Aufforderung „Passt auf!": Pass auf, wenn du über die Straße gehst. Pass auf deine Jacke auf. Pass in der Schule auf. Die Liste ließe sich fortsetzen. Heute hören wir sie alle: Kinder und Erwachsene. Seid

wachsam! Jesus verbindet diese Ermahnung mit einer kurzen Geschichte. Wir wollen sie noch einmal zusammentragen. Wer erinnert sich? (–) Ein Mann – er muss wohlhabend sein, denn er hat Diener, die für ihn arbeiten – will verreisen und teilt jedem eine Aufgabe zu. Die wichtigste Aufgabe erhält wohl der Türhüter, denn ihm wird befohlen, wachsam zu sein. Aber warum soll er wachsam sein? (–) Weil keiner der Diener weiß, wann der Hausherr zurückkommt – ob er am Abend oder um Mitternacht oder in der Morgendämmerung kommt. Der Diener aber, der an der Tür steht und den Weg vor dem Haus beobachtet, wartet auf den Hausherrn und kann allen anderen Bescheid geben, wenn er ihn schon von Weitem kommen sieht. Alle Diener sollen ihn willkommen heißen.

ADVENT – WARTEN UND WILLKOMMEN HEISSEN

Was hat dieses Gleichnis denn mit der Adventszeit und mit uns zu tun? (–) Worauf warten wir? (–) Wir warten auf Weihnachten, auf das Fest der Geburt Jesu. Für die meisten Kinder ist das eine richtige Geduldsprobe, denn in unserem Land ist das Weihnachtsfest eng verbunden mit dem einander Beschenken. Und als Kind darf man einen Wunschzettel schreiben mit Dingen, die man so gerne hätte und die vielleicht Heiligabend unter dem Weihnachtsbaum liegen.
Von Geschenken ist in dem Gleichnis Jesu aber nicht die Rede. Es geht vielmehr um den Herrn, auf den die Diener warten. Dieser Herr ist Jesus selbst. Auf ihn freuen sie sich, weil er sie liebt und ihr Leben hell macht. Jesus möchte, dass wir wie die Diener auf ihn warten. Er möchte, dass wir ihm die Türen unseres Herzens öffnen. Doch wie können wir das tun? (–) Vielleicht hilft uns der Adventskranz dabei. Wenn wir abends jede Woche eine Kerze mehr anzünden, können wir mit der Familie ein Gebet sprechen: (GL 25,3).
Gütiger Gott, voll Freude erwarten wir das Fest der Geburt Jesu, deines Sohnes: Er macht hell, was in unseren Herzen dunkel ist. Er kann trösten, wo wir traurig sind. Lass uns spüren, dass er uns nahe ist. Gib uns die Kraft, selbst aufzubrechen und ihm entgegenzugehen, Christus, unserem Bruder und Herrn.
Wenn wir uns an mehreren Abenden in der Woche dafür Zeit nehmen, werden wir spüren, dass wir ruhiger werden und uns gleichzeitig konzentrierter auf das Weihnachtsfest vorbereiten. Die Adventszeit ist wie ein Weg, der durch die vier Kerzen des Adventskranzes von Woche zu Woche heller wird. Wenn uns das bewusst wird, werden wir täglich mehr Freude verspüren.

DEN ADVENTSWEG EINSCHLAGEN

Wachsam sein bedeutet eben auch, vorauszuschauen, über den Horizont zu blicken und nicht nur bequem sitzen zu bleiben und abzuwarten, was da wohl Weihnachten kommen mag. Wachsam sein heißt neugierig und bereit sein, sich aktiv auf den Weg zum Weihnachtsfest zu machen und sich auf Jesus als Kind in der Krippe zu freuen. Mit dem nun anschließenden Lied wollen wir uns gegenseitig ermutigen, den Adventsweg auch zuhause weiterzugehen.
Lied: Wir sagen euch an, den lieben Advent (GL 223)

Katrin Kayenburg

Zweiter Adventssonntag (B)

LIEDVORSCHLÄGE

Gesänge zur Eucharistiefeier

Eröffnungsgesang: Kündet allen in der Not (GL 221); *Antwortgesang:* O Heiland, reiß die Himmel auf (GL 231,1–2+4) oder Frieden verkündet der Herr seinem Volk (GL 633,5) mit den Psalmversen; *Ruf vor dem Evangelium:* Bereitet den Weg des Herrn (GL 226) mit dem Vers; *zur Gabenbereitung:* Macht hoch die Tür, die Tor macht weit (GL 218,1+4); *zur Kommunion:* Herr, send herab uns deinen Sohn (GL 222); *zur Entlassung:* O Herr, wenn du kommst, wird die Welt wieder neu (GL 233).

Gesänge zur Wort-Gottes-Feier

Zum Anzünden der Kerzen am Adventskranz: Wir sagen euch an den lieben Advent (GL 223,1–2); *Lobruf zum Evangelium:* Mache dich auf und werde licht (GL 219) mit Zwischentexten.

ERÖFFNUNG

Liturgischer Gruß

Jesus Christus, dem wir im Advent einen Weg in unsere Welt bereiten wollen, er sei mit euch / ist mit uns allen.

Einführung

Das Jahr 2020 hat die meisten von uns verunsichert: Weltweit hat es vielen Menschen Einsamkeit, Krankheit und Tod gebracht, Existenzbedrohung und Ratlosigkeit. So viele Menschen wie noch nie sind im vergangenen Jahr in Deutschland aus der Kirche ausgetreten – aus Protest, aus Enttäuschung. Eine halbe Millionen Menschen. Der Glauben an Gott und das Vertrauen in die christlichen Kirchen schwinden.
Wie geht es uns damit, die wir heute zum Gottesdienst gekommen sind? Erwarten wir Trost? Oder Ermutigung für ein Leben als Christ und Christin? Wir feiern heute den 2. Advent. Die biblischen Texte bieten uns aktuelle Bezüge zu unserer Lebenswelt: Jesaja spricht vom Trost spendenden Gott, Petrus warnt vor Ungeduld und Johannes ruft zum aktiven Tun auf. „Bereitet dem Herrn den Weg. Ebnet ihm die Straßen". Denken wir einen Moment darüber nach, wen wir erwarten und wie wir seinen Weg bereiten können.

Kyrie-Litanei

Herr Jesus Christus,
du bist der Trost, dessen wir so dringend bedürfen: Herr, erbarme dich.
Du bist die Gerechtigkeit, nach der wir uns ausstrecken: Christus…
Du bist die Hoffnung, die uns weiter glauben lässt: Herr…

Tagesgebet

Allmächtiger und barmherziger Gott,
deine Weisheit allein zeigt uns den rechten Weg.
Lass nicht zu,
dass irdische Aufgaben und Sorgen uns hindern,
deinem Sohn entgegenzugehen.
Führe uns durch dein Wort und deine Gnade
zur Gemeinschaft mit ihm,
der in der Einheit des Heiligen Geistes
mit dir lebt und herrscht in alle Ewigkeit.

ZU DEN SCHRIFTLESUNGEN

1. Lesung: Jes 40,1–5.9–11

Der Prophet Jesaja tröstet das Volk Israel mit der Verheißung, dass Gott die Leidenden nicht vergisst, sondern dass er kommen wird, um sie zu erlösen.

2. Lesung: 2 Petr 3,8–14

Das Vertrauen auf die schnelle Wiederkunft Christi war in der Urkirche sehr ausgeprägt und ihr Ausbleiben verunsicherte die Gläubigen. Darum ermahnt Petrus die Gemeinde zu Geduld und zu einer aktiven Erwartungshaltung.

Evangelium: Mk 1,1–8

Johannes, noch ganz im Glauben der alttestamentarischen Schriften verwurzelt, greift die Verheißungen des Jesaja auf und fordert die Abkehr von egoistischem Verhalten, um Gott mehr Raum im eigenen Leben zu geben.

FÜRBITTEN

Gott des Lebens, wir sind auf der Suche nach dir in unserem Alltag. Doch unsere Augen vermögen dich oft nicht zu erkennen. Darum bitten wir dich:
Liedruf: Herr, erheb dich, hilf uns und mach uns frei (GL 229).

- Tröste die Menschen, die in den vergangenen Monaten durch die Pandemie viel Leid erfahren haben und mutlos geworden sind. ...
- Dränge die Politiker die Schöpfung achtende Bedingungen zu schaffen. ...
- Öffne Geist und Herz derjenigen, die durch ihr Verhalten an anderen schuldig geworden sind und zeige ihnen einen Weg zur Umkehr...
- Sende uns als deine Botinnen und Boten zu den Menschen, die sich aus Enttäuschung und Wut von dir und unserer Kirche abgewandt haben ...
- Begleite die Familien und alle, die den Advent bewusst gestalten...

Du, Herr, bist unsere Hoffnung, deiner Gnade dürfen wir vertrauen. Dir wollen wir unser Herz und unseren Verstand öffnen und freudig das Fest der Geburt erwarten. Wir danken dir und loben dich heute und an allen Tagen unseres Lebens bis du wiederkommst am Ende der Zeit.

Zum Friedensgebet

Die Sehnsucht nach Frieden ist groß: Waffenstillstand in Kriegsgebieten, Lebensnotwendiges in Elendsgebieten, Versöhnung in der Familie, ein Ende der Pandemie, ein ruhiges Herz. Wenden wir uns vertrauensvoll an Jesus Christus. Er will uns Frieden schenken. Darum bitten wir:

Kommunionvers

Seht, da ist euer Gott. Wie ein Hirt führt er seine Herde zur Weide, er sammelt sie mit starker Hand (Jes 40,9.11).

ELEMENTE FÜR DIE WORT-GOTTES-FEIER 📕

Zur Evangeliumsprozession

Das Evangeliar wird feierlich durch die Kirche zum Ambo getragen.
Liedruf: Mache dich auf und werde licht, denn dein Licht kommt (GL 219).

L: Bereitet dem Herrn den Weg:
Achtsam gehen wir mit Menschen um, mit denen wir uns schwer tun.
Alle sollen Gottes Heil erkennen.
Darum singen wir: s. o.

L: Was krumm ist, soll gerade werden:
Einen Streit kehren wir nicht unter den Tisch, wir versöhnen uns.
Alle sollen die Herrlichkeit Gottes sehen.
Darum singen wir: s. o.

L: Was hügelig ist, werde eben:
An Ängstlichen und Traurigen gehen wir nicht vorüber, wir bleiben stehen.
Alle sollen von Gottes Stärke erfahren.
Darum singen wir: s. o.

Zur Besinnung

„Wir erwarten einen neuen Himmel, wir erwarten eine neue Erde, in denen Gerechtigkeit wohnt" (2 Petr 3,13).
Der neue Himmel und die neue Erde lassen auf sich warten. In den täglichen Nachrichten hören wir nichts davon. Und warten will auch niemand mehr. Warten ist aus der Mode gekommen. Wir können alles sofort bekommen: Informationen, Antworten, Zusagen. Auf digitalem Weg.
Kleidung. Essen. Geschenke. Durch analogen Lieferservice.
Warum noch warten? Wartezeit ist geschenkte Zeit: zum Nachdenken. Zum Erkennen. Zur Besinnung auf das Wesentliche. Denn die Botschaft dieses zweiten Adventssonntages ist von zentraler Bedeutung für uns: Da wird uns Gott als der Kommende verkündet, der Trost schenkt und der Gerechtigkeit schafft. – Worauf warten wir? *Katrin Kayenburg*

Trösten

„Tröstet, tröstet mein Volk, spricht euer Gott." – Mit diesem kraftvollen Aufruf beginnt die Wortverkündigung am 2. Adventssonntag. Es ist das Leitmotiv des Propheten Deuterojesaja, das er dem Volk Israel in der Zeit des babylonischen Exils zuruft.

Ob es Jesaja gelingt, sein zutiefst verzweifeltes Volk zu trösten? Es hat alles verloren: Heimat, Zuversicht, Lebensfreude und vor allem Gottvertrauen. Es quälen tiefe Schuldgefühle, wie sie nach traumatischen Verlusterfahrungen entstehen können. Das Volk Israel, das sich von seinem Gott so sehr geliebt wusste, hat Alles verloren. Quälend sind die Schuldvorwürfe, belastend das Gefühl der Gottverlassenheit. „An den Strömen von Babel, da saßen wir und weinten" (Ps 137,1). Mit diesen und anderen Worten bekommt die Verzweiflung Ausdruck; aber auch Selbstvorwürfe und Rachegefühle keimen auf. „Hätten wir doch"… der Konjunktiv wird in solchen Notsituationen häufiger gebraucht: Könnte man doch die Zeit zurückdrehen. Im Rückblick ist man immer klüger. Vermutlich kennt jeder von uns diese Gefühle, die kräftezehrend sind, mutlos machen und den Blick für neue Perspektiven versperren.

Wie tröstet der Prophet das Volk in dieser chaotischen Gefühlslage? Jesaja muss ein kluger Menschenkenner gewesen sein, denn seine Antwort geht auf alle negativen Gefühle Israels ein. Er beginnt mit dem Wichtigsten: Er spricht das Volk frei von aller Schuld. Genug gelitten. Kein Frondienst mehr. Keine Selbstbestrafung. Ist die Frage nach der eigenen Schuld nicht das Quälendste in Notsituationen? Sie verbirgt sich hinter dem hämmernden „Warum?". Doch das soll nun ein Ende haben. Gott selbst verkündet durch den Propheten die Vergebung. Damit ist ein Neubeginn möglich, der aus der Lethargie herausführt.

Der zweite Trostbaustein ist die Aufforderung, aktiv zu werden. Gemeint ist nicht jene hektische Aktivität, die einsetzt, wenn große Herausforderungen im Weg stehen. Vielmehr geht es darum, aktiv daran mitzuwirken, dass Gott sich einen Weg zu seinem Volk bahnen kann. Durch die Wüsten, die Steppen des Lebens, vorbei an Hügeln, Bergen und Tälern, die im Weg stehen. Kein Tal ist zu tief, kein Berg zu hoch, als dass Gott nicht einen Weg zu seinem Volk fände. Ist das nicht schon Grund genug, die Trauer abzulegen? Der dritte Trostbaustein, die Stimme wieder erklingen zu lassen und jede Furcht abzulegen, baut darauf auf. Freudenlieder statt Jammerei verändern das Lebensgefühl. Heraufsteigen auf einen Berg bedeutet zudem Gott nahe sein. Heraufsteigen aus den Abgründen des Exils und eine neue Perspektive einnehmen bedeutet aktiver Trost, der Leben verändert. Und schließlich ist der vierte Baustein des Trostes die Stärkung des Gottvertrauens durch die Kraft der Erinnerung. Jesaja erinnert an das alte Bild von Gott als dem Hirten. JHWH trägt sein Volk behutsam auf dem Arm und sammelt es wieder.

Treffen diese Trostworte auch Sie heute?

Beate Kowalski

Wie Gott sich um den Menschen kümmert

Gott wird in dieser Lesung mit dem Bild des guten Hirten beschrieben. Der gute Hirt kennt seine Schafe und er kümmert sich um sie. Er führt sie auf gute Weide. Er sammelt sie und die, die nicht mehr laufen können, trägt er auf seinem Arm. Behutsam geht er mit den Schafen um. – Pure Romantik, Idylle vom Feinsten? – Vielleicht passt dieses Gottesbild nicht mehr in unsere hoch technisierte Leistungsgesellschaft, in der Kinder meinen, dass die Milch aus der Tüte und nicht von der Kuh kommt.

Dennoch glaube ich, dass wir auch heute noch etwas mit diesem Bild im übertragenen Sinne anfangen können. Wir stehen im Advent und gehen auf Weihnachten zu, dem Geheimnis der Menschwerdung Gottes. Gott wird in Jesus einer von uns. Er will dem Menschen nahe sein. Er rückt uns gleichsam auf den Leib. Er wird ein heruntergekommener Gott, der die Menschen liebt, so wie ein Hirt seine Schafherde liebt und sich um sie sorgt. Die Sehnsucht Gottes ist der Mensch.

WENN DER MENSCH HINTER DER LEISTUNG VERSCHWINDET

Vor kurzem las ich folgenden Spruch: „Es gibt heute zwei Arten von Hirten: Die einen interessieren sich für die Wolle, die anderen interessieren sich für das Fleisch. Für die Schafe interessiert sich niemand." Ich weiß nicht, von wem dieser Satz stammt. Eine Quellenangabe stand nicht dabei. Ein hartes Wort. Es trifft unsere Zeit, unsere Situation. Hirten gibt es heute im übertragenen Sinne in Mengen, solche, die den Namen allerdings nicht verdienen, denn sie sind „bezahlte Knechte", die nur auf ihre Kosten kommen wollen. Sie sind im Wesentlichen damit beschäftigt, ihr eigenes „Schäfchen ins Trockene zu bringen". Was interessieren sie die Schafe! Sie denken nur ans Scheren und Schlachten. Sie überlegen, wie man die anderen „ausnehmen" kann. Sie sind auf Wolle und Fleisch aus. Sie mästen ihre Herden, um mehr Wolle und Fleisch zu bekommen, immer mehr, immer mehr! Schließlich verdienen sie auch noch am Fell.

Hirten dieser Art gibt es genug unter uns. Der „Stallgeruch" unserer Gesellschaft verrät sie. Sie spekulieren auf Wolle und Fleisch. Sie interessieren sich für den Nutzwert, für den Ertrag. Die Leistung zählt. Der Mensch wird „taxiert". Er ist das, was er leistet. Je mehr er leistet, desto mehr gilt er. Wer nichts mehr leistet, wird zum alten Eisen geworfen. Wie viele Menschen fühlen sich einsam und verlassen, weil man sich nur für ihre Leistung oder ihre Eigenschaften und Talente interessiert, nicht für sie selbst. Wie oft ist ein Kind für die Eltern nur Spielzeug, ein Ehepartner für den anderen nur das Mittel zur eigenen Lebenssteigerung. Da wird einem Mann, der 50 Jahre alt und arbeitslos ist, gesagt, er sei aufgrund seines Alters nicht mehr vermittelbar. Was muss im Inneren dieses Menschen vorgehen, wenn er so etwas hört? Mit 50 Jahren, also genau in der Mitte des Lebens, gehört man wohl schon zum alten Eisen.

Das ist eine wirklich große Enttäuschung, wenn man spürt: „Der meint gar nicht mich, der will nur etwas von mir." Der Mensch als solcher in seiner Würde zählt nicht mehr viel. Seine Fähigkeiten, seine Leistung und seine Talente sind das Kapital, aber nicht der Mensch an sich.

An dieser Stelle habe ich etwas Seltsames gelesen. Es passt einfach in diese Denkweise hinein. Eine Frau lässt sich ihre Eizellen einfrieren, weil sie wegen ihrer Berufskarriere jetzt noch kein Kind bekommen möchte. Kann ein Mensch über einen anderen Menschen so bestimmen? In welcher Gesellschaft leben wir?

WER UND WAS DEM MENSCHEN DIENT

„Die einen interessieren sich für die Wolle, die anderen interessieren sich für das Fleisch. Für die Schafe interessiert sich niemand." – Doch, es ist jemand da, der sich für die Schafe, sprich für den Menschen interessiert. Es ist der gute Hirte, von dem die Lesung handelt oder neutestamentlich gesprochen: Jesus. Von ihm spricht das Evangelium. Ihm ging es nicht um Fleisch und Wolle. Er hat die anderen nicht ausgenommen. Er fragte nicht: Was habe ich davon? Lohnt es sich? Was springt dabei heraus? Es ging ihm nicht um sich, sondern um uns. Er wollte nicht verdienen, er diente. Er brach nicht den Stab über andere, er stärkte die Schwachen. Er heilte die Angeschlagenen und die Aussätzigen. Er ging den Sündern und Sünderinnen nach und den verlorenen Söhnen und Töchtern. Dem, der unter die Räuber gefallen war, half er wieder auf die Beine. Er tat das, ohne sich selbst zu schonen. Er dachte eben nicht an das Scheren und Schlachten. Er ging nicht über Leichen, er opferte sich selbst. Das machte sein Leben aus. So ist er beides in einer Person geworden: der gute Hirte und das sich opfernde Lamm.

Vor diesem Hintergrund ist einer jedenfalls unter uns, der nicht auf Fleisch und Wolle aus ist, sondern uns selbst meint. Er sammelt alle, die seine Stimme hören und ihm folgen. Diesem guten Hirten kann ich trauen. Ich muss keine Angst haben, dass er mich abhängig machen will und mich unmündig hält wie ein „dummes Schaf". Leider gibt es in unserer Kirche immer noch Menschen, die meinen, der Hirt oder sogar der Oberhirte zu sein und die Gläubigen sind die Schafe, die zu folgen haben. Bei Jesus bin ich guten Händen. Er will mich nicht vor seinen Wagen spannen, es geht ihm um mich, er lässt mich zu mir selbst kommen.

„Bezahlte Knechte" – das ist eine kümmerliche Existenz, das ist kein Leben. Wer an Fleisch und Wolle genug hat, verpasst das Beste. Das Leben ist immer mehr, als man verdienen und bezahlen kann, es ist unbezahlbar. Aller Kaufkraft zum Trotz leben wir von dem, was wir nicht kaufen können, vom Unbezahlbaren. Wir leben von Liebe, Zuneigung, Zärtlichkeit, Barmherzigkeit, Geborgenheit, Mitmenschlichkeit, von Respekt und Achtung vor der Würde eines Menschen. All dieses Aufgezählte kann man nicht bezahlen. Mehr denn je fällt uns Christen heute die Aufgabe zu, den Sinn für das „Unbezahlbare" wachzuhalten. Wer so denkt und lebt, der lebt adventlich und weihnachtlich zugleich. Menschen, die so leben, sind unbezahlbar.

Hans-Werner Günther

Unsere Tage sind unsere Geschichte mit Gott

Das heutige Evangelium ist eine besondere Kostbarkeit: die Eröffnungsworte der neuen Geschichte Gottes mit uns. Der Evangelist Markus stellt uns um 70 n. Chr. seine Sammlung von Jesus-Erzählungen vor. Das ist in dieser Zeit ein kühnes Projekt, denn noch gilt Jesus bei vielen Leuten als falscher Prophet, der am Kreuz endet. Markus dreht einfach den Spieß um: er erzählt die Jesus-Geschichte als ein Stück Gottes-Geschichte mit uns. Diese Erzählabsicht spricht Markus schon in den ersten Worten seines Evangeliums aus: „Anfang des Evangeliums". Das klingt wichtig in der Bibel-Sprache. Denn „Anfang" ist das erste Wort in der Heiligen Schrift: „Im Anfang erschuf Gott Himmel und Erde" (Gen 1,1). Das Evangelium heute legt uns nahe, die Jesus-Erzählung als Erzählung der neuen Schöpfung zu verstehen.

Das zweite Programmwort ist von ähnlicher Wucht wie das erste Wort vom „Anfang": „Anfang des Evangeliums von Jesus Christus". Schon der Name Jesu, hebräisch „Jeshua" = „Gott hilft" weckt Hoffnung und erst recht sein Leben und Wirken. Die Juden aber verklagen ihn als Gotteslästerer. Er wird als Aufrührer ans Kreuz geschlagen. Dieser Jesus wird von Markus „Christus, Messias, Gesalbter Gottes" genannt. Und es geht noch weiter: Jesus, dieser Phantast aus dem hintersten Winkel von Galiläa, dieser Absteiger bis in den Verbrechertod, ist Gottes Sohn. Entweder ist diese Aussage eine deftige Gotteslästerung oder sie ist der Höhepunkt der Aussagen über Jesus überhaupt. Denn mehr ist ja nicht zu sagen über ihn. Das ist nun der erste Teil des Vorspiels zum Markus-Evangelium, ein Heroldsruf, ein Trompetensignal. Und warum hören wir dieses Vorspiel heute im beginnenden Advent?

ZUR EINFÜHRUNG IN UNSERE ADVENTSZEIT HEUTE

In diesem Jesus, von dem Markus uns hier erzählen will, ist Gott zu uns gekommen – in unsere verletzte, verwundete Welt. JHWE, dem die Juden seit dreitausend Jahren vertrauen, dieser Gott, von dem Jesus als seinem Vater spricht, ist in Jesus in unsere Welt gekommen. Das ist ein Advent, das ist die Ankunft Gottes. Gott ist doch über alle Welt, über alle Zeit, wie kann er in unsere Welt kommen? Aber das ist wohl der Kern der Adventsbotschaft: In Jesus, dem Christus, kommt Gott heute in unsere Welt, mitten in unsere stille Sehnsucht. Aber noch einmal gefragt: Wie ist das möglich? Nun, von diesem Wunder will uns Markus in seinem Evangelium erzählen. Und als Zeugen für dieses Gotteswunder führt Markus Johannes den Täufer an. In Johannes erfüllt sich das Prophetenwort, dass der Advent Jesu von einem Wegbereiter organisiert wird. Johannes eröffnet die Bühne der „erfüllten Zeit", bahnt den Weg für Jesus mitten durch die verwüstete Welt. Johannes ist also zuerst Rufer, der ein großes Ereignis ansagt und vorbereitet. Er ist der Adventsbote, der die nahende Ankunft einer großen Person ausruft. Und dieser Advent ist für alle, für die ganze Welt, ein wichtiges Ereignis. Ein Ereignis, das heute noch von

Bedeutung ist. Johannes belässt es nicht beim Rufen, nein, er lädt mit starken Worten zum Umkehren aus dem gängigen Trott ein. Hoffentlich hören wir seinen Ruf! Nun sind wir zwar alle getauft. Jedoch ist unser Tauf-Leben ziemlich verkümmert. Gerade für uns als schon Getaufte ist Umkehr fällig.

Nun ist es hier kaum sinnvoll, einen Aktionsplan aufzustellen, wie wir als getaufte Christen in einer großen Adventsaktion unser Leben verändern wollen. Aber, was halten Sie von einem Mini-Programm: wenigstens einmal am Tag in unserem Innern ehrlich rufen: „Christus Jesus, komm in mein Leben!" „Komm!", das ist die einfachste und die dringlichste Adventsaktion. Ein ehrliches „Komm!" ist der beste Kompass durch das übliche Advents-Getümmel. Ein erwartungsvolles „Komm!" weist uns als Getauften den Weg in eine neue Christus-Gemeinschaft – mitten in unserem Leben. – Johannes der Täufer meint es ernst mit seinem Umkehr-Ruf. Mit dem gleichen Feuer, wie einst der feurige Prophet Elia (aus dem 9. Jh. v. Chr.) für den Gott JHWH eintrat, so erweist sich Johannes als Wegbereiter für Jesus. Sein ganzes Leben ist ein Signal für das ganz und gar Neue, das mit Jesus beginnt. Darum ist die Wüste sein Wirkungsfeld, Wüste als Raum für die erwartete Neuschöpfung, die Jesus als Sohn Gottes bringen wird. – Die Taufe des Johannes ist das ganz persönliche Zeichen meiner Umkehr; sie zieht einen Schlussstrich unter alles Bisherige, sie will Platz machen für das Neue, das Jesus in seinem Advent schafft. Denn Jesus wird den „Geist Gottes" ausgießen, den schon lange erwarteten Geist (vgl. Joel 3,1f; Apg 2,33), der in Gottes Kraft Schritt für Schritt das Los der Welt wenden wird. Das will heißen: Mit Jesus beginnt der endzeitliche Advent Gottes. Was die großen Propheten für eine ferne Zukunft erhofften (vgl. Jes 11,2; 44,3; Jer 31,33f; Ez 36,26), das ist in Jesus – gegen allen Augenschein – unsere Gegenwart heute.

Unser kleiner Komm-Ruf wächst uns aus fernen Zeiten heute zu (vgl. Jes 45,20-25). Vielleicht dürfen wir sogar sagen, dieser Komm-Ruf klingt heute auch leise mit in den Zielsetzungen der UNO und der WHO, den vielen kirchlichen und profanen Hilfswerken weltweit und in den ungezählten Bettelbriefen, die täglich bei uns eingehen. Sie alle rufen: Komm Friede! Komm Versöhnung! Komm menschenwürdiges Leben für alle Menschen! Ich bin froh, wenn ich mit Ihnen in diesen stillen und lauten Chor der Komm-Rufe mit einstimmen darf mit meinem kleinen Adventsruf.

„MARÁNA THÁ!" – UNSER HERR, KOMM!" (1 KOR 16,22; OFFB 20,20)

Die geistlichen und weniger geistlichen Advents-Empfehlungen um uns herum sind zahlreich, überzahlreich: von Backrezepten bis Shopping-Tipps. Das Adventsversprechen Jesu wird jetzt hier fühlbare, greifbare Wirklichkeit, wenn wir jetzt hier miteinander sein Mahl feiern. – Darum zum Schluss noch eine geistliche Advents-Empfehlung: Wäre der Advent 2021 vielleicht nicht eine gute Gelegenheit, beim gemeinsamen Eucharistie-Feiern dem verborgen anwesenden Jesus Christus für seinen Advent gestern und seinen erwarteten Advent heute in unseren Tagen zu danken?

Gottfried Bitter

Gott ist im Kommen – machen wir den Weg frei!

Vorbemerkung: Im Vorfeld Kinder bitten ein „Räumfahrzeug" (Planierraupe, Bulldozer, Traktor mit Schaufel) zum Gottesdienst mitzubringen.
Lesung: Jes 40,1–5.9–11; Evangelium: Mk 1,1–8

Baustellen nerven – aber kaputte Straßen noch mehr! An hessischen Autobahnen stehen solche Schilder. Sie zeigen Kinder in eurem Alter. Diese Schilder wollen Sympathie und Verständnis wecken, wenn nur zwei schmale Fahrstreifen und Tempo 80 statt drei breite Spuren zur Verfügung stehen. Überall sieht man sie: Planierraupen, Bulldozer, die mit viel Geduld allerlei Material von hierhin nach dorthin schieben. (Ihr habt einige dieser Fahrzeuge mitgebracht, sehe ich – tolle Sache!) Langsam, sehr langsam, aber sicher entsteht dann irgendwann eine neue Fahrbahn, eine neue Autobahn – der Weg ist bereitet.

EINE STIMME RUFT: IN DER WÜSTE BAHNT DEN WEG DES HERRN

An diese Planierraupen auf den Autobahnbaustellen musste ich denken, als ich in der heutigen Lesung die Worte fand: „Eine Stimme ruft: In der Wüste bahnt den Weg des Herrn, ebnet in der Steppe eine Straße für unseren Gott!" Damals, als diese Worte gesprochen und geschrieben wurden, gab es noch keine Bulldozer und keine Autobahnen und das Reisen war viel mühsamer als heute. Eine Straße zu bauen, war ein Riesenaufwand – man machte es meist nicht, weil man zu Fuß ging und damit fast überall durchkam. Berühmt für ihre Straßenbauten wurden dann die Römer zur Zeit Jesu: Ihre gepflasterten Wege durchzogen das ganze Römische Reich. Wenn da also eine Stimme ruft: „Bahnt den Weg des Herrn, ebnet eine Straße", dann ist das etwas ganz Außergewöhnliches. Die erste Lesung aus dem Buch Jesaja sagt es immer wieder: Gott kommt mit Macht, und vor Gott wird alles eben und gerade: Wo Berge und Täler noch trennen und den Weg mühsam machen, da soll alles flach werden, so dass man leicht von A nach B kommt, so dass Gott kommen kann. Und wie kommt Gott? Die Lesung sagt: Mit starkem Arm, aber auch wie ein guter Hirt, der die Lämmer trägt und die Mutterschafe sachte führt: Gott begleitet dich, hilft dir auf deinem Weg – wie ein guter Freund, auf den du dich verlassen kannst.

GOTT MACHT SICH ZU UNS AUF DEN WEG (ADVENT)

Was wir hier in der Lesung hören, ist ein großer Traum, eine wunderbare Hoffnung: Gott macht sich auf den Weg zu den Menschen, um sie zu trösten, um ihre Mühe zu erleichtern, um ihnen Freude zu bringen. Ein Prophet hat das gut 500 Jahre vor Christus so formuliert – er wollte damit seine Landsleute trösten, die aus ihrer Heimat, dem Land Juda um die Stadt Jerusalem, verschleppt worden waren in das Land Babylonien zwischen den Flüssen Eufrat und Tigris. Ihr werdet wieder heimkehren, auf einem ebenen Weg, so sagt der Prophet als

Trost für seine entmutigten Zuhörer – und Gott selbst wird euch führen und leiten. Nun, heimgekehrt aus Babylon sind die Leute von Juda schon, irgendwie, aber ob sie dabei daran dachten, dass Gott sie begleitet? Auf jeden Fall hat man die Worte des Propheten aufgeschrieben und in das Buch „Jesaja" eingebaut – der Name „Jesaja" bedeutet: „Gott ist Rettung". Denn diese große Hoffnung blieb und bleibt lebendig: Gott wird zur Rettung kommen.

Daran dachte Markus, der Evangelist, der als einer der ersten die Geschichten von Jesus aufgeschrieben hat. Für Markus war Jesus der Beweis dafür, dass Gott sein Versprechen hält: Gott kommt, um die Menschen zu retten – in Jesus hat man das gesehen. So greift Markus das Wort aus dem Buch Jesaja („Gott ist Rettung") auf, aber ein wenig anders: „In der Wüste" ist nicht mehr der Ort, wo die Straße gebaut werden soll, sondern wo die Stimme ruft: „Stimme eines Rufers in der Wüste: Bereitet den Weg des Herrn!" Markus weiß, wer da ruft – es ist Johannes der Täufer. So erfüllt sich im Evangelium des Markus das Wort aus dem Buch Jesaja: Gott kommt zu den Menschen – in Jesus von Nazaret! Das Ganze gilt aber nicht nur damals vor 2000 Jahren, als Jesus angekommen ist, sondern auch heute und jetzt: Wir feiern „Advent", Ankunft. Gott ist schwer im Kommen – aber es dauert länger, bis wir das merken, bis wir es erspüren.

MACHEN WIR DEN WEG FREI!

Unsere Räumfahrzeuge sollen uns daran erinnern: Gott will bei uns ankommen – und dazu sollen wir, so ruft uns die Stimme aus der Bibel zu, den Weg frei machen! Es steht ja allerlei herum in unserem Leben – nicht nur im wieder einmal nicht aufgeräumten Kinderzimmer, wo Mama und Papa gern mal einen Bulldozer einsetzen würden! So vieles trennt uns von Gott und von den Mitmenschen: Dieses und jenes muss noch erledigt werden, dahin und dorthin muss ich noch, nein, heute ist keine Zeit, morgen ist der wichtige Termin, übermorgen vielleicht ... wie soll da Gott in unserem Herzen ankommen, wenn wir von so vielem abgelenkt werden? Advent, Ankunft, das ist die Aufforderung, dass wir uns Zeit nehmen, zur Ruhe zu kommen. Räumen wir auf: unser Zimmer und unseren Alltag. Räumen wir aus dem Weg, was uns ablenkt und zerstreut. Wenn uns das Handy mit seinen Spielmöglichkeiten ablenkt – legen wir es mal für eine Zeit weg. Nicht jedes Filmchen, nicht jede Episode muss jetzt geschaut werden – räumen wir Zeit frei für uns selbst und für Gott! Hohe Berge und tiefe Täler, die uns von anderen trennen, sind auch Streit und Hass: kalt oder heiß – jetzt, im Advent, ist die ideale Zeit, Streit beizulegen, Gräben zuzuschütten, wieder mit dem anderen, der anderen zu reden, statt sich anzugiften oder einander kalt aus dem Weg zu gehen. Überlegen wir kurz: Was liegt wie ein hoher Berg vor mir? Oder wie ein tiefes Tal, über das ich nicht drüber komme? Was macht mich traurig und verzweifelt? (*Kurze Stille*) Gott ist im Kommen, es ist Advent, bereiten wir uns vor, gehen wir die Probleme an. Wir sind nicht allein, müssen es nicht aus eigener Kraft allein schaffen, denn Gott kommt uns ja entgegen, mit starkem Arm, wie ein guter Hirte. Autobahnen entstehen auch nicht an ein, zwei Tagen, manches dauert lang und länger – halten wir durch! Die Planierraupen erinnern uns daran: Gott ist im Kommen, um uns zu helfen, machen wir den Weg frei!

Thomas Hieke

Fest der Immakulata

LIEDVORSCHLÄGE

Gesänge

Eröffnungsgesang: Herr, dir ist nichts verborgen (GL 428,1+4); *Kyrie-Litanei:* Du rufst uns, Herr, trotz unsrer Schuld (GL 161); *Antwortgesang:* Jubelt ihr Lande, dem Herrn (GL 55,1) mit den Psalmversen *oder* Von guten Mächten treu und still umgeben (GL 430,1–2); *Ruf vor dem Evangelium:* Halleluja (GL 174,4) mit dem Vers; *zur Gabenbereitung:* Ein Bote kommt, der Heil verheißt (GL 528,1+3); *Danklied:* Dank sei dir, Vater, für das ewge Leben (GL 484,1–2); *zur Entlassung:* Ave Maria, gratia plena (GL 537,1–2+5-6).

ERÖFFNUNG

Liturgischer Gruß

Gnade und Friede von Gott, unserem Vater, und Jesus Christus, unserem Herrn, sei mit euch / ist mit uns allen.

Einführung

Gott bereitet sein Volk stets vor. Sei es, dass er sein Volk durch die Propheten mahnt oder dass – nach langer dunkler Zeit – besondere Umstände der Geburt eines Kindes (Samuel/Johannes d. T.) Neues verheißen. Die Erwählung Marias scheint auf Erden eher unscheinbar. Doch sie ist dazu bestimmt, das ewige Wort Gottes selbst aufzunehmen. Und ihr Ja gibt dem von Gott sich ereignenden Heil Raum. Ihr Ja ist ein echter Grund zur Freude, wie sie der Eröffnungsvers anregt: „Von Herzen freue ich mich am Herrn. Meine Seele jubelt über meinen Gott. Denn er kleidet mich in Gewänder des Heils."

Tagesgebet

Großer und heiliger Gott,
im Hinblick auf den Erlösertod Christi
hast du die selige Jungfrau Maria
schon im ersten Augenblick ihres Daseins
vor jeder Sünde bewahrt,
um deinem Sohn eine würdige Wohnung zu bereiten.
Höre auf ihre Fürsprache:
Mache uns frei von Sünden
und erhalte uns in deiner Gnade,
damit wir mit reinem Herzen zu dir gelangen.
Darum bitten wir durch Jesus Christus.

1. Lesung: Gen 3,9–15.20

Wie ein stiller Vorwurf gegen Gott klingt Adams Satz: „Die Frau, die du mir beigesellt hast, sie hat mir von dem Baum gegeben." In Maria, der neuen Eva, wird er überwunden.

2. Lesung: Eph 1,3–6.11–12

‚Heilig und untadelig vor Gott zu leben' ist die ursprüngliche Bestimmung des Menschen. In Christus erlangen wir die Fülle des Segens wieder.

Evangelium: Lk 1,26–38

In unvergleichbarer Verfügbarkeit gegen Gott gibt Maria ihr Ja des Glaubens: Siehe, ich bin die Magd des Herrn; mir geschehe, wie du es gesagt hast.

FÜRBITTEN ⚕

Eine Mutter wünscht ihren Kindern das Gute, wenn nicht sogar das Beste. So dürfen wir auf Marias Fürsprache bei ihrem Sohn Jesus vertrauen:
V: O mächtige Fürsprecherin. *A:* Bei Gott sei unsere Helferin.

- Maria, Mutter der Kirche: Bitte für alle Gläubigen, dass sie die empfangenen Gnaden leben und zu vertiefen suchen. *V:* O mächtige ... *A:* Bei ...
- Maria, Mutter der Barmherzigkeit: Bitte für alle, die diesen Festtag begehen, dass sie befreit werden aus der Verstrickung in das Böse. ...
- Maria Immakulata: Bitte für alle, die um Jesu willen bedrängt oder verfolgt werden, dass sie das Böse durch das Gute überwinden. ...
- Maria, du neue Eva: Bitte für alle Menschen, dass sie auf ihren Alltagswegen zu einem gesunden, geraden Menschsein durchfinden. ...
- Maria, Königin des Himmels: Bitte für alle kranken, verlassenen und sterbenden Menschen; jetzt und in der Stunde ihres Todes. ...

Gott, unser Herr, in Maria hast du deiner Kirche eine mächtige Fürsprecherin gegeben. Nimm uns und unsere Bitten an und hilf uns, gleich deiner demütigen Magd, auf ihren Wegen das Heil zu erlangen.

ELEMENTE FÜR DIE EUCHARISTIEFEIER ⚕

Zum Vaterunser

Aus Liebe hat Gott uns dazu bestimmt, seine Kinder zu werden. Daher rufen wir ihn vertrauensvoll an:

Kommunionvers

Großes hat man von dir gesagt, Maria,
denn aus dir ging hervor die Sonne der Gerechtigkeit,
Christus, unser Gott.

Zur Besinnung

Wenn wir heute das Wort ‚Reinheit' hören, denken wir zunächst an etwas Äußerliches. Die Werbung preist sie uns ja ständig an: schnell, sauber, porentief rein – und das alles am besten sofort. Wer nach der Arbeit im Garten ähnlich schnell sauber werden will, läuft vermutlich mit schwarzgeränderten Fingernägeln herum. Selbst unsere rein äußere Reinheit hat also ihren Preis; um wie viel mehr dann die innere?! Johannes vom Kreuz sagt dazu: „Gott liebt an dir den geringsten Grad der Gewissensreinheit weit mehr als alle Taten, die du vollbringen kannst." – Schenke uns, Herr, die Klarheit des Gewissens, die allein deinen Geist erspüren kann.

Zum Friedensgebet

Marias „Ja" brachte Christus zur Welt. Christi „Ja" zu dem verlorenen Menschen brachte ihn ans Kreuz. Seine Arme sind immer noch ausgebreitet. Seine Stimme ruft uns zum Frieden mit Gott und untereinander.

Gang zur Marienstatue / zum Marienbild

L: Betrachten wir einen Augenblick in Stille die Darstellung der Gottesmutter in unserer Kirche. Was fällt Ihnen an „unserer" Maria auf? Wer mag, kann seine Beobachtungen mit den anderen teilen, lange Erklärungen sind nicht notwendig.

Nachdem alle die Darstellung betrachtet und sich ggf. dazu geäußert haben, folgt ein Marienlied. Ist es eine besondere Mariendarstellung, etwa eine Pieta, wird ein entsprechendes Marienlied zum gemeinsamen Abschluss gesungen. Sonst ein allgemeines, z. B. „Alle Tage sind und sage Lob der Himmelskönigin" (GL 526).

Burkhard Rottmann

Vom Ursprung her vollkommen

Einmal las ich auf der Plane eines LKW den Slogan „Vom Ursprung her vollkommen". So wurde für ein Mineralwasser geworben. Die Werbetexter dieser Marke griffen mit ihrem Werbeslogan unsere Sehnsucht nach Ursprünglichkeit und Vollkommenheit auf. Ich war überrascht, denn „Vollkommenheit" wird von manchen selbsternannten „Befreiern" als „Perfektionswahn" abqualifiziert. Keiner von uns kann einen Kreis freihändig zeichnen, und doch können wir zu Recht beurteilen, ob ein freihändig gezeichneter Kreis dem vollkommenen, mit einem Zirkel gezeichneten Kreis näherkommt als ein anderer freihändig gezeichneter Kreis. Der Kreis ist eine vollkommene geometrische Figur. Aber worin liegt die Vollkommenheit eines Mineralwassers? – Keimfreiheit versteht sich von selber, schal soll es auch nicht schmecken, aber auch nicht so intensiv wie ein Heilwasser aus dem Radiumbad Bad Brambach. Schließlich ist „vollkommen" etwas anderes als „gesund".

„Vom Ursprung her vollkommen" – die Assoziation, die mir damals noch auf der Autobahn kam, war der Gedanke an die Gottesmutter als Immakulata. Und am 8. Dezember feiern wir ihr Fest: „Gottes unverdorbener Plan vom Menschen". Wenn wir also sehen wollen, wie Gott den Menschen eigentlich gedacht hat, dann müssen wir auf Maria schauen.

Wir können die kirchliche Lehre zusammenfassen:
„Ihr Wille ist stark, – ihr Verstand klar, – ihr Gemüt rein."

Ich kann mich noch an eine Diskussion nach einem Vortrag über Maria erinnern, in der eine Frau sagte: „Ich fühle mich so an die Wand gedrückt von dieser Vollkommenheit." Später erfuhr ich von einer anderen Teilnehmerin, dass diese Frau sehr leicht zu Eifersucht neige und auch im Betrieb immer sehr schnell eine Beziehung unter dem Aspekt der Konkurrenz betrachtete. – Bei dieser Art der Wahrnehmung muss Maria zur Rivalin werden, gegenüber der eine andere Frau keine Chance hat. Wenn man sich dagegen befreien kann von diesem Vergleichen, wenn man so vorurteilsarm wie möglich dem voll erlösten Menschen Maria begegnet, dann tut eine solche Begegnung gut. Ich genieße es, Menschen zu begegnen, die eine positive Ausstrahlung haben, und fühle mich dadurch bereichert. Wie viel mehr gilt das für den Menschen Maria!

Es darf sein, dass in der Begegnung mit Maria die eigene Unvollkommenheit schmerzlicher erlebt wird, als wenn wir in der Zeitung das Bild eines Kriegsverbrechers sehen und denken: So etwas könnte mir nie passieren. Der Mensch, der sich in der Begegnung mit Maria nicht aus Scham verschließt, sondern sich ihr öffnet, darf eintauchen in die Atmosphäre, die sie um sich verbreitet.

Gönnen Sie Ihrer Seele immer wieder eine Begegnung mit dem ganz heilen und voll erlösten Menschen Maria. Ihre Seele wird es zu schätzen wissen. Und Maria hat Freude daran, Menschen in aller Offenheit begegnen zu können.

Elmar Busse

Großes Welttheater

Es ist ein interessantes Gedankenexperiment, sich vorzustellen, in der gerade begonnenen Adventszeit einen Abend zur freien Verfügung zu haben und ins Theater zu gehen, um ein modernes Schauspiel anzusehen. Der Autor des Stückes säße im Publikum. Kurz nach Beginn würde aber ein großer Tumult auf der Bühne ausbrechen, weil einige Schauspieler sich weigerten, die ihnen zugedachte Rolle zu spielen. Wäre es in dieser Situation nicht normal, dass sich der Autor des modernen Schauspiels auf die Bühne begeben würde, um auf die Intention seines Stückes zu verweisen und um die Darsteller zu motivieren, die ihnen zugedachten Rollen zu spielen?

PROLOG – GOTTES FREIHEIT

In einer ganz ähnlichen Weise dachte im 16. Jahrhundert der hl. Ignatius von Loyola, der Gründer des Jesuitenordens. In seinen „Geistlichen Übungen", mit denen er Menschen helfen wollte, in einem Zeitraum von vier Wochen durch Gebet und Betrachtung eine Lebensentscheidung zu treffen, lädt er am Beginn der zweiten Woche zu einer etwas kühn anmutenden Betrachtung ein. Er lässt denjenigen, der die Übungen macht, sich vorstellen, wie die Heilige Dreifaltigkeit auf die Welt schaut und sieht, dass die Menschheit zu Grunde geht. Da gibt es Gewalt und Hass, Unterdrückung und Krieg. Diese Wirklichkeit bewegt Gott im Innersten so sehr, dass er beschließt, auf die Bühne der Welt zu treten, um sich in der Welt dramatisch für den Menschen zu engagieren. Es ist sein Wunsch, den Menschen zu motivieren, seine ihm zugedachte Bestimmung zu leben.

ERSTER AKT – GOTTES INITIATIVE

Zu Beginn der Adventszeit feiern wir das Fest der unbefleckten Empfängnis Mariens. Es ist ein Fest, das an das Kommen Gottes zur Welt erinnert. Maria steht dabei als der Mensch im Mittelpunkt, den Gott motivieren möchte, zu ihm Ja zu sagen. Dabei gilt es wahrzunehmen, dass die Initiative von Gott ausgeht. Er ist es, der auf Maria zugeht. Und sein Zugehen ist zutiefst einfühlend. Denn Gott spricht Maria in der Tiefe ihres Wesens an: „Sei gegrüßt, du Begnadete" (Lk 1,28). Der innerste Kern ihrer Person ist die Tatsache, dass Gott mit ihr ist, dass Gott in ihr wohnt.

So wie Maria sind wir alle gefragt, ob wir uns von Gott ansprechen und motivieren lassen, um ihm Raum in unserem Leben zu geben. Der Blick auf Maria zeigt uns, dass Gott durch den Menschen in dieser Welt leben will. Das Wort des Dichters Angelus Silesius erinnert uns daran: „Wird Christus tausendmal zu Betlehem geboren und nicht in dir, du bleibst doch ewiglich verloren". Deshalb ist der Mensch herausgefordert, auf das Kommen Gottes zu antworten.

Der Blick auf Maria mag erstaunen. Denn Maria antwortet nicht sofort. Sie überlegt. Und im Überlegen liegt das Mühen um Verständnis. Sie ist bereit, sich mit dem Wort Gottes auseinander zu setzen. Auch das ist ein Akt der Freiheit. Eine Freiheit, die Gott zulässt und die Maria ergreift. In diese Freiheit spricht der Engel als Bote Gottes das Wort: „Fürchte dich nicht, Maria" (Lk 1,30). Daraufhin wiederholt er das Wort, dass Maria bei Gott Gnade gefunden hat. Gott hält den Dialog in Gang, indem er sich wiederholt. Er bleibt bei seiner Zusage, die er Maria gegeben hat. Und Maria fragt nach der Möglichkeit, der Wirklichkeit Gottes in ihr zu entsprechen.

Das Mühen um Verständnis ist ein Wesenszug Mariens, der zur Betrachtung einlädt. Denn das, was Maria erlebt und das, was ihr durch den Engel zugesagt wird, muss für sie völlig fremd gewesen sein. Sie hatte dafür kein Vorbild. Denn was soll es heißen, Gott zur Welt zu bringen?

Maria steht am Beginn eines ganz neuen Aktes der Menschheit. Sie steht in einem Augenblick des Umbruchs. Vielleicht ist es gerade diese Tatsache, die Maria ganz modern erscheinen lässt. Auch unsere Welt und Kultur befindet sich im Umbruch. Die jüngste Pandemie ist ein Beispiel dafür. Altes und Gewohntes zerbricht auf einmal, und es entsteht ein Vakuum, ein Moment der Sprachlosigkeit. Die Folgen sind Panik, Propaganda, Fake News und Verschwörungstheorien, die versuchen, das Vakuum zu füllen. Der Grund für die Sprachlosigkeit liegt aber darin, so beschreibt es der Schriftsteller und Journalist Philipp Blom in einem seiner jüngsten Werke, „Das große Welttheater" (Philipp Blom, Das große Welttheater, Wien 2020), dass die Menschheit in Zeiten des Umbruchs keine Bilder und damit auch keine Sprache für das Zukünftige hat. Es ist die Herausforderung der Gegenwart, neue Bilder zu finden.

FINALE – BLEIBENDE FREIHEIT

Maria müht sich um Verständnis für das, was sie erfährt. In ihrem Mühen bleibt sie im Dialog mit Gott. Ein Dialog, der ganz in Freiheit stattfindet. Und so behält sie das letzte Wort: „Siehe, ich bin die Magd des Herrn; mir geschehe, wie du es gesagt hast" (Lk 1,38). Es hängt vom Menschen ab, vom Gebrauch seiner Freiheit, ob der Dialog mit Gott gelingt. Dabei hat der Mensch das letzte Wort, und er bleibt ganz frei. Der hl. Augustinus beschreibt diese Wirklichkeit mit den Worten: „Gott, der dich erschaffen ohne dich, erlöst dich nicht ohne dich".

Inmitten von Umbruch und Veränderung bleibt das Angebot des Heils durch Gott. Es kommt darauf an, die immer wiederkehrenden Impulse und Zusagen Gottes im eigenen Leben wahrzunehmen und um deren Verständnis zu ringen. Das Sich-Loslassen auf das Gehörte hin kann der erste Schritt im neuen Terrain sein. Alles andere mag dann folgen.

Wolfgang Hartmann

Dritter Adventssonntag (B)

LIEDVORSCHLÄGE

Gesänge zur Eucharistiefeier

Eröffnungsgesang: Macht hoch die Tür, die Tor macht weit (GL 218,1–3); *Antwortgesang:* Meine Seele, preise den Herrn (GL 650,3) *oder* Ihr Himmel, tauet den Gerechten (GL 234) mit den Psalmversen; *Ruf vor dem Evangelium:* Halleluja (GL 174,7) mit dem Vers; *zur Gabenbereitung:* Du hast, o Herr, dein Leben (GL 185,1–2); *Sanctus:* Heilig bist du, großer Gott (GL 198); *Danklied:* Nun danket all und bringet Ehr (GL 403,1–3); *zur Entlassung:* O Herr, wenn du kommst, wird die Welt wieder neu (GL 233,1–4).

Gesänge zur Wort-Gottes-Feier

Eröffnungsgesang: O Heiland, reiß die Himmel auf (GL 231,1–3); *Antwortgesang:* Komm, du Heiland aller Welt (GL 227,1–3); *Ruf vor dem Evangelium:* Halleluja (GL 174,5) mit dem Vers; *Predigtlied:* Macht hoch die Tür, die Tor macht weit (GL 218,1–3); *zur Entlassung:* Tochter Zion (GL 228,1–3).

ERÖFFNUNG

Liturgischer Gruß

Jesus Christus, dessen Ankunft uns mit Freude erfüllt, sei mit euch / ist mit uns allen.

Einführung

Freut euch im Herrn zu jeder Zeit! Noch einmal sage ich: Freut euch! Denn der Herr ist nahe" (Phil 4,4.5b). – Der Eröffnungsvers des 3. Adventssonntags will trotz aller Schattenseiten das Licht der Freunde in unser Leben bringen. Es geht dabei nicht um eine oberflächliche, augenblickliche Stimmung. Als der Apostel Paulus seine Worte an die Gemeinde in Philippi schrieb, saß er im Gefängnis und wusste nicht, ob sein bevorstehender Prozess eventuell mit der Todesstrafe enden würde. Aber nicht Mutlosigkeit und Verzweiflung erfüllten sein Herz, sondern Freude, deren Quelle die Menschwerdung Jesu und seine zu erwartende Wiederkunft ist. „Der Herr ist nahe". – Er ist mitten in unserem so oft durch Angst, Zweifel, Not und Leiden geprägten Alltag. Er will die Erfüllung unserer Sehnsucht nach Sinn und Vollendung sein: ein Grund der wahren Freude!

Kyrie-Litanei

Herr Jesus Christus, deine Wahrheit erleuchtet unser Leben. Kyrie, eleison.
Herr Jesus Christus, deine Nähe vertreibt die Finsternis der Traurigkeit. Christe, eleison.
Herr Jesus Christus, deine Ankunft erfüllt uns mit Freude. Kyrie, eleison.

Tagesgebet

Allmächtiger Gott,
sieh gütig auf dein Volk,
das mit gläubigem Verlangen
das Fest der Geburt Christi erwartet.
Mache unser Herz bereit
für das Geschenk der Erlösung,
damit Weihnachten für uns alle
ein Tag der Freude und der Zuversicht werde.
Darum bitten wir durch Jesus Christus.

ZU DEN SCHRIFTLESUNGEN

1. Lesung: Jes 61,1–2a.10–11

Der Prophet Jesaja verkündet im Auftrag Gottes eine wirklich frohmachende Botschaft und ruft ein Gnadenjahr des Herrn aus. Gott nimmt sich seines Volkes an und schenkt ihm sein Heil.

2. Lesung: 1 Thess 5,16–24

Die christliche Gemeinde soll ein Ort des Glaubens und des Gebets sein. Die Zugehörigkeit zu Christus ist Quelle der Dankbarkeit und Freude, für die, die auf Gottes Treue bauen.

Evangelium: Joh 1,6–8.19–28

Johannes legt Zeugnis für Jesus ab und bereitet dem kommenden Messias den Weg. Er ist das Licht der Welt.

FÜRBITTEN

„Betet ohne Unterlass" (1 Thess 5,17). – Ermutigt durch das Wort des Apostels Paulus kommen wir zu Gott mit unseren Anliegen. Ihn bitten wir voll Vertrauen: Lebendiger Gott, erbarme dich.

- Die Kirche sucht nach neuen Wegen, deine frohmachende Botschaft den Menschen unserer Zeit glaubwürdig zu bezeugen. Für sie bitten wir: Lebendiger Gott ...
- Die am Rande der Gesellschaft Lebenden erfahren oft Not, Ausgrenzung, Ausbeutung und Leiden. Für sie bitten wir: ...
- Viele Christen fühlen sich in vorweihnachtlichem Stress gefangen. Für sie bitten wir: ...
- Wir trauern um unsere Verstorbenen, deren irdisches Leben vollendet ist. Für sie bitten wir: ...

Gott, unser Vater, in der Ankunft deines Sohnes erfahren wir deine Güte und Menschenfreundlichkeit. Sei gelobt und gepriesen, jetzt und in alle Ewigkeit.

Zum Vaterunser

„Gott, der euch beruft, ist treu" (1 Thess 5,24a), versichert uns der Apostel Paulus. Im Vertrauen, dass er unser Rufen erhört, wollen wir zu ihm beten, mit den Worten, die Jesus uns geschenkt hat: Vater unser ...

Kommunionvers

Der Geist des Herrn ruht auf mir. Der Herr hat mich gesandt, den Armen die Frohe Botschaft zu bringen (vgl. Jes 61,1).

Zur Besinnung

Das Bewusstsein, dass wir uns in Schwierigkeiten immer an den Herrn wenden können und dass er unsere Bitten nie ablehnt, ist ein großer Grund zur Freude. Keine Sorge, keine Angst wird uns jemals die Gelassenheit nehmen können, die aus dem Wissen entsteht, dass Gott unser Leben liebevoll und immer führt. Selbst inmitten von Problemen und Leiden nährt diese Gewissheit Hoffnung und Mut (Papst Franziskus, Angelus-Gebet am 3. Adventssonntag 2018).

ELEMENTE FÜR DIE WORT-GOTTES-FEIER

Predigtlied

Freut euch zu jeder Zeit! Gott, der euch beruft, ist treu" (vgl. 1 Thess, 5,16.24a). Mitten im Advent hören wir diese stärkenden Worte des Apostels Paulus. Wir wollen unsere Herzen für den zu uns kommenden Messias öffnen. In der Erwartung seiner Ankunft singen wir nun voll Freude: „Macht hoch die Tür" (GL 218,1–3).

Zum Friedenszeichen

„Der Gott des Friedens heilige euch ganz und gar" (1 Thess 5,23a) – diese Segensworte zeugen davon, dass der wahre Friede ein Geschenk Gottes ist. Als von Gott Berufene schenken wir einander das Zeichen dieses Friedens.

Robert Solis

Fragen über Fragen

Auch im Evangelium werden Fragen gestellt: Wer bist du? Was bist du? Mit diesen Fragen wird Johannes der Täufer gleich dreimal konfrontiert. Eigentlich erfreulich, dass hier jemand an der Verkündigung des Johannes Interesse zu haben scheint. Doch schon ein paar Sätze weiter bemerken wir, dass die Fragen nicht dazu dienen, den Glauben zu bereichern. Da sind ganz offensichtlich ein paar Informanten aufgetaucht, Enthüllungsjournalisten, die über die Aktivitäten des Johannes Bericht erstatten sollen. Den Mächtigen ist nämlich zu Ohren gekommen, wie dieser Johannes kraftvoll in Wort und Tat auftritt und viel Volk hinter sich bringt. Seine Botschaft ruft zu einer grundlegenden Veränderung der bestehenden Verhältnisse auf. Schade nur, dass den Informanten bei all den Nachrichten, die sie so eifrig sammeln, die eigentlich gute Nachricht verborgen bleibt.

Natürlich haben auch wir Fragen an Johannes. Die Antworten, die wir erhoffen, dienen jedoch der Bereicherung unseres Glaubens. Wir suchen nach Erklärungen für die oft schwer zu verstehenden Widerfahrnisse in unserem Leben. Unsere Fragen finden eine Antwort in der Bereitschaft, das Wirken Gottes in den Gnadenanregungen, die er uns täglich schenkt, wahrzunehmen. Die erste Lesung des heutigen Sonntags, die vom Propheten Jesaja stammt, zeichnet ein Bild von Johannes dem Täufer. Seine Botschaft ist für die Menschen in Palästina im Grunde genommen nicht neu. Denn sie leben schon lange in der Erwartung auf das Kommen des Messias, ihres Erlösers. Zumindest die Schriftgelehrten und Priester hätten die Worte und Taten des Johannes mit der messianischen Prophezeiung in Verbindung bringen können. Doch spüren sie, dass sein Kommen für sie weitreichende Konsequenzen haben wird. Also schicken sie Informanten zu Johannes dem Täufer. Dabei sagt uns Jesaja, dass der Messias nicht zu fürchten sei, weil er der Retter ist, der ein „Gnadenjahr des Herrn" (Jes 61,2a) ausrufen und allen Gerechtigkeit und Glück bringen wird. Wer das Glück für alle Menschen fordert, wird den Reichen und Mächtigen Ängste bereiten. Denn diese zittern um ihre Privilegien und müssen am Ende ihren Reichtum mit anderen teilen. Solche Ängste im Zusammenhang mit dem Kommen des Messias sind in den Reaktionen verschiedener Gruppen in Judäa spürbar. Dieser Zeuge, der von Gott gesandt ist, verkündet einen Messias, dessen Kommen das einfache Volk begrüßt, während er bei den reichen Machthabern überwiegend auf Ablehnung stößt. Normalerweise werden Zeugen befragt, um Licht in das Dunkel vergangener Ereignisse zu bringen. Johannes aber wurde von Gott gesandt, um für das wahre Licht, das erst noch kommen soll, Zeugnis abzulegen, „damit alle durch ihn zum Glauben kommen" (Joh 1,7).

Athanasius Wedon

Wir schaffen es

„Kleider machen Leute" – Sie kennen alle Gottfried Kellers Novelle. Wir sind alle in der Schule damit traktiert worden, sodass ich sie nicht zu erzählen brauche.

Und: Kleider machen tatsächlich Leute. Mithilfe unserer Kleider vermögen wir zu zeigen, wer wir sind, und noch mehr, wer wir sein möchten. Beispiele gibt es genug: der Polizist in Uniform, die Arbeitskleidung des Handwerkers, das Festtagskleid zur Hochzeit, unsere Sportkleidung. Wir kennen auch das Gefühl, das uns bewegt, wenn wir zum ersten Mal den neuen Mantel tragen oder die neuen Schuhe. Wir kommen uns ziemlich stimmig und gut vor.

Kleider machen Leute – das geht sogar noch einfacher, ganz praktisch; Kleider geben uns ein wohliges Gefühl, sind wirklich schützende, wärmende Hüllen: der kuschelige Pullover, der lange Mantel, der wattierte oder gar Daunen-Anorak, das luftdurchlässige und doch schützende Regencape.

Dem Rat „Kleider machen Leute" stehen allerdings ganz andere Situationen in unserem Leben gegenüber, wo uns dieser Rat nicht weiterhilft: Misslungene Tage, die unser Ich ankratzen, Geschehnisse, die unsere Lebenswünsche stören und stoppen, Pech, das uns klein macht, erniedrigt. Da machen Kleider keine Leute!

Wir stoßen auf menschliche Brutalität und Kälte, die uns frösteln lassen. Wir geraten in Situationen, da lassen uns alle im Regen stehen. Es gibt Stürme im Leben, in denen uns der Wind in die Rippen bläst, Stürme, die uns wegzufegen scheinen, den Boden unter den Füßen nehmen. Gibt es dann etwas, was uns wärmt und schützt?

Und dann die vielen Menschen auf der Welt in äußerster materieller Not. Sie haben die Kleider nicht, die Leute machen.

DER VERHEISSUNG TRAUEN

Ein unbekannter Prophet – man hat ihn Tritojesaja genannt, da man nichts Besseres wusste – spricht vor 2500 Jahren zu seinen Volksgenossen in vergleichbarer Situation. Sie sind aus dem babylonischen Exil zurück, ob der damaligen, brutalen persischen Steuerpolitik aber in wirtschaftlicher Not; sie leben in politischer Unsicherheit, in religiöser Verödung. Sie waren ein Volk in Lumpen! Keine Kleider, die Leute machen ...

„Ich bin gesandt, damit ich den Armen eine frohe Botschaft bringe ..." Die Botschaft jenes unbekannten Propheten hat die Menschen damals aber weder in bittere Ironie gestürzt noch zu resignierender Untätigkeit verführt. Sie haben sich dank dieser Botschaft nicht entmutigen lassen, sondern der Verheißung getraut und in ihrer ruinösen Situation zugepackt. Wenn JHWH will, dass alle leben, dann wird es weitergehen – war ihre Devise. Es kam langsam zu einem neuen Aufschwung! Die wirtschaftliche Lage der Leute hat sich allmählich stabilisiert. Wir können noch die Reaktion der Leute durch die Worte ihres

Propheten hindurch hören: „Ich will mich freuen über JHWH. Meine Seele soll jubeln über meinen Gott. Denn er kleidet mich in Gewänder des Heils, er hüllt mich in den Mantel der Gerechtigkeit, wie ein Bräutigam sich festlich schmückt und wie eine Braut ihr Geschmeide anlegt."

NEUE HOFFNUNG

Wir wissen, dass Jesus die Worte des Propheten in der Synagoge von Nazaret auf sich bezogen und seiner Zeit neue Hoffnung gemacht hat. Heute sind sie uns gesagt, uns in unseren persönlichen Ohnmachtsgeschichten. Uns Christen von heute mit nicht nur herbeigeredeten, sondern tatsächlichen politischen und sozialen Problemen. Auch uns kleidet JHWH in Gewänder des Heils, des Lebens. Mit ihm geht es weiter in unserem Leben! Diese Verheißung ist uns aber auch gesagt im Blick auf unsere Welt mit ihren Armen jeglicher Couleur. Sie sind absolut nicht weniger geworden. Auch für sie will JHWH wie eine schützende Hülle sein. In unserer vorweihnachtlichen Geschenke-Hektik sollten wir diese Armen nicht ganz vergessen, die neben uns nicht, und auch die irgendwo in der dritten und vierten Welt nicht.

EINE ATMOSPHÄRE DER VERHEISSUNG

Ob wir für oder gegen Weihnachten sind, wird – wie mal einer sagte – tatsächlich unter dem Christbaum entschieden – durch die Krippe nämlich, die darunter steht – nicht zur idyllischen Dekoration, sondern als Hinweis für die Realität menschlichen Lebens. Oder es wird sich nicht für Weihnachten entschieden, Weihnachten wird nur banalisiert.
Die Atmosphäre der Verheißung, die von der Krippe unter dem Baum ausgeht, sollten wir in uns und um uns herum hegen und pflegen wie die Sonntagskleider. Dann machen die Kleider vielleicht aus uns doch Leute!

Heinz Geist

Meine Stadt ist deine Wüste

In den Talkshows und Gesprächsrunden mit Prominenten im Fernsehen werden Menschen eingeladen, die man aus irgendeinem Grund für bedeutend hält. Die sprechen dann viel über sich und halten am Ende dann auch oft noch ihr neuestes Buch in die Kamera, damit man es kaufen kann.

Wenn Politiker zu einem Problem befragt werden, dann erleben wir oft das gleiche Muster: Sie erzählen lang und breit darüber, was sie oder ihre Partei dazu schon alles getan haben oder zumindest tun wollten.

Im Evangelium begegnet uns heute ein ganz anderer Typ. Er lebt seltsam gekleidet und mit einem eigenartigen Essverhalten in einer Gegend, in der niemand freiwillig lebt. Aber die Leute kommen zu ihm, und die religiösen Führer in Jerusalem schicken Abgesandte zu ihm, damit sie ihn fragen, wer er ist, wofür seine Botschaft steht. Aber er redet dann immer von einem anderen.

KÖNNEN WIR MIT JOHANNES DEM TÄUFER HEUTE ETWAS ANFANGEN?

Kann uns dieser Mensch heute etwas sagen?

Dieser Johannes redet also immer wieder von einem anderen, und dass er nur da sei, um auf diesen anderen hinzuweisen, der größer sei als er, für den er Zeugnis ablegen wolle und solle. Also schlechte Selbstvermarktung, kein Modell für Talkshows oder Wahlkämpfe und auch nicht für partnerschaftliche Zusammenarbeit.

Wenn wir nur seinen Lebensstil betrachten, finden wir da vielleicht den einen oder anderen Anknüpfungspunkt? Insekten stehen ja inzwischen nicht nur in Asien auf dem Speiseplan, sondern werden als Ausweg für zukünftige Ernährungskrisen oder auch nur als exotische Bereicherung des europäischen Speisezettels gesehen. In der Kleidermode muss man immer mit allem rechnen, und die Wüste als zeitweiliger Rückzugsort für stressgeplagte Stadtmenschen lässt sich auch gut verkaufen.

Aber das alles greift wohl zu kurz. Denn dieser Johannes will die Menschen zu einer Taufe bewegen. An anderen Stellen im Evangelium erfahren wir, dass diese Taufe ein Zeichen, ein Ausdruck von persönlicher Umkehr ist. In einem ausführlichen Bericht des Lukasevangeliums hören wir, dass er Leute, die eigens zu ihm gekommen sind, Menschen aus ganz unterschiedlichen Lebenssituationen, ganz direkt mit Fehlverhalten konfrontiert. Dann fragen sie ihn: Was sollen wir tun? (Lk 3,1–20) und sie wollen sich ändern, umkehren.

Dieser Mann hat also Menschen bewegt, sie zur Änderung gebracht. Kann er da heute auch uns solche bewegenden Anregungen geben?

Vielleicht können das Anregungen in zwei Richtungen sein, eine allgemeine und eine besonders für den Advent.

EIN MODELL FÜR MACHT UND AMTSAUSÜBUNG?

Wenn wir in die Schlagzeilen schauen, die unsere Gesellschaft, also die Politik und Wirtschaft und auch die Kirche kritisch betrachten, dann fällt dort eine neue Sensibilität gegenüber Machtmissbrauch auf. Da sind wir empfindlicher geworden. Gleichzeitig können gerade in unseren Tagen Politiker erfolgreich sich behaupten, die ihre persönliche Macht schamlos ausdehnen.

In der Kirche wurde Missbrauch von Macht leider an vielen Stellen lange Zeit verharmlost und vertuscht. Das ist im Bereich des sexuellen Missbrauchs besonders schlimm für die Betroffenen. Aber auch der alleinige Hinweis auf ein kirchliches Amt und Weihe als Ersatz für vernünftige Begründungen von Entscheidungen, sei es in der Gemeinde oder in höchsten kirchlichen Stellen, widerspricht eigentlich dem, was diese Ämter sein sollen. Am Anfang des Evangeliums haben wir gehört: „Er kam als Zeuge, um Zeugnis abzulegen für das Licht, damit alle durch ihn zum Glauben kommen. Er war nicht selbst das Licht, er sollte nur Zeugnis ablegen für das Licht" (Joh 1,7–8). Dieses Licht sollte leuchten, dienen also, um einen Weg zu finden, nämlich den zu Christus. Üben wir heute so unsere Aufgaben aus, unsere Ämter und Ehrenämter, die wir in der Gemeinde oder darüber hinaus bekommen haben? Oder leuchten wir mehr für uns selbst, für unsere Gruppe, unseren Kreis und unsere Interessen? Was sollen wir tun? Fragen wir das noch einen Größeren?

JOHANNES – EIN WEGWEISER DURCH UNSEREN HEUTIGEN ADVENT?

Wir haben heute schon den 3. Advent, also kurz vor Weihnachten. „Ach Advent, gibt es den überhaupt noch?" – so werden manche von Ihnen jetzt vielleicht abwinken. Und es ist ja wirklich so: Zum einen verschwindet der Advent als Vorweihnachtszeit zwischen allen möglichen Weihnachtsfeiern, zusätzlichen Konsumangeboten und dem Glühweingeruch der Weihnachtsmärkte, und wo das nicht reicht, da wird oft alles verboten, was im öffentlichen Raum an christliche Namen und Symbole erinnert. Sind wir als Christen da nicht mitten in der Stadt, mitten in unserer Umgebung in einer Wüste gelandet, was unseren Glauben an die Bedeutung von Weihnachten und Advent angeht? Darüber könnten wir jetzt lang und breit jammern oder einfach in unsere eigene Christbaum-Idylle flüchten, wo das noch geht. Johannes wollte Jesus den Weg bahnen. Darin sah er seine Lebensaufgabe, seine Sendung, seinen Auftrag. Wie sieht das für uns Christen heute aus, Jesus den Weg zu bahnen?

Was heißt in dieser eben beschriebenen Vorweihnachts-Situation: „Ebnet den Weg für den Herrn!"? Was würde Johannes der Täufer uns antworten, wenn wir ihn fragten für unsere Zeit, für unsere Stadt, unser Dorf, unsere Gemeinde, unsere Familie, unseren Freundeskreis: „Was sollen wir tun?"

Johannes hat sich mit seinem Lebensstil zurückgezogen auf das Wesentliche, auf eine provozierende Art. Das ist kein Leben für jeden, aber es ist eine Anfrage an jeden: Was ist für dich der Sinn von Weihnachten, dem Fest der Menschwerdung? Wie ebnest du im Advent den Weg dahin? Den Weg, dass Christus bei mir, bei uns ankommen kann?

Und das Fest dieser Ankunft gehört dann gefeiert!

Klaus Heizmann

Prüft alles und behaltet das Gute

ZUR VERKÜNDIGUNG

Lesung: 1 Thess 5,16–24 *(später verkündigen)*

Liebe Kinder! Wenn ich jetzt eine Wette abschließen würde, wie viele von euch sich auf das Weihnachtsfest freuen, hätte ich ziemlich gute Gewinnchancen, wenn ich sagen würde: Alle! Oder? (–)
Ich kann das gut verstehen. So ein großes Fest ist eben auch mit großer Vorfreude verbunden. Ob auf die Geschenke, die Lichter oder die Zeit mit der Familie ... und diese Vorfreude zeigt sich auch in der Kirche. Heute ist nicht einfach nur der 3. Advent, sondern die Kirche feiert diesen Sonntag als Freudentag, auf Latein: als Sonntag „Gaudete". Das bedeutet nichts anderes als die Aufforderung „Freut euch!" Und so ist es kein Wunder, dass die Lesung aus einem Brief des hl. Paulus heute auch genau mit diesen Worten beginnt: „Freut euch zu jeder Zeit!" *(Lesung vortragen)*

SCHLUSSWORTE MIT BESONDERER BEDEUTUNG

Ich weiß nicht, ob es euch beim Hören aufgefallen ist, aber die Sätze der heutigen Lesung sind alle ganz kurz – und sie enden alle mit einem Ausrufezeichen, weil es lauter Aufforderungen sind. Fast wie ein Elternteil, das einem, bevor man aus dem Haus geht, noch ein paar gute Ratschläge mit auf den Weg gibt. So was wie: „Setz die Mütze auf, heute ist es kalt!" – „Denk daran, deinen Turnbeutel mitzunehmen!" – „Vergiss nicht, dass du heute nach der Schule gleich Klavierstunde hast!" oder so ähnlich ... Kennt ihr auch solche Beispiele? (–) Ich merke schon, ihr kennt euch damit gut aus! Ja, und tatsächlich ist auch der heutige Lesungstext eine Art Aufzählung von gut gemeinten Ermahnungen. Das liegt daran, dass es der Schlussteil eines Briefes ist, den Paulus an die Gemeinde in Thessalonich geschrieben hat. Diese Gemeinde hatte er selbst gegründet, bevor er dann weiterreiste, um noch mehr Menschen von Jesus Christus zu erzählen und sie für den Glauben zu begeistern. Um den Kontakt nicht zu verlieren, schrieb er dann viele Briefe – und, wie gesagt, den Schluss eines solchen Briefes haben wir in der Lesung gehört. Kein Wunder also, dass er darin noch einmal alles aufzählt, an was die Menschen denken sollen, damit sie den Glauben gut leben können. Nichts soll vergessen werden!

PAULUS TRAUT SEINER GEMEINDE VIEL ZU

Nun könnte man natürlich denken: „Na toll, tausend Ermahnungen! Wie langweilig! Und außerdem, wer will schon dauernd vorgeschrieben bekommen, was er denken und tun soll?!" Ich vermute mal, bei guten Ratschlägen, die eure Eltern euch so mit auf den Weg geben, ist das meistens auch nicht anders? Ihr seid ja schließlich schon ziemlich groß, da weiß man doch selbst, was man will

– oder? So ganz unrecht habt ihr damit ja auch nicht, wenn ihr vermutlich auch tief im Inneren wisst, dass eure Eltern die Ratschläge gar nicht geben, um euch zu ärgern oder zu nerven, sondern weil sie sich um euch sorgen und wollen, dass es euch gut geht. Das ist bei Paulus und seiner Gemeinde auch nicht anders! Nur, dass seine Sorge sich mehr auf ihren Glauben bezieht als auf einen vergessenen Turnbeutel oder warme Kleidung, damit man sich nicht erkältet. Aber es lohnt sich, einmal genau hinzuhören, welche Ratschläge Paulus erteilt! Denn dann merkt man, dass sie gar keine Vorschriften im engeren Sinne sind, sondern den Menschen selbst ganz viel zutrauen. Paulus hat dieses große Vertrauen in seine Gemeinde, weil er fest daran glaubt, dass sie vom Heiligen Geist begleitet wird. Und so ist ihm wichtig: Die Menschen sollen sich freuen, sie sollen beten und dankbar sein für alles, was Gott ihnen schenkt – und sie sollen den Geist nicht „auslöschen" (vgl. 5,19).

Natürlich kann niemand den Heiligen Geist einfach mal so ausknipsen, aber das meint Paulus auch nicht. Ich verstehe seine Worte so: Wenn alle Gläubigen immer im Geist Gottes handeln, dann können sie eigentlich gar nichts falsch machen, auch wenn es keine konkreten Handlungsanweisungen für jede Lebenssituation gibt. An Jesus Christus zu glauben, bedeutet auch auf keinen Fall, dass man selbst gar nicht mehr denken darf oder muss! Im Gegenteil: Im vorletzten Satz spricht Paulus einen Ratschlag aus, der zeigt, wie sehr er dem Urteilsvermögen seiner Gemeinde vertraut: „Prüft alles und behaltet das Gute!" (5,21). Das ist ein wunderbarer Rat, denn er bedeutet, dass niemand ängstlich und abwehrend sein muss, wenn es mal neue Ideen oder Vorschläge gibt. Wer im Glauben an Gott lebt, kann sich alles anhören, es bedenken – und dann entscheiden, ob es gut ist oder nicht. „Gut" bedeutet: Es ist so, wie Jesus Christus es gewollt hätte oder wie er es vorgelebt hat. Was das in jeder einzelnen Situation heißt, dürfen Christinnen und Christen mit eigenem Verstand prüfen und entscheiden. Wenn das kein Zutrauen ist! Und das gilt auch für euch: Es ist sicher nicht schlecht, sich Ratschläge anzuhören, vor allem von Menschen, die schon mehr Lebenserfahrung haben, wie z. B. eure Eltern. Aber auch euch wird zugetraut, dass ihr „prüft", das heißt nachdenken und entscheiden könnt. Macht was draus! Das Ziel ist ganz einfach: Es soll gut sein – für euch, für alle Menschen, ja für die ganze Schöpfung. Eine große Aufgabe, aber auch ein großes Vertrauen in euch!

FÜRBITTEN

Die Freude an Gottes Botschaft soll unser Leben hell machen. Deshalb bitten wir ihn:

- Für alle, die sich jeden Tag bemühen, Freude in die Welt zu bringen, indem sie anderen Menschen Gutes tun.
- Für alle, die einen guten Rat brauchen, weil sie vor einer schweren Entscheidung stehen.
- Für alle, die niemanden haben, der ihnen etwas zutraut.
- Für alle, die sich derzeit nicht auf Weihnachten freuen können, weil sie um einen Menschen trauern.

Agnes Molzberger

Vierter Adventssonntag (B)

LIEDVORSCHLÄGE

Gesänge zur Eucharistiefeier
Eröffnungsgesang: Macht hoch die Tür (GL 218); *Antwortgesang:* Der Herr hat uns befreit (GL 60,1) mit den Psalmversen; *Ruf vor dem Evangelium:* Halleluja (GL 174,7) mit dem Vers; *zur Gabenbereitung:* Herr, wir bringen in Brot und Wein (GL 184); *Sanctus:* Heilig (GL 192); *Danklied:* O Herr, wenn du kommst, wird die Welt wieder neu (GL 233).

Gesänge zur Wort-Gottes-Feier
Eröffnungsgesang: O Heiland reiß die Himmel auf (GL 231); *Antwortgesang:* Gottes Wort ist wie Licht (GL 450).

ERÖFFNUNG

Liturgischer Gruß
Jesus Christus unser Herr, der schon nahe ist, sei mit euch / ist mit uns allen.

Einführung
„Freut euch, ihr Christen, freuet euch sehr, schon ist nahe der Herr" (GL 223), so singen wir in der Adventszeit. Heute feiern wir den vierten Advent, in vier Tagen ist Heiligabend.
Wir dürfen uns freuen, dass Gott nicht nur damals, sondern auch dieses Jahr, Mensch werden will, unter und in uns Wohnung nehmen möchte.
Wir sind eingeladen, uns voller Vorfreude auf dieses Fest einzustimmen und unsere Augen, Ohren und Herzen für seine Ankunft in unserem ganz persönlichen Leben zu öffnen.

Kyrie-Litanei
Herr Jesus Christus, du bist das Licht der Welt. Herr, erbarme dich.
Du bist das lebendige Wort. Christus, erbarme dich.
Du willst unter den Menschen wohnen. Herr, erbarme dich.

Tagesgebet
Allmächtiger Gott, gieße deine Gnade in unsere Herzen ein.
Durch die Botschaft des Engels
haben wir die Menschwerdung Christi,
deines Sohnes, erkannt.
Führe uns durch sein Leiden und Kreuz
zur Herrlichkeit der Auferstehung.
Darum bitten wir durch ihn, Jesus Christus.

1. Lesung: 2 Sam 7,1–5.8b–12.14a.16

David möchte für die Bundeslade, dem Zeichen der Gegenwart Gottes, einen Tempel bauen lassen. Gott macht jedoch deutlich, dass seine Gegenwart sich nicht an Tempeln festmachen lässt, er ist überall gegenwärtig, er ist ein mitgehender Gott, ein Gott, der den Menschen nahe sein will.

2. Lesung: Röm 16,25–27

Paulus lädt die Gemeinde in Rom dazu ein, gemeinsam mit ihm, Gott die Ehre zu erweisen, der in Jesus Christus seine Liebe zu den Menschen offenbart hat.

Evangelium: Lk 1,26–38

Maria empfängt vom Engel Gabriel die Verheißung, dass sie Gottes Sohn gebären wird. Auch wenn es ihr Vorstellungsvermögen übersteigt, vertraut sie Gott und spricht ihr „ja"- so kann Gott mit ihr Heilsgeschichte schreiben.

FÜRBITTEN

Wir bringen voll Vertrauen unsere Anliegen vor den menschennahen Gott:

- Wir bitten für unsere Kirche: Lass sie in dieser Adventszeit offen sein für deine Ankunft und wie Maria bereit für dein Geistwirken sein, damit neues Leben entstehen kann. Herr, höre unser Gebet. A: Herr, höre unser Gebet.
- Wir bitten dich für unsere Gesellschaft: schenke ihr deinen solidarischen Geist, der alle Menschen im Blick behält. ...
- Wir bitten dich für alle Menschen, denen es nicht gut geht-physisch oder psychisch: Sei du Licht in ihrem Leiden und schicke ihnen Menschen, die sie begleiten. ...
- Wir bitten dich für uns ganz persönlich: Lass uns diese Adventszeit nutzen, unseren Blick für deine Gegenwart in unserem Leben zu schärfen. ...
- Wir bitten dich in persönlichen Anliegen: – *Stille* –

Herr, all diese Bitten bringen wir zu dir. Du bist ein mitfühlender Gott, du lädst uns ein, mit unseren Bitten zu dir zu kommen und dir zu vertrauen. Dafür loben wir dich und danken dir.

ELEMENTE FÜR DIE EUCHARISTIEFEIER

Zum Vaterunser

Gott will bei den Menschen sein. Er ist uns nahe, wir dürfen ihn Vater nennen:

Zum Friedensgebet

Wir alle sehnen uns nach Frieden und erleben doch immer wieder, im Großen wie im Kleinen, wie schwierig es ist, diesen Frieden zu finden und zu leben. Darum bitten wir: Herr, Jesus Christus ...

Kommunionvers

„Seht, die Jungfrau wird empfangen und einen Sohn gebären.
Sein Name ist Immanuel, Gott mit uns" (Jes 7,14).

ELEMENTE FÜR DIE WORT-GOTTES-FEIER

Gebet

Herr,
du bist ein wunderbarer und einzigartiger Gott.
Du möchtest keine Tempel aus Stein,
sondern möchtest unseren Leib als deinen Tempel.
Du bist ein Gott,
der unsere Nähe sucht und Mensch wird,
ein Gott, der auf Augenhöhe kommt.
Du möchtest Frieden und Gerechtigkeit für alle Menschen,
ein Leben in Fülle.
Wir bitten dich:
Öffne unsere Augen, Ohren uns Herzen für deine Botschaft,
damit wir wie Maria unser Ja zu dir sagen können
und du so in unserem Leben ankommen kannst. Amen.

Segensbitte

Gott, wir bitten um deinen Segen für die letzten Adventstage:
Sei bei uns, bei allem, was wir tun und schenke uns bei allen Weihnachtsvorbereitungen immer wieder Momente der Ruhe, um deine Gegenwart zu spüren. Dies erbitten wir für uns und für alle Menschen, die mit uns verbunden sind.
Und so segne uns der allmächtige Gott, der Vater und der Sohn und der Heilige Geist.

Stephanie Kersten

Gott Raum geben im eigenen Leben

Kirchenräume geschlossen, keine öffentlichen Gottesdienste – diese Schlagzeilen prägten das kirchliche Leben im Frühjahr dieses Jahres, ausgerechnet auch in der Heiligen Woche zwischen Palmsonntag und Ostern. Für manche kam dies einer Katastrophe gleich. Lesung und Evangelium des heutigen Sonntags sagen uns etwas anderes: Gottes Wirken, Gottes Präsenz ist nicht an sakrale Räume gebunden. Unmissverständlich macht Gott König David klar, dass er den Tempel nicht braucht, den David ihm meint bauen zu müssen, damit die Bundeslade nicht länger einfach in einem Zelt ihre Bleibe hat. Gott genügt das Zelt; ja, das Zelt, jene mobile „Behausung", ist im Grunde ideal für diesen immer unfassbaren Gott, der die Flexibilität schätzt, gerne, wie es ihm beliebt, Menschen nahekommt.

Gottes Größe und Macht ist weder auf Tempeln mit goldenen Schreinen noch auf ästhetisch anmutenden Kirchbauten gegründet. Was Gott braucht, sind Menschen, die ihm im eigenen Leben Raum geben. Gott zeigt sich dem, der bereit ist, Gott im Rahmen der eigenen Möglichkeiten zu schauen. Gott spricht zu derjenigen, die offene Ohren hat für leise Töne. Maria, dieses Mädchen aus Nazaret, Verlobte des Josef, ist ein Mensch, der ganz offen ist für Gott. Sie ist eine sehr lebendige, junge Frau voller Träume und Pläne für ihre Zukunft und sie weiß sich und ihr Leben ganz in Gott gegründet und geborgen. Das ist kein Widerspruch. Weil Gott darum weiß, dass diese junge Frau ihm immer schon einen Platz in ihrem Herzen gegeben hat, wählt er sie aus, Mutter seines Sohnes zu werden. Und Maria vermag zu erfassen, was der Anruf Gottes durch den Engel Gabriel für sie bedeutet. Sie steht mit beiden Füßen auf dem Boden: Wie soll das geschehen?, fragt sie den Engel. Ganz Realistin und immer ausgestreckt zum Himmel, so ist Maria über all die Jahrhunderte hinweg Vorbild für jeden gottgläubigen Menschen. Gott überrascht Menschen, ja, sein Sich zeigen kann einen Menschen überwältigen. Aber Gottes Wirken am Menschen hat nichts Zerstörerisches an sich, sondern baut auf, enthält immer eine Einladung zu mehr Leben und wartet geduldig auf die Zustimmung des Menschen. Maria ist eine prophetische Frau, sie hört das verlockende „Komm" in der Botschaft des Engels, der ihr den Beistand der Geistkraft Gottes verspricht. Sie gibt ihr ,Ja' ohne Zögern, weil sie sich gerne in Gottes Dienst stellt.

Hat Gott eine Bedeutung für mein Leben? Ist das Evangelium, die frohe Botschaft von der befreienden und heilsamen Liebe Gottes relevant für meine Existenz? Wir sind eingeladen, uns ehrlich diesen Fragen zu stellen. Wenn wir sie mit ,Ja' beantworten, wird Gott immer Möglichkeiten finden, sein Zelt ganz nah bei uns aufzuschlagen. Mögen Kirchen aus finanziellen Gründen abgerissen oder umgewidmet werden, mögen sie als Versammlungsräume geschlossen werden, um Menschenleben zu schützen, für Gott ist nichts unmöglich, solange es Menschen gibt, die sich für eine größere Wirklichkeit öffnen, die hören und schauen.

Brigitte Schmidt

Wer baut wem ein Haus?

500 – so viele katholische Kirchen wurden im Zeitraum von 2000 bis 2017 in Deutschland profaniert, also „entweiht". Zusammen mit anderen Zahlen wie z.B. den Kirchenaustrittszahlen erschreckt uns diese Zahl 500. Wir wissen, dass diese Zahl Ausdruck einer tieferen Krise ist. Das Problem ist ja, dass die Kirchen aus Stein abgerissen werden, weil immer weniger Menschen sie besuchen. Bei allen, denen die Kirche, denen der Glaube am Herzen liegt, führt das zur Frage: Wie können wir diesem Trend entgegenwirken? Was können wir dagegen machen? Dazu gibt es eine Menge Konzepte und Lösungsansätze. In vielen Diözesen gibt es besondere Programme, Ideenwerkstätten und Konferenzen. Sie alle wollen den „Niedergang" des Glaubens und der Kirche aufhalten. Immer wieder hört man den Satz: „Wir müssen etwas tun, wir müssen etwas ändern."

„ICH WILL GOTT EIN HAUS BAUEN"

Was kann uns in dieser Situation der heutige Lesungstext sagen? Auf den ersten Blick erscheint die Situation ja ganz verschieden: David muss kein Gotteshaus abreißen, nein, er will ein Gotteshaus bauen. Genau dieses Vorhaben – einen Tempel, ein Haus für Gott zu bauen – offenbart aber einen „Denkfehler", der sehr wohl etwas mit der oben beschriebenen Situation zu tun hat: David meint, dass er Gott ein Zuhause geben kann, dass es jetzt allein auf ihn ankommt, dem Glauben an Gott Sicherheit und Bestand zu geben. Deswegen möchte er ihm ein Haus aus Stein bauen, ein Haus aus einem scheinbar beständigen, sicheren Material. Hand aufs Herz: Steht dieser Gedanke „Gott braucht uns, ohne uns schafft er es nicht" nicht auch hinter vielen unserer Aktionen zur „Rettung des Glaubens", zur „Rettung der Kirche"?

„DER HERR WIRD DIR EIN HAUS BAUEN"

Gottes Antwort, die durch den Propheten Natan an David ergeht, führt ihm seinen „Denkfehler" vor Augen. Sie beginnt mit einer Frage, aus der man eine gewisse Ironie heraushören kann: „Du willst mir ein Haus bauen?" Die weitere Antwort besteht aus zwei Teilen. Der erste Teil bezieht sich auf die Vergangenheit. Gott erinnert David an seine Geschichte, an seine kleinen Anfänge und daran, dass er, Gott, es war, der ihn groß gemacht hat: „Ich habe dich von der Weide und von der Herde weggeholt, damit du Fürst über mein Volk Israel wirst... Ich habe alle deine Feinde vor deinen Augen vernichtet" (2 Sam 7,8b.9b). Der zweite Teil der Antwort Gottes bezieht sich auf die Zukunft. Es ist eine Verheißung: „Wenn deine Tage erfüllt sind und du dich zu deinen Vätern legst, werde ich deinen leiblichen Sohn als deinen Nachfolger einsetzen und seinem Königtum Bestand verleihen... Dein Haus und dein Königtum werden vor dir auf ewig bestehen bleiben; dein Thron wird auf ewig Bestand haben" (2 Sam 7,12.16). Mit dieser Verheißung erinnert Gott David zugleich an seine Sterblichkeit, an seine Endlichkeit. Er wird nicht ewig leben, er wird die Sorge um seine Dynastie, seinen Thron irgendwann notgedrungen – ob er will oder nicht – in andere Hände legen müssen. Mit der Erinnerung an die Vergangenheit und den Ausblick in die Zukunft stutzt Gott David wieder auf das rechte Maß zurück. Er macht ihm klar: „Du hast dich nicht selbst zu dem gemacht, der du bist, und auch die Zukunft liegt nicht in deiner Hand." Und so dreht er den Spieß um und macht David durch seinen Propheten Natan klar: „Der Herr wird dir ein Haus bauen" (vgl. 2 Sam 7,11).

GOTT SORGT SICH AUCH HEUTE UM SEIN HAUS

Die Antwort, die Gott David gegeben hat, können wir in unsere Situation, in die Situation unserer Kirche heute übertragen. Auch uns fragt Gott mit ein bisschen Ironie „Ihr wollt dafür sorgen, dass der Glaube, dass die Kirche weiterbesteht?" Auch uns hilft ein Blick in die Geschichte: Da können wir sehen, dass der christliche Glaube zwei Jahrtausende lang durchgehalten hat. Wir können sehen, wie er sich aus kleinsten Anfängen zu einem Glauben entwickelt hat, der auf der ganzen Welt verbreitet ist. Wie Gott David „groß" gemacht hat, so hat er auch den Glauben „groß" gemacht. Der gläubige Blick in die Geschichte der Kirche, in die Geschichte des Glaubens macht uns deutlich, dass es letztlich Gott ist, der den Glauben und die Kirche durch alle Krisen der Geschichte hindurchgeführt hat.

Und auch der zweite Blick, der Blick in die Zukunft, kann für uns wie für David hilfreich sein. So wie Gott dem David eine Verheißung für alle Zeiten gegeben hat, so hat er auch uns eine Verheißung gegeben, die weit über die Lebensspanne jedes Einzelnen von uns hinausgeht: „Die Mächte der Unterwelt werden die Kirche nicht überwältigen (vgl. Mt 16,18)". ... „lehrt sie, alles zu befolgen, was ich euch geboten habe." Und siehe, ich bin mit euch alle Tage bis zum Ende der Welt. (Mt 28,20). Das macht uns klar: Auch die Zukunft des Glaubens und der Kirche liegt nicht in unserer Hand. Auch wir sind endlich. Wir werden die Kirche nicht für ewige Zeiten „krisensicher" machen können. Auch wir werden einmal die Sorge um den Glauben und die Kirche in andere Hände legen müssen.

Das nimmt sicher nicht die Verantwortung von uns, hier und jetzt unseren Teil zu tun. Aber was Gott dem David zu verstehen gibt, sollte auch uns zu denken geben: „Nicht du wirst mir ein Haus bauen, sondern ich werde dir ein Haus bauen." Diese Botschaft Gottes soll uns helfen, dass wir uns nicht zuerst als „Macher" verstehen, sondern immer in erster Linie als Beschenkte. Sie soll uns davor bewahren, ängstlich und hektisch zu werden in der Meinung, dass wir die Kirche und den Glauben aus eigenen Kräften retten müssen. Sie soll uns helfen, unsere Augen zu öffnen und Gott als den wahrzunehmen, dem wir alles verdanken und der allein die Geschichte zu einem guten Ende führen kann.

Sebastian Büning

Für Gott ist alles möglich, oder?

Schon das Tagesgebet der heutigen Messe ist etwas Besonderes. Da haben wir das Schlussgebet des Angelus, des Engel des Herrn, gehört:
Allmächtiger Gott, gieße deine Gnade in unsere Herzen ein.
Durch die Botschaft des Engels haben wir die Menschwerdung Christi, deines Sohnes, erkannt. Führe uns durch sein Leiden und Kreuz zur Herrlichkeit der Auferstehung.
Mit dem Angelus, der vielerorts noch durch Glockengeläut morgens, mittags und abends angekündigt wird, können wir uns betend daran erinnern, dass Gott uns mit der Verkündigung des Engels an Maria in Nazaret sein Eingreifen in die Geschichte, sein Herabkommen auf die Erde, ja seine greifbare Nähe zu uns Menschen geschenkt hat. Wir Menschen erleben damit Gottes Nähe in unverwechselbarer Weise, hautnah, mit eigenen Händen, mit unseren Augen und Ohren. Dieses wunderbare Geschenk Gottes an uns Menschen hat mit der Empfängnis Jesu in Maria seinen Anfang genommen. Denn der Mensch entsteht bereits mit der Empfängnis in seiner Mutter. Bei der Geburt wird menschliches Leben sichtbar, aber schon vorher ist es reales Leben und hat – so die im ersten Satz des Grundgesetzes der Bundesrepublik Deutschland – unantastbare Würde. Deswegen ist der Anfang des Lebens Jesu Christi in Maria ein eminent wichtiges Ereignis, von dem im heutigen Evangelium berichtet wird. Dieser Bericht ist eigentlich schnörkellos und klar. Und doch ist seine Bedeutung so zentral, dass die Kirche, wie erwähnt, dreimal an jedem Tag im Angelusgebet daran erinnert.

EIN ENGEL AUF HAUSBESUCH

Im sechsten Monat des religiösen jüdischen Kalenders, das ist zugleich der zwölfte und letzte des bürgerlichen Kalenders, kommt der Erzengel Gabriel bei Maria in Nazaret zu Besuch. Gabriel ist der „Mann" oder die „Kraft" Gottes bei einer jungen Frau; er spricht sie im Namen und mit der Vollmacht Gottes an: „Sei gegrüßt, Du Begnadete, der Herr ist mit Dir" (Lk 1,28). Die Voraussetzung des folgenden Dialogs ist die Erwählung durch Gott. Immer ist es Gott, der uns Menschen liebend anspricht, an uns herantritt und uns damit herausfordert. „Nicht ihr habt mich erwählt, sondern ich habe euch erwählt und dazu bestimmt, dass ihr euch aufmacht und Frucht bringt und dass eure Frucht bleibt" (Joh 15,16a). Vor all unseren menschlichen Versuchen, zu verstehen und zu erklären, steht die Tatsache, dass Gott ein Auge auf uns geworfen hat, dass wir einen Platz in seinem Herzen haben. Ob bei Maria in Nazaret oder bei einem jeden von uns. Er spricht uns in unserem Alltag an und will, dass wir uns aufmachen und Frucht bringen, d. h. etwas Positives schaffen; heute heißt das wohl: wir sollen nachhaltig (!) wirken.

Glaube und Vernunft sind ein unzertrennliches Paar. Deswegen sind weder das Erstaunen Marias noch die Nachfragen außergewöhnlich. Sie überlegt, was „begnadet" in ihrem Fall wohl bedeuten mag. Sie fragt, ganz vernünftig, wie sie als sittsame junge Frau vor der Ehe und somit noch ohne Mann ein Kind empfangen soll. Liebe Schwestern und Brüder, das wird in unserem Fall nicht anders gehen. Ob Gott mir zutraut, mich für die Erreichung eines schulischen oder sonstigen Abschlusses ins Zeug zu legen, ob er von mir verlangt, mich nach reiflicher Überlegung für einen konkreten Partner / eine konkrete Partnerin zu entscheiden, um zu heiraten und Kinder mit ihm/ihr zu bekommen, oder ob Gott mich beruft, ihm und den Menschen in der Kirche als Ordenschrist oder Priester zu dienen. Das will alles gut überlegt und erwogen sein. Dazu gehören viele Detailfragen und bestimmt auch Gespräche mit vertrauten Menschen, deren Urteil mir wichtig ist. Hier im Evangelium klärt Maria mit dem Engel, wie geschehen soll, was menschliches Wissen allein einfach (noch) nicht zu durchschauen vermag.

„FÜR GOTT IST ALLES MÖGLICH" – DANN ENTSCHEIDEN

Die Kernbotschaft des Erzengel Gabriels, dass für Gott letztlich nichts unmöglich ist, überzeugt. Die eben angedeuteten Entscheidungssituationen in unserem Leben werden auch immer geprägt sein von dem gläubigen „Ja" zu Gottes Geist und seinem Wirken. Jesus offenbart der Samariterin am Jakobsbrunnen: „Gott ist Geist und alle, die ihn anbeten, müssen ihn im Geist und in der Wahrheit anbeten" (Joh 4,24). Wenn also bei der Empfängnis Jesu der Engel Maria zusagt: „Der Heilige Geist wird über dich kommen, und die Kraft des Höchsten wird dich überschatten. Deshalb wird auch das Kind heilig und Sohn Gottes genannt werden" (Lk 1,35), dann ist damit für mich angesagt: Der Geist bewirkt das Gute in dir, dem du in Liebe dienen darfst, wenn du zur Heiligkeit hinstrebst, wenn du mit Gottes Hilfe in deinem Leben Gutes und Richtiges tun willst. – Manchmal hilft es, wenn wir Beispiele göttlichen Wirkens wahrnehmen und uns erinnern. Heilige hatten die Kraft erhalten, Besonderes auf den Weg zu bringen. Franziskus von Assisi hat seine Bewegung, die ihm schnell im Hinblick auf die Zahl an Brüdern und die strukturellen Herausforderungen über den Kopf gewachsen ist, nicht geplant. Er konnte nicht auf ein erprobtes Organisationstalent aufbauen. Im Vertrauen auf die „Überschattung" durch den Heiligen Geist entstand, was ganz klein in Assisi angefangen hatte. Der Poverello hielt rückschauend in seinem Testament fest: „So hat der Herr mir [...] gegeben, das Leben der Buße zu beginnen: denn als ich in Sünden war, kam es mir bitter vor, Aussätzige zu sehen. Und der Herr selbst hat mich unter sie geführt, und ich habe ihnen Barmherzigkeit erwiesen. Und da ich fortging von ihnen, wurde mir das, was mir bitter vorkam, in Süßigkeit der Seele und des Leibes verwandelt. Und danach hielt ich eine Weile inne und verließ die [verweltlichte, sündige; Anm. d. Verf.] Welt" (Testament 1–3). So kann es gehen: bei Maria, bei Franziskus und mit Gottes Hilfe auch bei mir.

Robert Jauch

Gott liebt mich und Gott braucht mich

Vorschlag für eine szenische Darstellung der Verkündigung durch den Engel, mit Texten in Anlehnung an www.evangelium-in-leichter-sprache.de/ lesejahr-b-4-adventssonntag

Evangelium: Lk 1,26–38

SZENISCHE DARSTELLUNG

Vorbemerkung: Einen Stuhl und evtl. einen Tisch bereitstellen, an dem Maria sitzen wird.
Seitlich ein für Zuschauer verdeckter Eingang, aus dem der nicht sichtbare Engel sprechen wird.

Maria kommt mit einem größeren Wasserkrug, stellt ihn ab und setzt sich.

Maria: Geschafft! Das war wieder anstrengend! – Aber ich habe den Josef wiedergesehen und wir haben uns zugewinkt. Schön, dass wir verlobt sind. So, jetzt ... *(steht auf und hebt den Krug wieder an)*

Aus dem Eingang fällt plötzlich ein helles Licht.
Maria dreht sich zum Licht hin, setzt erschrocken den Krug ab und weicht ein wenig zurück.

Engelstimme: Hab keine Angst, Maria! Gott sendet mich zu dir. Er hat etwas ganz Großes mit dir vor. Du sollst ein Baby bekommen, einen Jungen, und er soll Jesus heißen. Die Menschen werden ihn Sohn Gottes nennen, er wird ihnen viel Gutes tun und ihnen zeigen, wie gut Gott ist.
Maria: Aber, aber, ... Wie soll ich denn Mutter werden? Ich bin doch mit Josef noch gar nicht verheiratet!
Engel: Gott sendet seinen Heiligen Geist, durch seine Kraft kannst du die Mutter Jesu werden. Dein Kind ist der Sohn von Gott.
Maria (nach einer Pause): Ja, ich bin bereit. Gott ist gut. Ja, wenn Gott mich braucht – es soll so geschehen, wie du es gesagt hast.

Das Licht erlischt, Maria bleibt noch kurz nachdenklich stehen, geht (ggf. während eines Liedes) langsam ab.

Was haben wir denn eben gesehen? *(Die Kinder das Gesehene wiederholen lassen, evtl. Missverständnisse klären.)*

Das alles liegt jetzt über 2000 Jahre zurück. Aber es ist nicht vorbei, denn jedes Jahr denken wir daran. Jetzt, im Advent, wenn wir uns auf Weihnachten vorbereiten, da schauen wir uns an, wie es zu Weihnachten kam *(mit Kindern erarbeiten, dass Weihnachten das Fest der Geburt Christi ist)*.

Maria ist etwas ganz Besonderes passiert, sie hat etwas ganz Eigenes erlebt. Ein Engel hat zu ihr gesagt, dass Gott sie liebt. Im Evangelium für die Erwachsenen heißt es: „Du hast Gnade gefunden bei Gott." Der Engel sagt zu Maria, dass Gott sie braucht. Gott will den Menschen ganz neu zeigen, wie gut er zu ihnen ist, und dafür will er Jesus senden. Jesus soll den Menschen von Gott erzählen und ihnen viel Gutes tun, viele heilen und ihnen helfen, gute Menschen zu sein. Aber dafür will er ganz klein, als Baby, zur Welt kommen, und dafür braucht er Maria. Gott will diesen großen Weg nicht ohne eine Mutter gehen, eine Mutter für seinen Sohn. Der Engel sagt Maria, dass Gott sie dafür erwählt hat.

GOTT BRAUCHT HEUTE AUCH UNS, AUCH UNS KINDER

Warum feiern wir Weihnachten? Ja, um einander Freude zu machen zur Erinnerung an die Geburt Jesu. Diese Freude machen wir einander, indem wir an Weihnachten Geschenke machen, uns Zeit füreinander nehmen, uns für eine schöne Feier zuhause und in der Kirche vorbereiten.

Gott will uns diese Freude schenken als Zeichen seiner Liebe. Dafür braucht er uns! So wie er damals Maria gebraucht hat.

Wir werden keinen Besuch von einem Engel, von einem Boten Gottes bekommen – wir sind füreinander Boten Gottes, wir sollen einander seine Liebe zeigen. Dafür hat Gott jeden von uns erwählt.

Dafür ist niemand zu klein! Und dafür braucht ihr kein Geld *(sammeln, wie diese Zeichen der Aufmerksamkeit und Liebe aussehen können)*.

So können wir dafür sorgen, dass Gottes Liebe heute in die Welt kommt, zu uns kommt. Wir können wie Maria sagen: Ja, ich mache mit! Gott, wenn du mich brauchst, damit die Menschen deine Liebe spüren, dann bin ich dabei.

Wenn wir an Weihnachten vor der Krippe stehen, wenn wir Jesus zu seiner Geburt gratulieren, dann können wir ihm das mitbringen, was wir aus Liebe einander geschenkt haben. Dann haben wir Geburtstagsgeschenke, wie er sie sich wünscht! Wir können auch Maria danke sagen, dass sie zwar erschrocken ist, aber ja gesagt hat, sich auf Gott verlassen hat. Und Josef, dass er Jesus und Maria bei allem geholfen hat.

Gott liebt dich und er braucht dich, damit die Menschen seine Liebe erleben.

Klaus Heizmann

Weihnachten – In der Nacht

LIEDVORSCHLÄGE

Gesänge zur Eucharistiefeier
Eröffnungsgesang: Es ist ein Ros entsprungen (GL 243); *Gloria:* Gloria, Gloria in excelsis Deo (GL 173); *Antwortgesang:* Heute ist uns der Heiland geboren (GL 635,3) mit den Psalmversen; *Ruf vor dem Evangelium:* Halleluja (GL 244) mit dem Vers; *Lied nach dem Evangelium:* Stille Nacht, heilige Nacht (GL 249); *zur Gabenbereitung:* Ich steh an deiner Krippe hier (GL 256); *Danklied:* Engel auf den Feldern singen (GL 250); *zur Entlassung:* O du fröhliche (GL 238).

Gesänge zur Wort-Gottes-Feier
Eröffnungsgesang: Es kommt ein Schiff, geladen (GL 236); *Predigtlied:* Zu Betlehem geboren (GL 239); *Danklied:* Allein Gott in der Höh sei Ehr (GL 170).

ERÖFFNUNG

Liturgischer Gruß
Jesus Christus ist das Licht in der Finsternis. Seine Gnade und sein Friede sei mit euch / ist mit uns allen.

Einführung
„Lieber Gott, kannst du bitte 2020 löschen und neu installieren? Es hat einen Virus! Danke" – Dieses „Gebet" machte im März die Runde. Es bringt mit einem Augenzwinkern ins Wort, dass ein Jahr hinter uns liegt, das uns aus den gewohnten Gleisen riss und ins unsere menschlichen Grenzen vor Augen führte.
Am Ende dieses Jahres feiern wir Weihnachten. Wir hören in dieser Heiligen Nacht die Botschaft, dass Gott Mensch geworden ist. Er hatte keine Angst vor einer Welt, die nicht nur voller Viren und Bakterien ist, welche der körperlichen Gesundheit schaden. Er kam in eine Welt voller Gewalt und Hass, die der Seele den Tod bringen. Die Geburt Jesu ist die Neuinstallation unseres Verhältnisses zu Gott. Feiern wir dankbar in dieser Heiligen Nacht die sichtbar erschienene unbedingte Liebe Gottes, von der uns nichts trennen kann.

Kyrie-Litanei
Jesus Christus, in dir ist Gottes Gnade leibhaftig erschienen.
Kyrie, eleison.
Christus, du bist gekommen, zu suchen und zu retten, was verloren ist.
Christe, eleison.
Jesus Christus, Heiland und Arzt.
Kyrie, eleison!

Tagesgebet

Herr, unser Gott, in dieser hochheiligen Nacht
ist uns das wahre Licht aufgestrahlt.
Lass uns dieses Geheimnis im Glauben erfassen und bewahren,
bis wir im Himmel den unverhüllten Glanz deiner Herrlichkeit schauen.
Darum bitten wir durch Jesus Christus.

ZU DEN SCHRIFTLESUNGEN

1. Lesung: Jes 9,1–6

„Jedes neugeborene Kind bringt die Botschaft, dass Gott sein Vertrauen in die Menschheit noch nicht verloren hat." Diese Aussage gilt in ganz besonderer Weise für das Kind, dessen Geburt wir heute feiern. Es ist der höchste Vertrauensbeweis und die tiefste Liebenserklärung Gottes an die Menschheit.

2. Lesung: Tit 2,11–14

Die zweite Lesung spannt einen Bogen, der von dem ersten Erscheinen Jesu bis zu seinem Kommen am Ende der Zeit reicht. Dazwischen liegt unser Glaubensweg, ein Weg der Reinigung und wachsenden Gemeinschaft mit Jesus, dem wir bei seinem Kommen gegenüberstehen werden.

Evangelium: Lk 2,1–14

„Heute ist euch in der Stadt Davids der Retter geboren!" Die Weihnachtsbotschaft ist nicht nur für damals. Sie entfaltet auch jetzt ihre rettende Kraft.

FÜRBITTEN

Der Herr, Jesus Christus, ist gekommen, um zu suchen und zu retten, was verloren ist. Er höre unser Gebet:

- Wir beten für alle, welche diese Heilige Nacht nicht in Frieden feiern können, weil sie unter Krieg und Hunger leiden, auf der Flucht sind oder auch mit sich und anderen im Streit liegen: Erhöre uns, Herr, erhöre uns (GL 632,1).
- Wir empfehlen dir alle, die Weihnachten in Einsamkeit und Trauer verbringen: ...
- Wir bitten für alle Christen, die in dieser Heiligen Nacht deine Geburt feiern: Führe sie zur Einheit zusammen, verleihe ihrem Glaubenszeugnis Kraft und stehe den Verfolgten bei: ...
- Wir gedenken unserer Verstorbenen, aller Opfer von Gewalt, Naturkatastrophen und Unfällen und bitten für sie um das ewige Leben in deinem Reich: ...

Herr Jesus Christus, du menschgewordenes Jawort Gottes, höre unser Gebet und erleuchte die Finsternis der Welt mit deinem Licht. Dir sei mit dem Vater und dem Heiligen Geist die Ehre, heute, alle Tage und einmal in Ewigkeit.

Luzernarium zu Beginn

Alle TN sind in der dunklen Kirche auf ihren Plätzen und halten Kerzen in ihren Händen. Die erste Lesung (Jes 9,1–6) wird vorgetragen. Danach entzündet der Zelebrant am Betlehemslicht (alternativ am Ewigen Licht) eine Kerze. Nach dem Lichtruf (GL 659,1) wird das Licht an alle weitergegeben und werden alle Kerzen entzündet.
Wenn alle Kerzen brennen, wird das Weihnachtliche Exsultet (O selige Nacht. Ein weihnachtliches Exsultet, Verlag Monika Fuchs 2016) gesungen mit dem Kehrvers „Heute erstrahlt ein Licht über uns, Christus, der Herr" (GL 635,4). Danach folgen das Lichtgebet GL 661 sowie Gloria und Tagesgebet.
Die Feier wird dann mit der zweiten Lesung fortgesetzt.

Gang zur Krippe

Zu Beginn wird die Figur des Jesuskindes von der Ministration hereingetragen und auf den Altar gelegt. Nach der Verkündigung des Evangeliums zieht die Ministration mit Leuchtern und Weihrauch zur Krippe, in die der Priester das Jesuskind legt. Nach der Krippeninzens singt man „Stille Nacht".

ELEMENTE FÜR DIE WORT-GOTTES-FEIER 📖

Luzernarium zu Beginn

Man kann die Feier mit einem Luzernarium eröffnen, wie oben beschrieben. Nach dem Lichtgebet folgen die Christusrufe, das Eröffnungsgebet sowie die zweite Lesung.

Predigtlied an der Krippe

Als Antwort der Gemeinde nach der Verkündigung und Deutung des Wortes Gottes bietet es sich an, mit der Gemeinde zur Krippe zu ziehen, um dort das Predigtlied zu singen. Dies sollte in der Predigt vorbereitet werden.

Markus Lerchl

Diesseits der Tränengrenze

Heilige Nacht: Für viele ist das ein Gefühl, eine Sehnsucht. Eine dunkle Kirche, Kerzenlicht, vertraute Lieder. Geborgenheit. Verlässlichkeit. Dieses Gefühl, es ist untrennbar mit den Texten dieser Heiligen Nacht verbunden, mit dem Lukasevangelium und mit dem Propheten Jesaja. Heilige Nacht, das ist „helles Licht". Das ist: „Fürchtet euch nicht!" Das ist „Recht und Gerechtigkeit". Das ist „Friede auf Erden". Das ist: „Heute ist euch der Retter geboren."

Heilige Nacht, das ist für viele aber auch jedes Jahr wieder die Erkenntnis, dass es nicht Weihnachten geworden ist. Nicht in der Welt, in der auch in dieser Nacht eben kein Friede herrscht und keine Gerechtigkeit, in der auch in dieser Nacht Menschen hungern, Menschen Gewalt erleiden, Menschen sterben. Nicht im eigenen Leben, in dem es auch in dieser Nacht, und in den kommenden Festtagen, Streit gibt, Einsamkeit, Angst und Trauer. Warum auch sollte es anders sein? Zu Weihnachten spüren viele von uns jedes Jahr wieder, was die Lyrikerin Hilde Domin so formuliert hat: Der Wunsch nach der Landschaft / diesseits der Tränengrenze / taugt nicht / der Wunsch verschont zu bleiben / taugt nicht (Hilde Domin, Bitte. Aus: dies., Gesammelte Gedichte.)[1]. Heilige Nacht, das bedeutet für viele von uns, dass wir die Diskrepanz zwischen dem, was wir uns von den Weihnachtstagen erhoffen und die Weihnachtstexte verkünden, und dem, was wir als unsere Lebenswirklichkeit erfahren, schmerzhaft spüren. Die Heilige Nacht mag nichts heil und gut machen in unserer Welt und in unseren Leben. Aber sie kann die Unzulänglichkeiten sichtbar machen. Die Texte der Heiligen Nacht sagen: Es könnte anders sein! Sie verorten die Welt, in der wir leben, im Gebiet jenseits der Tränengrenze, aber sie öffnen damit auch jedes Jahr aufs Neue den Blick für die Landschaft diesseits der Tränengrenze. Darin liegt ein eigener Wert: Denn schlimmer als eine Welt, in der dem „Friede auf Erden" und „Fürchtet euch nicht!" des Weihnachtsevangeliums keine Wirklichkeit entspricht, ist eine Welt, in der wir uns damit abgefunden haben, in der Menschen keine weihnachtliche Sehnsucht mehr verspüren.

Die Texte der Heiligen Nacht können uns dessen bewusstwerden lassen, was wir im übrigen Jahr als selbstverständlich hinnehmen: den Unfrieden, die Furcht. Es könnte anders sein! Das kann, für die einen, befreiend sein: In der Heiligen Nacht hat der Schmerz über die Diskrepanz zwischen weihnachtlicher Botschaft und der Realität meines Lebens einen Platz. Der Sehnsucht der Heiligen Nacht Raum geben, bedeutet anerkennen: So ist es nicht gut. Es sollte anders sein! Ich muss mit dem Leben jenseits der Tränengrenze nicht einverstanden sein. Für die anderen, diejenigen, die das Privileg haben, sich in dieser Heiligen Nacht diesseits der Tränengrenze wiederzufinden, gilt es, beim Nicht-Einverstanden-Sein mit unserer unweihnachtlichen Wirklichkeit nicht stehenzubleiben. Sie sind aufgerufen, auf die Einsicht „Es könnte anders sein!" die Frage folgen zu lassen: „Was kann ich tun, damit es anders wird?"

Franziska Rauh

[1] © S. Fischer Verlag GmbH, Frankfurt am Main, 1987

Das Licht am Ende des Tunnels

Vielleicht geht es Ihnen ja auch so: In diesem Corona-Jahr höre ich manche Bibelstelle ganz neu. Auch manche Stelle, die ich eigentlich gut kenne und oft schon gehört habe. Zum Beispiel diesen prophetischen Text aus dem Buch Jesaja. „Das Volk, das in der Finsternis ging, sah ein helles Licht." So fängt diese erste Lesung an, jedes Jahr wird sie an Heiligabend gelesen. Es geht um die Ankündigung eines neuen Herrschers und einer neuen Zeit – und zwar einer hellen, wunderbaren, friedlichen Zeit. Alles wird gut! scheint der Prophet Jesaja da zu sagen.

ALLES WIRD GUT, ANDRA TUTTO BENE

Alles wird gut! Das war in diesem vergangenen Jahr oft zu hören und zu lesen. Im Frühjahr hat es in Italien an den Fenstern und Balkonen gehangen, um den Menschen Mut zu machen in der größten und furchtbaren Corona-Krisenzeit dort: „Andrà tutto bene." Alles wird gut! Es waren schreckliche Bilder, die uns von dort erreicht haben im März: verzweifelte Ärzte und Krankenschwestern auf den Intensivstationen, Militärkonvois, die Särge abtransportiert haben. Und es ging weiter mit den furchtbaren Bildern und Zahlen: tausende Tote auch in Spanien und Großbritannien, in den USA, bald auch in Südamerika und Afrika. In den armen Ländern dieser Erde richtete das Virus ganz besonders schlimmen Schaden an: Dort waren Menschen, die nicht arbeiten konnten, zusätzlich noch ihrer Lebensgrundlage beraubt, sie waren mit ihren Familien wirklich vom Hungertod bedroht. Auch die kirchlichen Hilfswerke haben dieses Jahr so oft Alarm geschlagen wie nie. Ganze Völker, zum Beispiel am Amazonas, waren vom Ausstreben bedroht. „Das Volk, das in der Finsternis ging." Solch ein Satz bekommt da eine neue Bedeutung, eine ganz aktuelle Dramatik. Ja, die Finsternis war wirklich groß in diesem Jahr, das hinter uns liegt. Und viele haben sich gesehnt nach einem Licht am Ende des Tunnels, nach einer besseren, gesünderen, friedlicheren Zukunft.

FINSTERNIS UND EINSAMKEIT

Bei uns in Deutschland war die Finsternis, die das Corona-Virus gebracht hat, im Vergleich zu anderen Ländern nicht ganz so finster. Die ganz schweren Krankheitsverläufe und die Todesfälle hielten sich bei uns in Grenzen, und verhungern muss bei uns Gott sei Dank auch niemand, wenn er seinen Job verliert. Aber natürlich: Viel Finsternis gab es bei uns auch. Menschen, die um ihren Job bangen mussten oder ihn gar verloren haben. Menschen, die selbst krank geworden sind oder sich um einen Kranken in ihrer Nähe gesorgt haben. Menschen auch, die um einen verstorbenen Angehörigen oder Freund getrauert haben. Und dann ist da auch eine besondere Form von Finsternis in dieser Corona-Krise: die Einsamkeit. Sie hat vielen zu schaffen gemacht.

Kontaktbeschränkungen und Abstandsregeln haben dazu geführt, dass wir weniger Menschen getroffen haben als in normalen Jahren. So viele Feste und Veranstaltungen mussten ausfallen. Die Begegnung mit anderen, auch körperliche Nähe, Umarmungen: Die haben vielen sehr gefehlt. Dunkle Stunden, das sind für viele Menschen auch gerade die einsamen Stunden, in denen sie sich nach anderen Menschen sehnen.

EIN LICHT STRAHLT AUF

„Ein Licht strahlt auf", heißt es in dem Text des Propheten Jesaja. In der Finsternis und dem Dunkeln, das wir erleben, gerade in diesem vergangenen Corona-Jahr, scheint Hoffnung auf. Ein Licht am Ende des Tunnels sozusagen. Das können wir gut gebrauchen – und wir können es zugleich auch manchmal kaum glauben. Wo soll denn das Licht herkommen? Wie kann es jetzt wieder hell werden, in diesen Krisen der Welt und in meinen ganz persönlichen Krisen? Wer weiß: Vielleicht hat das Volk Israel das damals auch schon so gedacht, vielleicht haben es gläubige Menschen vergangener Jahrhunderte immer wieder gedacht: Kann es wirklich wieder heller werden? Kann alles gut werden? Aber dann war da auch immer wieder die andere Erfahrung: Ja, es wird wieder Licht! Es gibt Hoffnung! Es bricht eine bessere Zeit an! Wir können die Krise überwinden, und vielleicht hat Gott dabei sogar seine Finger mit im Spiel. Er schickt uns Hoffnungsträger und Lichtbringer – wie diesen Jesus von Nazareth damals. Es ist ja kein Zufall, dass wir seine Geburt jetzt in der finstersten Zeit des Jahres feiern, rund um die Wintersonnenwende: Gerade dann, wenn es am dunkelsten ist, schickt Gott ein Licht. „Das Volk, das in der Finsternis ging, sah ein helles Licht." Ich darf mir Hoffnung schenken lassen von dieser Zusage und Ankündigung. Gott will es hell machen in meinem Leben, er hat Mitleid mit denen, die in Finsternis sitzen. Er will Licht und Leben in Fülle für jede und jeden von uns.

KINDER DES LICHTS

Gott will aber nicht nur jeder und jedem Einzelnen von uns Licht schenken. Er will auch, dass wir selbst, jede und jeder von uns, Lichtträger und Hoffnungsträgerin werden. Gott braucht Menschen, die das Licht weiterreichen. Wenn wir göttliches Licht erleben – und sei es nur ein Funke –, dann sollen wir es weitertragen. Wenn wir Licht am Ende des Tunnels wahrnehmen – dann sollen wir anderen davon erzählen. „Lebt als Kinder des Lichts!" heißt es im Epheserbrief (Eph 5,8). Das Licht bewirkt große Freude und Jubel, sagt der Prophet Jesaja in dieser Lesung heute. Und „das Licht bringt lauter Güte, Gerechtigkeit und Wahrheit hervor", führt der Epheserbrief weiter (Eph 5,9). Wenn wir, gerade in Krisenzeiten, gütig und aufmerksam und friedlich miteinander umgehen, dann kann das Licht Gottes sich ausbreiten. Die Welt kann wirklich heller und freundlicher werden. Ich wünsche uns, dass uns das Licht dieser Heiligen Nacht besonders leuchten und trösten möge – gerade nach diesem Corona-Jahr. Es möge uns verwandeln in Kinder des Lichts.

Beate Hirt

Weihnachten beeinflusst das Weltklima

Am 20. August 2018, dem ersten Schultag nach den Ferien, platzierte die inzwischen weltweit bekannte Klimaaktivistin Greta Thunberg sich mit einem Schild in der Hand vor dem Schwedischen Reichstag in Stockholm, worauf stand: „Schulstreik für das Klima". Dies tat sie zunächst alleine, aber zog schon am ersten Tag ein großes Presseinteresse auf sich. Seither haben sich unzählige Aktivitätsgruppen in vielen Ländern der Erde gebildet und streiken ebenfalls am „Fridays for future" für einen Klimawandel, der die Temperatur des gesamten Globus wieder in die Balance bringen soll. Es dreht sich hierbei um die Temperatur, die sich gravierend verändert hat und die Welt noch stärker verändern wird. Inzwischen ist dieses heute 17-jährige Mädchen ein Weltstar, tritt bei Weltklimakonferenzen und Weltwirtschaftsforen auf, hat den Atlantik in Ost-West-Richtung überquert und wird von den großen Staatsoberhäuptern gesehen und gehört. Ein Kind bringt eine Botschaft in die Welt, die Menschen in Bewegung setzt und die die Welt verändern und verbessern will. Doch längst hat ein anderes Kind eine Botschaft in unsere Welt gebracht, die schon seit zweitausend Jahren die Welt verändert und verbessert. Es ist das Kind, das in einer Krippe in Betlehem geboren wurde und von einem Engel als Messias, als Gottes Sohn, proklamiert wurde. Es ist die Botschaft der Menschwerdung Gottes, es ist die Botschaft der Liebe und des Friedens, die seither das Weltklima und noch mehr die Herzen der Menschen beeinflusst.

In dieser Heiligen Nacht begegnen wir einem Kind, das in die Welt gekommen ist und uns eine Botschaft mitbringt, die die Welt bisher nicht gehört hat, aber woraus sie künftig leben wird. In der Geburt des Gotteskindes in einem Stall und in einem unbedeutenden Winkel der Erde tritt Gott in diese Welt und in diese Zeit ein und erschließt uns, deutet uns, deckt ein Geheimnis auf, nämlich indem er unsere Gestalt annimmt und uns seine Liebe schenkt. Ein neues Klima des menschlichen Miteinanders beginnt nun, um sich zu greifen. Wer diese Botschaft verstanden hat, wer sich von diesem göttlichen Klima wärmen lässt und sich in diesem Klima wohl und beheimatet fühlt, der hat Weihnachten verstanden und sich vom Geheimnis Gottes anrühren lassen.

GOTTES LIEBE HAT DIE WELT VERÄNDERT

Hier im Stall liegt kein künftiger Monarch oder Staatsmann, kein Star und kein Manager, kein Großwesir, kein Sozialreformer und kein Aktivist, sondern hier wird der Welt der Retter, der Erlöser, der Messias, die menschgewordene Liebe Gottes geschenkt. Die Welt ist plötzlich wirklich anders, weil sie nicht mehr so ist wie bisher. Die Menschen brauchen sich Gottes Zuneigung nicht zu verdienen, sie brauchen sie nicht durch eigene Anstrengung oder Opfergaben zu erkaufen, sondern Gott schenkt uns weit mehr, denn die Liebe ist das Größte, was Gott geben kann; und die Liebe ist das Größte, das wir Menschen in Empfang nehmen und weiterschenken können. Ohne die Liebe wäre diese Welt nicht nur kalt und egoistisch, sondern sie wäre schon längst verloren. Wer sich von uns an die Krippe begibt wie die Hirten, der ist auch nicht mehr so, wie er war, denn von der Krippe geht eine Kraft aus, die menschlich-klimatisch verändert. Wir gehen heute Abend / heute Morgen alle anders aus unserer Kirche hinaus, als wir sie betreten haben, weil wir eine Botschaft gehört und Gott gesehen haben. Wir haben ein Geheimnis gefeiert, das die Welt revolutioniert hat und uns mit einer Liebe und einem Frieden beschenkt hat, die diese Welt nicht geben, sondern die nur Gott schenken kann.

Wir erleben aber doch auch eine Welt voller Gegensätzlichkeit, eine Welt, die voller Gewalt, voller Kriege und Auseinandersetzungen, voller Leid und Tränen, voller Hass und Neid, voller Friedlosigkeit und Feindschaft ist – im Großen wie im Kleinen. Weihnachten ist mit seiner Liebes- und Friedensbotschaft der Gegenpol dazu und Gott gibt seine und unsere Welt nicht auf. Gottes große Leidenschaft ist der Mensch, dem seine uneingeschränkte Liebe gilt und die er niemals mehr zurücknimmt.

Blicken wir aber auf den Mittelpunkt in der Krippe und erkennen wir in dem Neugeborenen das Gotteskind, den Messias, Jesus Christus, den Sohn Gottes, dann sehen und spüren wir die wärmende Liebe Gottes und seinen Frieden, der die Welt und die Menschen bis in unsere Tage hinein verändert.

KLIMA DER LIEBE UND DES FRIEDENS FÜR DIESE WELT

Ja, Weihnachten hat das Weltklima nachhaltig beeinflusst und verändert! Gerade dieses menschliche und göttliche Klima muss uns auch wichtig sein und für dieses Klima müssen wir uns auch einsetzen: „Chrismas/Jesus for future" – Weihnachten, Jesus Christus für unsere Zukunft! Gehen wir an die Krippe, schauen wir das Kind an, knien wir nieder und beten wir es an. In der Anbetung und in der Begegnung mit dem Kind werden wir von einer unbegreiflichen Liebe beschenkt, die ein neues Klima unter uns Menschen schafft. Schenken wir diese Liebe weiter, dann verändert sich wiederum etwas, es entsteht ein neues Klima des Miteinander und des Füreinander. Weihnachten beeinflusst das Weltklima, das niemand mehr aufhalten kann. Dieses Klima hat sich in den vergangenen Jahren weltweit durchgesetzt. Wer die Botschaft von Weihnachten in sein Herz lässt, der verändert mit seinem Leben, mit seiner Güte, mit seiner Menschenfreundlichkeit, mit seiner Barmherzigkeit und Freude nicht nur sich selbst, sondern auch seine Umwelt und es entsteht ein lebensnotwendiges Klima, ein Klima der Liebe, der Menschlichkeit und des Friedens. Nur so bringen wir Weihnachten in die Welt und nur so kann sich die Botschaft von Weihnachten Jahr für Jahr verbreiten, denn es ist die wichtigste und zugleich wertvollste Botschaft an unsere Welt heute. Ohne diese Liebe, ohne diese Mitmenschlichkeit und ohne diesen Frieden ist unsere Welt gefährdeter denn je. Tragen wir diese Botschaft von der Liebe und des Friedens heute, morgen und an allen Tagen zu den Menschen, denn nur in diesem Klima können wir in Frieden und Freude miteinander leben. Frohe und gnadenreiche Weihnachten!

Klaus Leist

Weihnachten – Am Morgen

LIEDVORSCHLÄGE ⚲

Gesänge

Eröffnungsgesang: Nun freut euch, ihr Christen (GL 241) *oder* Kommet, ihr Hirten; *Antwortgesang:* Tochter Zion (GL 228); *Ruf vor dem Evangelium:* Halleluja (GL 175,4); *zur Gabenbereitung:* Zu Betlehem geboren (GL 239); *Sanctus:* Heilig (GL 195); *Danklied:* Hört, es singt und klingt mit Schalle (GL 240); *zur Entlassung:* O du fröhliche (GL 238) *oder* Menschen, die ihr wart verloren (GL 245).

ERÖFFNUNG ⚲

Liturgischer Gruß

Der große Gott, der einer von uns geworden ist, der lachen und weinen gelernt hat, er sei mit euch.

Einführung

In der Heiligen Nacht heißt es: „Heute ist euch der Retter geboren". Rettung in der Bibel beruht jedoch nicht auf einem Anspruch, wie bei der Rettung der gelben Engel auf vereisten Straßen oder der Bergrettung. Rettung ist eine Geste des Erbarmens, der Güte und Menschenliebe Gottes. Nehmen wir die Rettung an und leben wir selbst mit Erbarmen, Güte und Menschenliebe. Dann handeln wir im Geiste des menschgewordenen Gottes.

Kyrie-Litanei

Herr Jesus Christus, du bist Mensch geworden.
Herr Jesus Christus, du Retter aller Menschen.
Herr Jesus Christus, starker Gott, Friedensfürst.

Tagesgebet ⚲

Allmächtiger Gott,
dein ewiges Wort ist Fleisch geworden,
um uns mit dem Glanz deines Lichtes zu erfüllen.
Gib, dass in unseren Werken widerstrahlt,
was durch den Glauben in unserem Herzen leuchtet.
Darum bitten wir durch ihn, Jesus Christus.

1. Lesung: Jes 62,11–12

Jesaja nennt Jerusalem „Tochter Zion". Nach der Rückkehr aus dem Exil soll aus der zerstörten wieder eine begehbare Stadt werden. Es ist der Beginn eines neuen Handelns Gottes zum Heil der Menschen.

2. Lesung: Tit 3,4–7

Im Brief an Titus geht es um ein christliches Leben. Gottes überreiche Gnade, die uns zuerst geschenkt wird, soll mit guten Taten und Handeln beantwortet werden.

Evangelium: Lk 2,15–20

Im dritten Teil der Erzählung von Jesu Geburt kommen die Hirten zu Jesus. Auf ihr armseliges Leben fällt plötzlich etwas von Gottes Glanz. Es leuchtet noch einmal auf, wer dieses Kind ist: der Retter, der Messias, der Herr. Und davon erzählen sie. Die Hirten werden zu Boten der Geburt des Retters, zu Zeugen der Hoffnung für die ganze Welt.

FÜRBITTEN ⚯

Wie die Hirten vor Jesus treten, so wenden wir uns mit unseren Bitten und Anliegen Jesus Christus zu:

- Wir beten für alle, die heimatlos geworden sind, sei es aufgrund von Verlust oder Gewalt und Vertreibung. Christus, höre uns.
- Wir beten für alle, die missachtet und unterdrückt werden, sei es in Ghettos ethnischer Minderheiten, in Flüchtlingslagern, oder in unserem Umfeld ...
- Wir beten für alle, die sich nach Rettung und einer besseren Welt sehnen ...
- Wir beten für alle unsere Verstorbenen ...

Guter Gott, du schenkst uns Rettung durch deine Güte, dein Erbarmen und deine Menschenliebe. Dafür danken wir dir, heute und in Ewigkeit.

ELEMENTE FÜR DIE EUCHARISTIEFEIER ⚯

Zum Friedensgruß

Weil Gottes Güte, Erbarmen und Menschenliebe uns gewiss sind, können wir für den Frieden eintreten. Geben wir ein Zeichen des Friedens.

Zur Besinnung

Ein junger Mann kommt zu einem Rabbi und fragt: „Was kann ich tun, um die Welt zu retten?" Der Rabbi antwortet: „So viel, wie du tun kannst, dass morgens die Sonne aufgeht." – Aber was sollen dann all meine Gebete und meine guten Werke?" fragt der junge Mann. Darauf der Rabbi: „Sie helfen dir, wach zu sein, wenn die Sonne aufgeht" (nach M. Buber).

Daniel Bidinger

Staunen können

Die Ankündigung der Menschwerdung Gottes durch einen Engel geht unmittelbar dem heutigen Evangelium voraus: „Fürchtet euch nicht, [...] ich verkünde euch eine große Freude. [...] Heute ist euch in der Stadt Davids der Retter geboren; er ist der Christus, der Herr. Und das soll euch als Zeichen dienen: Ihr werdet ein Kind finden, das, in Windeln gewickelt, in einer Krippe liegt" (Lk 2,10–12). Engelserscheinung und Prophezeiung waren für die einfachen Hirten Grund genug, umgehend zu handeln: „Lasst uns nach Betlehem gehen, um das Ereignis zu sehen, das uns der Herr kundgetan hat!"

Nach einer Sensation klingt das allerdings alles nicht: ein rettender König in Windeln in einem Futtertrog. Und die ersten Zeugen sind wahrlich nicht die beste Wahl: zerlumpte Hirten vom Feld. Dazu kommt der Ort: „Stadt Davids" hört sich in Bezug auf König David ja noch toll an. In Wirklichkeit aber war Betlehem ein Nest an der Peripherie. – Das Lukasevangelium hat das Geheimnis der Menschwerdung Gottes wohl nicht umsonst in diese Bilder gekleidet. Warum also dieses Szenario?

SO ANDERS

Der Schrifttext stellt von Anfang an eines unmissverständlich klar: Hier kommt etwas ganz anderes:

Der Retter in der Krippe ist nicht wie die Könige, die distanziert in Palästen leben. Das Kind ist kein fertiger, mächtiger Mann, der schon alles weiß.

Und der neugeborene Heiland umgibt sich nicht mit den Wohlhabenden und Intelligenten seiner Zeit. Seine ersten Weggefährten sind Mutter und Vater, die ihm reine menschliche Liebe schenken; Ochse und Esel, die ihn in Gottes Schöpfung daheim sein lassen; obdachlose Hirten, die selbst in der Nacht ein waches Auge haben müssen und deren einziger Reichtum ein Leben unter freiem Himmel ist.

Schließlich kommt das göttliche Kind am Rand der Zivilisation zur Welt, in einem Dorf, in einem Stall. Bei berechnenden Bürgern in der Stadt war kein Platz für seine Menschwerdung. Gott ist fortan im Abseits zu finden: nicht dort, wo Menschen sich eingerichtet haben, nicht im geschäftigen Lärm der Zentren, nicht im gleichgültigen und rivalisierenden Überfluss.

SO ERSTAUNLICH

Alle die, die damals die Menschwerdung Gottes erlebten, „staunten". Die Hirten, die sich als erste vom Jesuskind in Bann ziehen ließen, waren gläubige Juden. Sie hatten eine klare Idee von Gott. Sie bemühten sich, nach Gottes Gesetz zu leben, was ihnen als Nomaden oft unmöglich war. Die Frommen im Land schauten deshalb gerne auf sie herab. An der Krippe aber änderte sich alles. Der so fern geglaubte Gott kommt ihnen als Kind so unmittelbar nah.

Die ärmlichen Verhältnisse, aus denen sie selbst stammten, brachten nun den Heiland der Welt hervor. Gott war nicht mehr nur im fernen und unzugänglichen Jerusalemer Tempel gegenwärtig. Er ließ sich fortan in den eigenen Lebensverhältnissen finden. Aus ihrer materiellen Armut ging der geistliche Reichtum der kommenden Zeit hervor. Dieser überwältigenden Erfahrung konnten die Menschen an der Krippe nur mit Staunen begegnen. Für das, was sie tief im Herzen berührt hatte, gab es keine Worte mehr.

Können wir noch staunen? Zu meiner Kinderzeit gab es Wundertüten. Allein schon die glitzernd bunte Verpackung mit den vielversprechenden Bildern zog einen in den Bann. Man legte im Laden schließlich 50 Pfennig auf den Tisch und dann kam der große Augenblick. Die Wundertüte wurde aufgerissen und zum Vorschein kam in der Regel ein billiges und kurzlebiges Plastikspielzeug. Die Attraktion war die Tüte, nicht der Inhalt. Wie so oft im Leben: mehr Äußerlichkeit als Innerlichkeit. – Bei der Menschwerdung Gottes ist das ganz anders. Die Hirten erfuhren das Gegenteil: Das Kind in der Krippe war der Inbegriff menschlicher Armut. Das Erstaunliche war, darin Gottes Gegenwart zu erkennen.

Staunen will also wieder gelernt sein. Wir laufen im Alltag Gefahr, uns von den leuchtenden Auffälligkeiten und attraktiven Angeboten irritieren zu lassen. Wie leicht können wir heute auch als gläubige Menschen das Gespür für das Religiöse, für das Heilige, für das Geheimnis Gottes verlieren? Wie viele Katholiken bleiben heute von Gott de facto unberührt? Wie vielen Kirchgängern reichen kluge Bücher, um sich Gott zu erklären? Die Einsicht aber, dass Gott in meinem Leben und dann schließlich auch durch mich zur Welt kommen kann, bedarf größter Demut. Denn die Bedingung für Gottes Menschwerdung ist die gleiche wie vor über 2000 Jahren: staunen können! Das geht aber nur, wenn ich mich nicht blenden lasse von dem, was ich schon erreicht habe; wenn ich den Schutzmantel meines persönlichen Stolzes ablege. Erst wenn ich mich vor Gott der sehnsuchtsvollen Bedürftigkeit, der heilbedürftigen Verletzlichkeit, der einladenden Einfachheit und der horchenden Stille bekenne, tut er sich kund. Kein Wunder also, dass Gotteserfahrung so selten geworden ist in unserer Zeit.

Ist es nicht erstaunlich, dass der leere Futtertrog der einzige Ort war, in dem Gott damals einen Platz fand? Erst wenn die ärmliche Krippe zum Sinnbild meines Lebens und Glaubens wird, kommt Gott zur Welt. Die Hirten hatten das immer geahnt und durften in der ersten Weihnacht diese Entdeckung machen.

SO LOBENSWERT

Schließlich heißt es „Die Hirten kehrten zurück, rühmten Gott und priesen ihn für alles, was sie gehört und gesehen hatten." Die ersten Christgläubigen waren sich also nicht zu schade, Gott öffentlich zu loben. Sie suchten keine Erklärungen. Sie erzählten von dem, was sie bewegte und berührt hatte. Das war ihre einfache Art, Leben und Glauben zusammenzubringen.

In diesem Sinne wünsche ich Ihnen und Ihren Lieben ein gesegnetes Weihnachtsfest.

Thomas Klosterkamp

Weihnachten – Am Tag

LIEDVORSCHLÄGE

Gesänge zur Eucharistiefeier
Eröffnungsgesang: Nun freut euch, ihr Christen (GL 241,1–4); *Kyrie-Litanei:* Licht, das uns erschien (GL 159); *Antwortgesang:* Jubelt, ihr Lande, dem Herrn (GL 55,1) mit den Psalmversen; *Ruf vor dem Evangelium:* Halleluja (GL 175,3) mit dem Vers; *zur Gabenbereitung:* Jauchzet, ihr Himmel, frohlocket, ihr Engel, in Chören (GL 251,1+3–4); *zur Kommunion:* Hoch sei gepriesen unser Gott (GL 384,1–2); *zur Entlassung:* O du fröhliche (GL 238,1–3).

Gesänge zur Wort-Gottes-Feier
Zur Verehrung des Wortes: Liebster Jesu, wir sind hier (GL 149,1–3).

ERÖFFNUNG

Liturgischer Gruß
Die Gnade unseres Herrn Jesus Christus, der heute als Mensch geboren ist, sei allezeit mit euch / ist mit uns allen.

Einführung
Ist er heute geboren? Oder vor 2000 Jahren? Liebe Gemeinde, wir sind zur Feier der Geburt Christi versammelt. Heute, weil wir heute hören: Das Wort ist Fleisch geworden und hat unter uns gewohnt. Christus ist in der Welt. Er wirkt durch seinen Geist und in seinem Wort, jeden Tag und auch in dieser Stunde unter uns. Lasst uns ihm Ehre erweisen und sein Erbarmen anrufen.

Tagesgebet
Allmächtiger Gott,
du hast den Menschen
in seiner Würde wunderbar erschaffen
und noch wunderbarer wiederhergestellt.
Lass uns teilhaben an der Gottheit deines Sohnes,
der unsere Menschennatur angenommen hat.
Er, der in der Einheit des Heiligen Geistes
mit dir lebt und herrscht in alle Ewigkeit.

1. Lesung: Jes 52,7–10
Die rettende Tat des Herrn für sein Volk wird angekündigt, die Wächter nehmen sie auf und rufen sie laut in die in Trümmern liegende Stadt hinein. Jetzt wendet sich das Schicksal. Der Herr ist nach Zion zurückgekehrt, und das ist eine gute Nachricht bis zum Ende der Welt.

2. Lesung: Hebr 1,1–6
„Abglanz seiner Herrlichkeit und Abbild seines Wesens" ist der Sohn Gottes. Sein Kommen in die Welt bringt die Worte der Propheten zur Vollendung und erfüllt alle Erwartungen der Menschen. Zu uns ist diese Botschaft gesprochen.

Evangelium: Joh 1,1–18
Das Ewige Wort, im Anfang bei Gott, ist das Leben für die Welt. Die das Licht, das mit Christus in die Welt kommt, aufnehmen, können selbst Kinder Gottes werden. Mit dem, „der am Herzen des Vaters ruht", haben sie einen Platz bei Gott.

FÜRBITTEN 8 🗇

Heute erstrahlt ein Licht über uns. Es ist Christus, der Herr. Er ist gekommen, und die Welt wird hell, und Frieden kann in den Herzen der Menschen wohnen. In seinem Namen rufen wir zum Vater.
V: Treuer Gott. *A:* Erbarme dich.

- Für die Priester und Seelsorger, die Frauen und Männer, die Gottes Wort verkünden.
- Für die Kirchenmusiker und alle, die in diesen Tagen die Botschaft von Weihnachten den Menschen nahebringen.
- Für die Kinder, die heute geboren werden und für ihre Eltern.
- Für die Familien in Bethlehem und im Palästinensischen Autonomiegebiet.
- Für alle, die sich in Krieg und Bürgerkrieg nach Frieden sehnen.
- Für die in diesem Jahr von der Coronakrise schwer Getroffenen in ihren Sorgen und Nöten.

Herr, unser Gott, die festliche Freude, die uns heute erfüllt, ist ein Geschenk deiner Güte. Höre unsere Bitten für all die Menschen, die deine Hilfe besonders brauchen. Du bist mächtig, zu helfen. Sei gepriesen durch deinen Sohn Jesus Christus, den du als den Heiland der Welt gesandt hast. Er lebt und herrscht mit dir in Ewigkeit.

Zum Vaterunser

Unzählige Menschen sind heute verbunden in der Feier des Kommens Gottes in die Welt. Wir alle dürfen Gott unseren Vater nennen. Zu ihm lasst uns beten.

Zum Friedensgebet

Der Friede, den die Engel den Hirten verkündeten, will immer und immer mehr in uns Platz greifen und uns verwandeln in Menschen des Friedens. Wir bitten.

Kommunionvers

Allen, die ihn aufnahmen, gab er Macht, Kinder Gottes zu werden.

ELEMENTE FÜR DIE WORT-GOTTES-FEIER

Verehrung des Wortes Gottes

Nach der Verkündigung des Evangeliums stellt die Leiterin / der Leiter das Lektionar für alle sichtbar auf, zwei Leuchter werden rechts und links, eine Weihrauchschale wird herbeigetragen und vor das Buch gestellt.

Hinführung und Einladung

L: Liebe Schwestern und Brüder, Christus ist das Wort, das Gott in die Welt gesprochen hat. Er ist unter uns gegenwärtig, wenn wir auf ihn hören. Wenn wir die Heilige Schrift verehren, ehren wir den Herrn selbst. Ich lade Sie ein, nach vorn zu kommen und ein Weihrauchkorn in die Schale zu legen. Mit einer Verbeugung drücken Sie Ihre Verehrung aus.

Lied zur Verehrung des Wortes: Liebster Jesu, wir sind hier (GL 149,1–3).

Ruth Lazar

Gottes Wort zeltet bei den Menschen

Vier Wochen lang haben wir Ankunft – Advent – gefeiert. Heute ist Weihnachten. Also das Fest des Angekommenseins? Mitnichten. Wir feiern nun schon sehr lange jedes Jahr die Menschwerdung Gottes, aber die Verheißung einer besseren Welt ist nicht eingetreten. Es gab die Vorahnung davon, die Menschheit könne nun endlich angekommen sein. Aber auch nach 2000 Jahren ist nichts so gut, wie es der Menschwerdung Gottes entspräche.

Nichts an unserem Glauben ist stabiler als die ständige, uneingelöste Ankündigung einer besseren Welt. Sie zieht sich durch die Bibel: Abraham erhält die Verheißung einer Zukunft im eigenen Land, aber seine Urenkel müssen nach Ägypten. Israel wird aus Ägypten befreit, zieht dann aber 40 Jahre durch die Wüste. Mose sieht das verheißene Land, stirbt aber, bevor er es betreten darf. Israel wird im Land zu einem großen Volk, verliert das Land aber wieder und muss ins babylonische Exil. Das zerstreute Volk aus der zerstörten Stadt wird getröstet, wie Jesaja in der ersten Lesung ankündigt. Aber 70 n. Chr. wird der letzte Tempel in Jerusalem zerstört. Die Bibel kennt kein Gottesvolk, das irgendwo dauerhaft ankommt, sie kennt nur die bleibende Verheißung.

Israel ist ständig neu dabei, aufzubrechen, es kommt nie an dem Ziel an, an dem es in Frieden, frei und nach innen versöhnt leben kann. Die Einlösung dieser Verheißung bleibt eine Utopie. Die Verheißung als solche aber bleibt bestehen. Gottes Bund besteht. Sein Wort bleibt.

In der Wüste schließt Gott diesen Bund mit Israel und gibt ihm seine Gebote, damit Israel leben kann – auch und gerade unterwegs. Mose lehrt Israel vor dem Einzug in sein Land die Gebote Gottes, die Tora. Sie sind anspruchsvoll, sie zu lernen aufwändig. Aber Gott weiß, dass sie den Menschen nicht überfordern: „Nein, das Wort ist ganz nah bei dir, es ist in deinem Mund und in deinem Herzen, du kannst es halten" (Dtn 30,14).

Das Johannesevangelium bestätigt diese Verheißung: „Das Wort ist Fleisch geworden." Niemand muss in den Himmel steigen, sondern Gott bringt sein Wort hierher, nah zu den Menschen. Wenn wir den Text wörtlich nehmen, dann können wir weiter übersetzen: „Das Wort ist Fleisch geworden und hat unter uns gezeltet." Die Ankunft Gottes auf Erden geschieht nicht in einem Tempel, sondern ist instabil und mobil. Das Johannesevangelium greift hier auf einen Gedanken aus dem Buch Exodus zurück. Dort nimmt Gott erstmals Wohnung bei seinem wandernden Volk. In einem Zeltheiligtum geht er mit ihnen mit, noch lange bevor sie in das Land der Verheißung kommen.

Mit Jesus wird diese Verheißung bestätigt. Diese lautet, dass auf den Wegen, die wir gehen müssen, Gottes Wort mitgeht. Jesus ist Gottes Wort, das zu den Menschen kommt, die deswegen noch nicht irgendwo ankommen, die aber jetzt wissen können, wie der Weg mit Gott zu gehen ist. Weihnachten heißt nicht „angekommen sein". Es ist die Feier des Aufbruchs, bei dem Gott mitgeht.

Benedict Schöning

Gott nimmt Wohnung bei den Menschen

Ein auf den ersten Blick wenig „weihnachtlicher" Text, den uns die Leseordnung präsentiert – kein Wort von der Geburt des Heilands, sondern ein Lied, wie man es in der kriegerischen Welt des alten Orients gesungen hat, um siegreiche Könige zu feiern, wenn sie mit ihrer Beute aus der Schlacht nach Hause kommen.
Allerdings: Hier geht es nicht um irgendeinen der real existierenden Kleinkönige in Israel und Juda oder sonst einen Potentaten der Geschichte.
Der Prophet besingt Gott selbst als machtvollen und überlegenen Heilskönig.

TROST UND NÄHE

Es ist davon die Rede, dass Gott mit „seinem heiligen Arm" seine Feinde niedergerungen und besiegt hat, dass er überwunden hat, was sich ihm lebensfeindlich und bedrohlich entgegengestellt hatte.
Jetzt zieht er im Triumphzug heim in seine Stadt, nach Zion – in die Gottesstadt Jerusalem. Freudenboten, die dem als Sieger heimkehrenden Gott-König vorauseilen, verkünden diese Frohe Botschaft. Und die Wächter, die auf ihren Posten Ausschau ins Land halten, nehmen den Jubelruf auf, als sie sehen, wie der Königstross sich aus der Ferne nähert. Die Nachricht, die den Anlass zu diesem Freudenjubel gibt, soll jetzt alle erreichen – die Trümmer Jerusalems, die Bewohner der zerstörten und gedemütigten Stadt, die neue Hoffnung schöpfen und einstimmen sollen in den Jubel.
Spätestens da wird klar, um welchen Sieg es geht, welche Feinde Gott überwältigt hat: Es sind diejenigen, die Jerusalem erobert und zerstört hatten, um danach die Einwohner der Stadt zu verschleppen und ins Exil zu zwingen.
Dieses Exil ist jetzt zu Ende – die Gegner haben ihre Macht verloren, sie sind selbst zu Opfern anderer geworden, die noch mächtiger und brutaler waren als sie selbst.
Für Israel ist das ein Grund zur Freude und zur Dankbarkeit gegenüber seinem Gott, den es als den eigentlichen Akteur hinter diesen politischen Umwälzungen sieht – niemand anderes als Gott selbst hat es möglich gemacht, in die Heimat zurückzukehren! Er führt die Verschleppten aus Babylon in die Heimat ihrer Vorfahren zurück und schenkt einen neuen Anfang nach der Zeit der Gottesferne, der Entmutigung und der Trostlosigkeit.
Mit den Verschleppten, die heimkehren, nimmt auch Gott von neuem Wohnung in seiner Stadt. Er will da sein mitten bei den Menschen, die zu ihm gehören. Und dadurch zeigt er sich als der „Erlöser".
Es gibt keinen Grund mehr, sich verloren, alleingelassen und hoffnungslos zu fühlen, weil Gott vor aller Welt seine Treue zu dem Volk beweist, das er sich geschaffen und aus allen Völkern als Eigentum ausgewählt hat.
Israel darf dankbar und staunend bekennen: „Alle Enden der Erde sehen jetzt das Heil unseres Gottes!"

EINGANG GOTTES IN UNSERE WELT

Das ist der Anknüpfungspunkt, der die alttestamentliche Freudenbotschaft mit dem Weihnachtsfest verbindet: Durch die Geburt des Gottessohnes wird die ganze Welt zum Schauplatz, auf dem sich Gottes Heil durchzusetzen beginnt.

Die tiefste Ursache dieses Heils ist der „Friede", den die Nähe Gottes zu schenken vermag – die Überwindung der kümmerlichen Fixierung auf die eigene kleine menschliche Perspektive durch den Blick auf die Weite und Größe Gottes, der Zukunft will und wahres Leben – auch für uns.

HEILUNG UND ERLÖSUNG

Auch wir sind ja wie die Gefangenen in Babylon in vieler Hinsicht von vielem gefesselt, was uns hemmt und einengt, was uns am Leben hindert und unfähig macht zu Liebe und Vertrauen.

Unsere Welt gleicht in weiten Regionen dem Ruinenfeld, das die zerstörte und zertrümmerte Stadt Jerusalem zur Zeit des Propheten war – durch Kriege, Hass und Gewalt genauso wie durch die gewissenlose Ausbeutung der Schöpfung machen Menschen die Erde einander zur unbewohnbaren Ödnis.

Oft sind auch wir selbst nur trostlose und armselige Ruinen, gescheitert mit unseren Plänen, enttäuscht und eine Enttäuschung für andere.

In all diese Not will Gott seinen Frieden bringen.

Nicht indem er – wie der Prophet sich das ausgemalt hat – die Schwierigkeiten und die Zerbrechlichkeit des Lebens gewaltsam beseitigt.

Gott schenkt Frieden und die Zuversicht auf Heil – durch seine Nähe in der unscheinbaren Geburt und dem selbstlosen Leben als der Mensch Jesus aus Nazaret, der unsere falschen Lebensstrategien entlarvt, uns unser Versagen vergibt und unserer Lebensangst Gottes Zuwendung und Erlösung verspricht.

Stephan Lauber

Im Anfang

Johann Wolfgang von Goethe (1749–1832) hat eine abenteuerliche Lebensreise zum Drama verarbeitet: Der berühmte Doktor Heinrich Faust sehnt sich „nach des Lebens Quelle hin". „Wir sehnen uns nach Offenbarung, die nirgends würd'ger und schöner brennt als in dem Neuen Testament. Mich drängt's, den Grundtext aufzuschlagen, Mit redlichem Gefühl einmal Das heilige Original in mein geliebtes Deutsch zu übertragen." Er hat das Neue Testament aufgeschlagen und will das Johannesevangelium ins Deutsche übersetzen, seine Arbeit gerät jedoch schon beim ersten Satz ins Stocken. Johannes schrieb angelehnt an die erste Schöpfungserzählung im Buch Genesis. Die zehn Schöpfungsworte gehen nicht ins Leere, sondern sofort in Erfüllung. „Im Anfang war der Logos, und der Logos war bei Gott, und Gott war der Logos". „Geschrieben steht: ,Im Anfang war das Wort!' Hier stock' ich schon! Wer hilft mir weiter fort? Ich kann das Wort so hoch unmöglich schätzen, Ich muss es anders übersetzen, Wenn ich vom Geiste recht erleuchtet bin. Geschrieben steht: im Anfang war der Sinn." Auch wenn Martin Luther „Logos" mit „Wort" übersetzt, genügt das Faust nicht, um damit den Ursprung allen Seins zu beschreiben. Er versucht es mit verschiedenen anderen Vokabeln, ohne dass sie ihn recht zufriedenstellen. An die Stelle von „Wort" setzt er „Sinn", „Kraft" und „Tat". „Bedenke wohl die erste Zeile, dass deine Feder sich nicht übereile! Ist es der Sinn, der alles wirkt und schafft? Es sollte stehen: Im Anfang war die Kraft! Doch, auch indem ich dieses niederschreibe, schon warnt mich was, dass ich dabei nicht bleibe. Mir hilft der Geist! Auf einmal seh ich Rat und schreibe getrost: Im Anfang war die Tat!" (Faust – eine Tragödie, Kap.6). Der Prozess seiner Übersetzungsversuche spiegelt Fausts innere Wandlung wider. Da steht das „Wort" nicht mehr am Anfang, sondern die „Tat" wird zum entscheidenden Motor des Lebens. Faust verlässt damit ausgerechnet in der wissenschaftlichen Auseinandersetzung die Welt des Wortes und der Gelehrsamkeit, um das Leben in der „Tat" zu ergründen.

ÜB' ERSETZEN

Doch das Wesen des Logos lässt sich nicht in menschliche Begriffe fassen. Jede Übersetzung ist nur eine Annäherung. Im Italienischen gibt es das Begriffspaar „Traduttore-Traditore". Der Übersetzer ist immer ein Betrüger, ob er das nun will oder nicht. Es bleibt immer etwas vom Sinn und Gehalt einer anderen Sprache auf der Strecke. „Üb' ersetzen" ist eine große Herausforderung.

SCHLÜSSEL ZUM GANZEN EVANGELIUM

Mit seinem Prolog schuf Johannes das große Eingangstor für das Gebäude seines Evangeliums. Dieses dichterisch gestaltete Vorwort zeigt die Bedeutung Jesu Christi auf und gibt einen Verstehensschlüssel für das ganze Evangelium.

Wer ist dieser Jesus eigentlich und welche Bedeutung hat er für mich? Der „Logos" ist bereits aus der weisheitlichen Theologie Israels der Spätzeit des Alten Testaments vertraut und wird mit der personifizierten Weisheit gleichgesetzt. Die „Weisheit" steht in ganz besonderer Nähe zu Gott. Sie ist mit seinem Willen und Wirken so sehr vertraut, dass sie es den Menschen offenbaren kann. Trotz ihres Angebots von gelingendem Leben erfuhr sie in Israel Ablehnung. Der Prolog des Johannesevangeliums will die Leser ermutigen, persönlich die Präsenz Gottes in Jesus Christus anzunehmen und in das Logos-Lied mit einzustimmen. Wir haben es hier mit einer dichterischen Zusammenfassung des christlichen Glaubens zu tun. Von Anfang an. So wird nicht von ungefähr die Schöpfungserzählung des Ersten Testamentes neu aufgelegt. Und weitererzählt: Das Wort war nicht nur im Anfang, es war nicht nur bei Gott, es war Gott und wurde in Jesus Christus Mensch, einer von uns.

GOTT ZIEHT ES ZU DEN MENSCHEN

Von Maria und Josef, von Hirten und Schafen, von Ochs und Esel, von Krippe und Engeln ist bei Johannes nicht die Rede. Er weist in theologischer, poetischer Sprache auf den Messias, auf dessen Kommen nun niemand mehr warten muss, denn er ist jetzt da. Der wahre Gott wurde wahrer Mensch, weil es ihn immer schon zu den Menschen zog. In der Schöpfungserzählung war Sprechen die erste Handlung Gottes. Die gesamte Schöpfung einschließlich des Menschen wurde durch Gottes Wort ins Dasein gerufen und lebt weiterhin von seinem Wort. Dieses Wort ist nicht Schall und Rauch, sondern meint zugleich immer Ereignis. Die Sprache baut eine Welt auf, sie ermöglicht, dass wir uns und andere verstehen lernen, zu uns und zu anderen zu finden. Sie will Beziehung stiften und das Gefühl von Nähe, Heimat und Vertrautheit vermitteln. So wie sie die Quelle aller Missverständnisse sein kann, kann die Sprache der Weg von Mensch zu Mensch sein.

ANFANG

„In het allereerste begin" übersetzt die niederländische Bibel „Het Boek". Am allerersten Anfang geschah das Wort. Die jüdische Dichterin Rose Ausländer (1901–1988), drückt es so aus: „Am Anfang war das Wort und das Wort war bei Gott. Und Gott gab uns das Wort und wir wohnen im Wort. Und das Wort ist unser Traum und der Traum ist unser Leben" (Rose Ausländer, Das Wort I)[1]. Wir wohnen im Wort? Wohnt das Wort in uns? Der ominöse Satz bei Johannes bleibt verstörend: „Er kam in sein Eigentum, aber die Seinen nahmen ihn nicht auf." Das Wort, das in unsere Zeit kommt – wohnt es unter uns? Sehen wir seine Herrlichkeit? Weihnachten bietet uns jede Gelegenheit dazu.

Daniel Hörnemann

[1] © S. Fischer Verlag GmbH, Frankfurt am Main, 2015

Hirten auf dem Felde

Einführung

Viele haben schon gestern Abend begonnen, Weihnachten zu feiern: Zusammen mit der Familie, mit hoffentlich passenden Geschenken, mit einem guten Essen und vielem mehr. Jetzt sind wir hier zusammen in der Kirche und feiern Christus in unserer Mitte: Ihn, der Mensch geworden ist und der unser Leben teilen möchte. So bringen wir ihm all das, was uns jetzt beschäftigt und bewegt, und bitten ihn um sein Erbarmen.

ZUR VERKÜNDIGUNG

Evangelium: Lk 2,15–20

HIRTEN – EINFACHE LEUTE

Was wäre Weihnachten ohne die Hirten? Sie kommen in den allermeisten Weihnachtsliedern vor. Sie dürfen an keiner Krippe fehlen. Ohne sie gäbe es auch nicht die vielen großen und kleinen Schäfchen. Und sie waren es, die als erste die Botschaft des Engels hören: „Fürchtet euch nicht! Euch ist heute der Heiland geboren."

Ich weiß nicht, ob ihr alle schon mal einen Hirten oder eine Hirtin gesehen habt; heute arbeiten ja auch Frauen in diesem Beruf. In Deutschland gibt es nur noch ganz wenige davon, den einen oder anderen in der Lüneburger Heide oder in der Deichlandschaft an der Nord- und Ostseeküste. Kein Wunder: Der Beruf war immer hart. Bis heute verdient man wenig Geld, und anstrengend war und ist es auch, bei jedem Wetter die Schafe zu hüten.

Zur Zeit Jesu war das nicht anders. Wer nichts wird, der wird Hirte, so ungefähr muss man sich das vorstellen. Sie hatten kein hohes Ansehen, sie waren in der Bevölkerung wenig geachtet und manchmal sogar gefürchtet.

DER HIRTE DER VÖLKER

Aber da gab es auch noch jemand, der ein Hirte sein wollte. Der lebte in Rom und ließ sich feiern als der „Hirte der Völker" – ein Ehrentitel, mit dem sich damals viele Könige und andere Herrscher schmückten. Zur Zeit der Geburt Jesu war das der Kaiser Augustus, der wichtigste Mensch der damaligen Zeit, der Herrscher der ganzen Welt. Schwer vorstellbar, dass dieser auch nur einen Tag mit einer richtigen Herde gearbeitet hätte.

Kaiser Augustus kennen wir vom Anfang der Weihnachtsgeschichte bei Lukas. „Es geschah aber in jenen Tagen, dass Kaiser Augustus den Befehl erließ, ..." Das war wohl etwas, was er gerne machte: Befehle erteilen. Berühmt geworden ist er dadurch, dass es zu seiner Zeit wirklich eine Art von Frieden im Römischen Reich gab, auch wenn an den Grenzen oft hart und unerbittlich gekämpft wurde.

WEIHNACHTEN: DIE GESCHICHTE VON KLEINEN LEUTEN

Der große Hirte in Rom, Augustus, gibt Befehle und Erlasse heraus. Das Volk muss gehorsam sein. Die Hirten auf dem Feld hingegen, die kleinen Leute, werden zu Botschaftern von Weihnachten: „Sie erzählten, was ihnen über dieses Kind gesagt worden war. Und alle, die es hörten, staunten über die Worte der Hirten." Die Hirten sind die ersten Verkündiger des Evangeliums. Nicht Rom, nicht der mächtige Kaiser Augustus, sondern am Stadtrand von Betlehem beginnt Gott damit, die Welt zu verändern.

Weihnachten ist eine Geschichte der kleinen Leute. Maria und Josef, Menschen auf der Durchreise, die nicht einmal einen Platz in einer Herberge bekamen, Hirten auf dem Feld. Doch ihre Geschichte, ihre Botschaft ist so wichtig geworden, dass wir uns auch heute noch mit einem großen Fest an sie erinnern. Der damals berühmte „Hirte aller Völker", Augustus in Rom, ist nur noch eine Person in den Geschichtsbüchern. Würde er nicht im Lukasevangelium erwähnt, würden nur noch Fachleute über ihn sprechen. Dieser Mann ist längst Geschichte, während Maria und Josef und die Hirten auf dem Felde uns bis heute ganz nahe bleiben.

FÜRBITTEN

Gott hat die Hirten als erste Boten von Weihnachten auserwählt. Wir bitten ihn:

- Schenke allen Menschen ein friedliches und frohes Herz.
- Schenke den Völkern im Nahen Osten Frieden.
- Schenke den Regierenden Aufmerksamkeit für die, denen es schlecht geht.
- Schenke uns gute Ideen, die Freude von Weihnachten anderen weiterzugeben.

Gott, du hast deinen Sohn zu uns auf die Erde gesandt. Dafür danken wir dir.

Clemens Kreiss

Fest des heiligen Stephanus

LIEDVORSCHLÄGE

Gesänge

Eröffnungsgesang: Du Kind, zu dieser heilgen Zeit (GL 254,1+3); *Antwortgesang:* Vater, in deine Hände empfehle ich meinen Geist (GL 308,1) mit den Psalmversen *oder* Erhör, o Gott, mein Flehen (GL 439,1–2); *zur Gabenbereitung:* Herr, ich bin dein Eigentum (GL 435,1+3); *Danklied:* Ich steh an deiner Krippe hier (GL 256,1–2); *Mariengruß:* Maria, breit den Mantel aus (GL 534,1+3).

ERÖFFNUNG

Liturgischer Gruß

Die Gnade des Herrn Jesus, der für uns Mensch geworden ist, sei mit euch / ist mit uns allen.

Einführung

Heute wechselt die liturgische Farbe auf rot. Gestern noch Stille Nacht, Zimbelklänge, vertraute Weihnachtslieder. Und heute: Stephanus, der erste Märtyrer, der sein Leben hingibt und im Geiste Jesu seinen Mördern verzeiht. Doch so völlig fremd ist der Wechsel nicht. Er macht deutlich, was in der Menschwerdung Jesu immer schon mit gemeint war. Denn die Armut der Krippe schafft Platz, sie ist ja offen für alle Not. Es gibt nichts, was hier keine Beachtung fände; nichts, was einfach durchfiele: „Herr, was ist der Mensch, dass du ihn wahrnimmst, des Menschen Kind, dass du es beachtest?" – Hilf uns, Herr, innerlich zur Krippe zu gelangen, mit dem, was uns ausmacht und was uns bedrückt, hilf den Vielen, die auch heute noch um deinetwillen verfolgt werden.

Kyrie-Litanei

Herr Jesus Christus,
du zeigst deine Herrlichkeit in jedem, der dir vertraut. Herr, erbarme dich.
Du befreist uns von Selbstbefangenheit und Angst. Christus, erbarme dich.
Du gibst deinen Jüngern Kraft zum Zeugnis. Herr, erbarme dich.

Tagesgebet

Allmächtiger Gott, wir ehren am heutigen Fest
den ersten Märtyrer deiner Kirche.
Gib, dass auch wir unsere Feinde lieben
und so das Beispiel des heiligen Stephanus nachahmen,
der sterbend für seine Verfolger gebetet hat.
Darum bitten wir durch Jesus Christus.

1. Lesung: Apg 6,8–10; 7,54–60
Die Gnade und Geisteskraft Gottes in Stephanus offenbart in den Herzen der Hörer extremste Widerstände, so dass sie selbst vor einem Mord nicht zurückschrecken.

Evangelium: Mt 10,17–22
Gehasst werden und verfolgt werden um Jesu willen gehört zur Nachfolge Jesu. Die Rechtfertigung dabei übernimmt der Geist Gottes: der Geist eures Vaters wird durch euch reden.

FÜRBITTEN

Jesus hat diejenigen seliggepriesen, die um seinetwillen verfolgt werden. Ihn, Christus, unseren Beistand und Herrn, rufen wir an:
V: Christus, höre uns. *A:* Christus, erhöre uns.

- Für alle Christen: Lass sie in diesen Festtagen froh und dankbar ihre Verbundenheit mit Christus vertiefen. *V:* Christus, höre …
- Für alle Christen, die verfolgt werden: Befreie sie aus Ängsten, Nöten und Bedrängnissen und tröste sie durch deine bergende Nähe. …
- Für alle Christen, deren Zeugnis für Christus seltsam blass und kraftlos ist: Erwecke ihren Glauben, stärke ihre Hoffnung und entzünde ihre Liebe. …
- Für alle Menschen, die Gewalt und Unrecht erleiden: Entreiße sie der Macht des Bösen und befähige sie, gewaltfrei zu widerstehen. …

Herr Jesus Christus, dein Reich ist unter uns eine angefochtene und verborgene Wirklichkeit. Danke, dass du da bist, dass du uns trägst und durch deinen Geist zum Heil führst.

ELEMENTE FÜR DIE EUCHARISTIEFEIER

Zum Vaterunser
„Herr, rechne ihnen diese Sünde nicht an!" betet Stephanus. „Vergib uns unsere Schuld wie auch wir vergeben", so beten wir. Durch diese Haltung gestärkt lasst uns beten: Vater unser

Zum Friedenszeichen
Die Ganzhingabe des heiligen Stephanus in seinem Martyrium birgt den Keim für die spätere Bekehrung des Pharisäers Saulus. Die uns geschenkte Liebe Christi befähigt uns, einander von Herzen den Frieden zu wünschen.

Kommunionvers
Die Menge steinigte den Stephanus.
Er aber betete und rief: „Herr Jesus, nimm meinen Geist auf!" (Apg 7,59).

Zur Besinnung

In unserem Kulturkreis droht uns normalerweise keine Lebensgefahr wie beim heiligen Stephanus. Doch innere Versuchungen, die das missionarische Zeugnis bedrohen, gibt es sehr wohl, wie Papst Franziskus aufzeigt:
„Eine der ernsthaftesten Versuchungen, die den Eifer und den Wagemut ersticken, ist das Gefühl der Niederlage, das uns in unzufriedene und ernüchterte Pessimisten mit düsterem Gesicht verwandelt. Niemand kann einen Kampf aufnehmen, wenn er im Voraus nicht voll auf den Sieg vertraut. Wer ohne Zuversicht beginnt, hat von vornherein die Schlacht zur Hälfte verloren und vergräbt die eigenen Talente" (EG Nr. 85).

ELEMENTE FÜR DIE WORT-GOTTES-FEIER

Zum Schuldbekenntnis

Das Gefühl der Vergeblichkeit und der Resignation. Ist es nicht allzu oft ein unliebsamer Begleiter in unserem kirchlichen Tun? Stephanus, in Todesgefahr, sieht den Himmel offenstehen! – Wo schauen wir hin? Woran orientieren wir uns? Eines ist gewiss: Mit der Menschwerdung Christi hat Gott uns den Himmel geöffnet. Unwiderruflich. Wo das Kind aufgenommen wird, beginnt Himmel. Herr, bewahre uns davor, nur auf Negatives zu starren. Löse uns aus den Traurigkeiten dieser Zeit. Lehre uns aufzuschauen, Ausschau zu halten und unser Heil allein von dir zu erwarten.

Lobpreis, Bitte und Abschluss
Nach der Kollekte folgt der Lobpreis (WGF S. 58 Hymnus).
Abschluss in gewohnter Form.

Burkhard Rottmann

Stephanus – Wegbereiter des Paulus

Wer immer Stephanus auf der Straße oder auf dem Markt begegnete, entdeckte kaum etwas Auffälliges an ihm. Vielleicht ein guter Nachbar, einer, der seinen Lebensunterhalt mit harter Arbeit verdiente, stets hilfsbereit, ein treusorgender Familienvater? In letzter Zeit war er jedoch erstaunlich oft mit den Anhängern eines hingerichteten Rabbiners unterwegs, von dem diese behaupteten, er sei der Messias – ein gewisser Jesus aus Nazaret. Die Gruppe nannte sich „der Weg" und war eigentlich harmlos. Es war also eine Überraschung zu hören, was mit diesem Stephanus passiert ist. Was war an diesem begnadeten und doch so bescheidenen Mann derart gefährlich, dass die religiösen Autoritäten das Gefühl hatten, ihn zu Tode steinigen zu müssen? Er war kein Rebell oder Zelot wie Barabbas und war schon gar nicht politisch aktiv. Vielleicht interessierten ihn philosophische Fragen, denn er hatte angefangen, mit den Pharisäern und Schriftgelehrten auf dem Markt und im Tempel zu debattieren. Warum also eine so drastische Maßnahme gegen ihn? Eigentlich wissen wir nicht allzu viel über diesen ersten Märtyrer des Glaubens. Wir wissen, dass er ein hellenistischer Jude war, einer der sieben Diakone, die ausgewählt wurden, um die Apostel bei ihren Führungsaufgaben zu unterstützen. Die Bibel weiß zu berichten, dass immer dann Widerstände und Spannungen entstehen, wenn Gott am Werk ist. So erzählt Lukas davon, dass einige Juden sich erhoben, um mit Stephanus zu streiten (Apg 6,9). „Aber sie konnten der Weisheit und dem Geist, mit dem er sprach, nicht widerstehen" (V. 10). Am Ende landete Stephanus vor dem Hohen Rat. Dort wurde ihm wegen „Gotteslästerung" der Prozess gemacht. Und genau an dieser Stelle betritt ein Mann die Weltbühne, der für den christlichen Glauben von größter Bedeutung sein wird: Ein gewisser Saulus aus Tarsus. Dieser wird für den Tod des Stephanus mitverantwortlich gemacht. Es heißt, „Saulus aber war mit dem Mord einverstanden" (Apg 8,1). Das Martyrium des Stephanus löste die erste größere Verfolgungswelle aus, an deren Spitze sich der junge Eiferer und Karrierist Saulus stellte. Und doch wirkten sich Leben und Sterben des Stephanus immer noch auf die Menschen aus, besonders auf Saulus. Es hatte schon eine ganze Zeit lang an ihm genagt – diese verwerfliche Hinrichtung des aufrechten und geisterfüllten Stephanus, durch den der Geist Gottes sprach (Mt 10,16–20). Und dann passiert es. Dann wird dieser Mann namens Saulus der große Apostel Paulus, der mit seiner Verkündigung unzählige Menschen für Jesus gewinnt.

Wie kommt es, dass sich das Leben eines Menschen so radikal verändert? Wohl kaum aus eigener Kraft. Im Zeugnis des Stephanus war Jesus am Werk. Dieser Funke ist auf Paulus übergesprungen. Jesus allein kann unserem Leben eine neue Richtung geben. Nur dürfen wir nichts zurückhalten. So werden wir zu Wegbereitern füreinander.

Athanasius Wedon

Solidarität: himmlisch und steinig

Solidarität mit bedrängten und verfolgten Christinnen und Christen weltweit: Das ist nicht „nur" ein Gebetstag, so wichtig das Gebet heute ist. „In verschiedenen Teilen der Welt werden Kirchen, christliche Gemeinschaften und einzelne Gläubige bedrängt und verfolgt. In Ländern wie Vietnam, Pakistan oder China sind solche Repressionen Ausdruck einer systematischen Verletzung der Religionsfreiheit. In anderen Ländern werden Gläubige aufgrund ihres Einsatzes für Gerechtigkeit und Frieden bedroht, diskriminiert und manches Mal sogar ermordet", schreibt die Bischofskonferenz auf ihrer Homepage zum heutigen Gebets- und Gedenktag am Fest des hl. Stephanus, des ersten Märtyrers. Ein gutes Anliegen, aber oft ein steiniger Weg, ganz wörtlich und bildlich; ja, wir sind solidarisch, in mindestens dreifacher Hinsicht und Dimension:
Zunächst: Es ist eine Solidarität mit, nicht gegen jemanden; wir sind verbunden mit denen, die leiden. Die Gründe für die Bedrängnis sind oft komplex, nicht eindimensional; selbst gut gemeinte pauschale Urteile helfen da nicht.
Dann: Solidarisch können wir auch dann sein, wenn wir selbst nicht betroffen sind. Das gilt für viele Situationen, in denen unsere christliche Solidarität gefordert ist. Nicht nur, wenn ich selbst wegen meines Glaubens verfolgt oder als Frau benachteiligt werde, homosexuell bin oder einen Migrationshintergrund _habe, geht es mich etwas an. Solidarität ist gerade dann besonders stark, wenn ich mich solidarisch mit den Benachteiligten verbinde, auch wenn ich selbst nicht das Leid der Benachteiligung und Bedrängnis am eigenen Leib erfahre.
Und schließlich: Als Christinnen und Christen sind wir gefragt, Menschen und Leben und Menschenleben in Würde zu schützen, ohne Unterschiede. Solidarität mit Christinnen und Christen weltweit meint nicht, uns selbst bevormundend und abgrenzend über andere zu erheben und so Ungerechtigkeit mit neuer Ungerechtigkeit zu beantworten. Solidarität ist selbstlos und sucht nach der größeren Gerechtigkeit für alle, nicht exklusiv für einzelne Gruppen. Eine so verstandene christliche Solidarität macht das Herz und den Horizont weit, öffnet den Himmel und den Blick für mehr und Neues.

SOLIDARITÄT MIT CHRISTINNEN UND CHRISTEN WELTWEIT

Solidarität mit Christinnen und Christen weltweit, die verfolgt, bedrängt und verächtlich gemacht werden ... heißt auch: Solidarität mit ihnen,
... weil sie im lauten Geschrei die leisen Töne anschlagen;
... weil sie in christlicher Geduld auch die andere Wange hinhalten, auch wenn das scheinbar keinen „Erfolg" hat;
... weil sie sich aus christlicher Überzeugung solidarisch für Menschen in Not einsetzen; für Geflüchtete und Verfolgte, für Suchende, Zweifler, Traurige und Ängstliche – auch wenn manche „öffentliche Meinung" dagegen hetzt, sie als „Gutmenschen" diffamiert;

... weil ihnen die Bewahrung der Schöpfung mehr wert ist als die eigene Bequemlichkeit und gedankenlose Gewohnheit;

... weil sie für Religionsfreiheit einstehen: für alle Menschen, die auf der Suche nach Gott sind - und sie Respekt vor dem haben, was anderen heilig ist;

... weil ihnen die Menschenwürde in der Gott-Ebenbildlichkeit grundgelegt ist – und die deshalb völlig unabhängig von Alter, Geschlecht, sexueller Orientierung, Herkunft, Pass, Einkommen, Religion, Titel, Leistung und Verdienst, politischer Überzeugung, Sichtbarem, Zugeschriebenem und anderen Äußerlichkeiten ist;

... weil ihnen Weihnachten existenziell mehr bedeutet als Heimeligkeit und „Stille Nacht-Singen" im Kerzenschein – und sie deshalb als Spielverderber draußen sind, wenn sie da nicht „mitspielen";

... weil für sie „Ihr Kinderlein kommet" und „Macht hoch die Tür" nicht nur fromme Floskeln sind, sondern Konsequenzen hat für ihren christlichen Einsatz für die, denen in vielen Alltagssituationen Türen und Herzen verschlossen werden und bleiben;

... weil sie offen sind für Neues – in christlicher Zuversicht – und deshalb manche „Tradition" als zeitbedingt hinter sich lassen wollen und können, befreit und befreiend; geerdet und himmel-offen; den Blick zuversichtlich in die Zukunft gerichtet, auf Gott hin;

... weil sie in der Ohnmacht der Krippe und des Kreuzes nicht das Recht des Stärkeren, sondern das stärkere Recht sehen und so und deshalb anders leben als manche erwarten;

... weil sie nicht das Spiel der Macht und der Mächtigen mitspielen und nicht die „Logik" der begrenzten irdischen Horizonte;

... weil ihnen Christ-Sein und christliche Gemeinschaft etwas anderes und mehr bedeutet als sich nur abzugrenzen von anderen Gemeinschaften, Überzeugungen und Religionen;

... weil sie Christinnen und Christen sind und so leben – in der Nachfolge Christi – so gut sie es verstanden haben und vermögen;

... weil sie vielleicht nicht den Namen „Christin" oder „Christ" im Taufregister tragen, aber ihn im Herzen tragen!

... weil sie deshalb oft auch bedrängt und sogar verfolgt werden.

Es gibt so viele Möglichkeiten und Gründe, christlich-solidarisch zu sein mit bedrängten und verfolgten Christinnen und Christen weltweit – auch bei uns! Die Lesung von heute zeigt die gewaltlose Antwort auf die Gewalt: „Herr rechne ihnen diese Sünde nicht an!" Wir sind solidarisch. Wir zahlen nicht heim, wir zählen auf Jesus Christus! In unserer Solidarität erweisen wir uns als Christinnen und Christen: nicht im Selbstmitleid – und nicht in Überheblichkeit über andere, sondern in Solidarität mit denen, die leiden und unsere Solidarität brauchen, um wieder Licht am Himmel zu sehen. Dann können wir und sie, mit denen wir als Zeuginnen und Zeugen Christi solidarisch sind, – wie Stephanus – sogar dann „den Himmel offen sehen, wenn die Steine fliegen". Das ist oft ein steiniger Weg zum Himmel. Aber in Solidarität und im Gebet sind wir nicht allein – und das zeigt uns immer wieder neue Horizonte, die den Himmel öffnen.

Michael Kinnen

Glaube in verunsichernder Zeit

Das hört sich gar nicht gut an. Solche Worte, wie die gerade gehörten, bedrücken mich. Sie machen mir zu schaffen. Sie passen irgendwie nicht in diese Zeit. Ich empfinde sie als störend. Sie bringen mich durcheinander. Sie stellen vieles infrage: vermeintliche Sicherheiten, als gut Geglaubtes, die ganz eigene Welt.

Doch ich habe mich ihnen zu stellen, weil ich die unschönen Seiten dieser Welt nicht verdrängen darf. Es gibt sie. Immer wieder springen sie ins Auge. An Weihnachten hören sie nicht einfach auf zu existieren. Wer etwas anderes meint, der macht sich selbst etwas vor. Steckt den Kopf in den Sand. Will nicht wahrhaben, was wahr ist: Die Welt ist so. Und sie ist auch anders. Sie bleibt voller Gegensätze und Widersprüchlichkeiten. Und dann ist wieder alles gut. Mittendrin bewegen wir uns, leben wir als die, die wir sind und wie Gott uns geschaffen hat, um mit unserer ganz eigenen und persönlichen Berufung aus seinem Geist heraus das Leben mitzugestalten. Andere Akzente zu setzen als diese, die wir gerade gehört haben.

Das macht es nicht gerade leicht für uns. Das hat es nie leicht gemacht. Jesus spielt zunächst auf das Schicksal derer an, die ihm nachfolgen. Menschen wie du und ich. Er warnt sie vor dem, was auf sie zukommen wird, wenn sie sich, ohne Vorbehalte zu haben, auf ihn einlassen, auf seinen Weg, auf seine Art, das Leben zu begreifen und zu leben.

GLAUBE UND WIDERSTAND

Außenstehende kommen damit nicht immer klar, wenn man ihnen den Spiegel vorhält. Überzeugte Christen sind Spiegelhalter, nicht bewusst, aber durch ihre persönliche Weise, in ihrem Leben Jesus nachzufolgen. Manche fühlen sich dadurch provoziert, in Frage gestellt. Manche, nicht alle, möglichweise sehr wenige. Wie relevant ist eigentlich noch der christliche Glaube für die Öffentlichkeit? Eine grundsätzliche Frage: Gibt es tatsächlich noch welche, die sich an der christlichen Religion stoßen? So, wie Menschen sich an Stephanus stoßen? Vielmehr doch macht man sich lustig über die, die noch glauben. Im schlimmsten Fall nimmt man sie überhaupt nicht mehr wahr. Das Christentum scheint obsolet zu sein. Es steht außerhalb dieser Zeit. Hier liegt eine der Herausforderungen für das Christentum und die Kirche in dieser Zeit.

STANDHAFT BLEIBEN

Neben diesen verstörenden Worten des heutigen Evangeliums gibt es für mich eine andere Aussage, die sich durch das Benannte zieht. Es ist die Einladung zur Standhaftigkeit in all den Widersprüchen, die das Leben bereithält. „Wer aber bis zum Ende standhaft bleibt, der wird gerettet." Wo finde ich einen festen Stand inmitten der Höhen und Tiefen dieses Lebens und dieser Welt?

Was hält mich in den Gegensätzlichkeiten dieser Welt aufrecht? Was ist die unverrückbare Konstante in meinem Leben, die es mir erlaubt, den Angriffen auf mein Leben und auch auf meinen Glauben zu widerstehen? Bei diesen Fragen werde ich unweigerlich an den Mann erinnert, der sein Haus auf festen Felsen baut und dem Wind, Sturm und Regen nichts anhaben können, weil es eben auf Felsen gebaut ist. Jesus sagt im Gleichnis, dass der Mann klug sei, der auf sein Wort hört, der sich daran festmacht.

HALT IN CHRISTUS FINDEN

An Weihnachten vernehmen wir, dass Jesus selbst dieses Wort ist. „Und das Wort ist Fleisch geworden", heißt es im Johannesprolog. Festen Stand finde ich in ihm, Christus. Er hält mich fest, wenn um mich herum alles ins Wanken gerät. Er setzt mich nicht den Angriffen dieser Welt aus, derart, dass sie mich gänzlich vernichten könnten. Er will die Konstante in meinem Leben sein, auf die ich mich berufen kann, wenn alles zu einer Anfrage an mich wird. Er lädt mich dazu ein, trotz allem, einem Stephanus gleich, den Himmel offen zu sehen und hieraus Kraft und Stärke, Hoffnung und Zuversicht zu gewinnen.

DEN LICHTVOLLEN ZEICHEN VERTRAUEN

Den geöffneten Himmel über mir zu sehen bedeutet für mich, auch inmitten dieser oftmals so herausfordernden Welt Spuren des von Jesus verkündeten Reiches Gottes zu erblicken. Die Welt ist nicht nur schlecht und in sich zerrissen und gespalten. Es gibt nicht nur Finsternis. Nein, in dieser Welt gibt es auch viele lichtvolle Spuren. Zeichen, die uns ahnen lassen, dass Gott mit uns ist; dass er uns nicht allein lässt; dass er gegenwärtig ist im Wirken des Geistes, den Jesus allen verheißt, die sich auf ihn verlassen wollen. Durch uns will er zum Wirken kommen.

GESENDET IN DIE WIDERSPRÜCHE DER WELT

Ich bin davon überzeugt, dass die christliche Religion von Relevanz ist und bleibt. Wir sind gesendet, um Menschen zu finden. Wir sollen fragen, wer sie sind und was in ihnen lebt. Fragen, was sie denken und worunter sie leiden. Fragen und sie lieben. Wir sollen nahe sein jedem, der uns braucht. Wir sind gesendet, um Gott im Menschen zu finden. Haben wir keine Vorbehalte, hegen wir keine Vorurteile. Begründen wir vielmehr Vertrauen und Sicherheit, weil Gott uns nahe ist. Machen wir die Menschen mit Gott vertraut. Unser Leben sei ein offenes Buch Gottes, in dem alle lesen können, wie er zu uns ist.
Jesu Worte stellen uns auf einen Weg. Einen Weg, der sich durch diese Welt zieht, so wie sie ist. Möglicherweise macht dies Angst. Angst, wie sie schon die großen Propheten kannten. Doch auch dies macht das Evangelium klar: Es geht nicht darum, dass wir uns dieser Angst hingeben, vielmehr dem Vertrauen, dass der Geist unseres Gottes durch uns handeln und reden wird, uns allen zum Segen und der Welt zum Heil.

Thomas Diener

Wie lange für die Wahrheit sein?

Evangelium: Mt 10,17–22

Sicher kennt ihr das: Ihr wisst, dass ihr recht habt, aber Mama oder Papa, eure Lehrerin, Oma oder Opa glauben euch einfach nicht? (–) Wie hat sich das angefühlt? (–) Ja, es ist schon zum Verrücktwerden, wenn ich genau weiß, dass ich recht habe bei einer bestimmten Frage, oder dass ich mir sicher bin, ich habe ja nichts falsch gemacht, aber man glaubt mir einfach nicht. Das macht traurig und hilflos.

WAS WIRD HEUTE EIGENTLICH GEFEIERT?

Als ich Kind war, habe ich mich immer gewundert, warum zwei Tage nach Weihnachten, dem freudigen Fest der Geburt Jesu, auf einmal von Tod und Gericht in der Kirche gesprochen wird. Es ist auch ein ganz schöner Sprung in der Zeit. Waren wir vorgestern noch bei der Geburt Jesu, befinden wir uns jetzt mitten im Wirken Jesu. Und Jesus spricht zu seinen Jüngerinnen und Jüngern: macht deutlich, dass es nach meinem Tod ungemütlich werden kann. Dass die Botschaft eben nicht nur von Guten aufgenommen wird, sondern dass es auch Menschen gibt, die anderer Meinung sind, die ihnen nicht glauben werden. Und genau davon erzählt die erste Geschichte, die wir gehört haben: von Stephanus, der nicht abweichen wollte von dem, was er für richtig hielt, und daraufhin sterben musste.

Und was hat das ganze jetzt mit Weihnachten zu tun? Ich bin mir sicher, dass nicht nur ihr Kinder euch das fragt, sondern auch die Erwachsenen sich das in den letzten paar Minuten gefragt haben.

ES VERÄNDERT SICH WAS

Wir feiern die Geburt von Jesus ja nicht nur, weil wir uns so sehr freuen, dass Kinder geboren werden. Sondern wir feiern die Geburt Jesu deshalb so groß und schön, weil Gott damit gezeigt hat, dass die Welt sich zum Guten verändern wird. Und dafür stand Jesus ein und redete vom Reich Gottes. Mehr noch, er heilte Kranke und zeigte so, dass dieses Reich Gottes schon auf der Erde beginnen soll. Ein „Paradies auf Erden", ein Ort also, an dem alles gut ist, wo die Menschen in Frieden und Freiheit leben können.

So etwas passiert natürlich nicht automatisch, sondern hat auch viel damit zu tun, dass es Menschen gibt, die daran arbeiten, dass es gut wird. Leider ist es nicht so, dass man direkt merkt: Ja, so geht es richtig. Das ist der richtige Weg. Das kennt ihr vielleicht auch, oder? Da wollt ihr erst nach dem Abendbrot das Zimmer aufräumen, aber eure Eltern verlangen, dass es davor passiert. Und dann gibt es Streit. Und das schon bei so einer Kleinigkeit.

Und jetzt stellt euch mal vor, es geht nicht darum, wann man sein Zimmer aufräumt, sondern darum, die bestmögliche Welt für alle Menschen zu bieten. Da kann man sich vorzüglich streiten. Was wäre denn jetzt das Beste für uns alle?

ÜBERZEUGT SEIN KÖNNEN

Jesus weiß, dass seine Botschaft von den Jüngerinnen und Jüngern weitererzählt wird und dass es Leute geben wird, die das anders sehen und nicht einverstanden sind. Manche denken nur an sich und wollen keine Veränderung. Hauptsache, ihnen geht es gut, die anderen interessieren nicht. Was gibt Jesus seinen Jüngerinnen und Jüngern in dieser Situation mit auf den Weg? Sollen sie beim geringsten Widerstand aufgeben, sollen sie vergessen, was er ihnen über das Reich Gottes gesagt hat, was meint ihr? (–)
Nein, natürlich nicht! Im Gegenteil, er bittet sie: Bleibt standhaft! Egal, was auch immer kommt: Wenn du davon überzeugt bist, dass es gut wird, dann knick nicht zu schnell ein. Nicht einfach sagen: na gut. Dann eben nicht! Sondern aushalten.
Es geht nicht darum, unnötig zu streiten. Der Zeitpunkt des Zimmeraufräumens ist ja verhandelbar. Es geht darum, dass du auch das Recht hast, einen Standpunkt zu haben. Wenn du zu Unrecht beschuldigt wirst, dann darfst du auch stark sein. Darauf pochen, dass es anders war. Dann darfst du auch zu der Wahrheit stehen.

NIE ZU KLEIN

Denn eins wird deutlich: Niemand ist zu klein, für das einzustehen, was ihm und ihr wichtig ist – eben Stück für Stück die Welt so zu gestalten, wie man selbst gerne in ihr leben würde. Denn ohne dass es Menschen gibt, die wollen, dass die Welt besser wird, verändert sich nichts.

Tobias Sauer

Fest der Heiligen Familie (B)

LIEDVORSCHLÄGE

Gesänge zur Eucharistiefeier

Eröffnungsgesang: O du fröhliche (GL 238,1–3); *Kyrieruf:* Herr, erbarme dich (GL 157); *Gloria:* Seht ihr unsern Stern dort stehen (GL 262,1–3); *Antwortgesang:* Ich gehe meinen Weg vor Gott (GL 629,3) mit den Psalmversen; *Ruf vor dem Evangelium:* Halleluja (GL 544,1) mit dem Vers; *zum Credo:* Wir glauben Gott im höchsten Thron (GL 355,1–5); *zur Gabenbereitung:* Also sprach beim Abendmahle (GL 665,2+3); *Sanctus:* Heilig (GL 191); *Agnus Dei:* Christe, du Lamm Gottes (GL 208); *Danklied:* Erde, singe, dass es klinge (GL 411,1–4); *zur Entlassung:* Menschen, die ihr wart verloren (GL 245,1–4) *oder am Abend:* Lobgesang des Simeon (GL 665,2+3).

Gesänge zur Wort-Gottes-Feier

Eröffnungsgesang: Jesus Christ, you are my life (GL 362); *Kyrieruf:* Gelobet seist du, Jesus Christ (GL 252,1–7); *Antwortgesang:* Meine Hoffnung und meine Freude, meine Stärke (GL 365); *zur Entlassung:* Solang es Menschen gibt auf Erden (GL 425,1–2+4–5).

ERÖFFNUNG

Liturgischer Gruß

Immanuel – Gott mitten unter uns. Sein Licht erleuchtet die Finsternis und seine Gegenwart bereitet uns Heil und Segen. Sein Friede sei mit euch / ist mit uns allen!

Einführung

Mit der Kirche feiern wir heute das Fest der Heiligen Familie. Familie, das ist heute wie damals mehr als die beschauliche Idylle von Vater, Mutter und Kind. Die Lesungstexte erinnern in besonderer Weise an Abraham und Sara, die uns die Heilige Schrift als Erzeltern des Gottesvolkes vorstellt.
Jenseits von moralischen Kategorien erinnern die Tagestexte vor allem an die Existenz zwischen Vertrauen und Zweifel, die wir Glaube nennen können. Die Heiligen Schriften wecken mit dem Blick auf die biblischen Vorfahren im Glauben auch die Erinnerung an die Menschen, die uns mit ihrem christlichen Glauben geprägt haben.

Kyrie-Litanei

Herr Jesus Christus, du bist als Menschenkind in die Geschichte geboren.
Herr Jesus Christus, du teilst das Schicksal der Menschheit.
Herr Jesus Christus, du erfüllst die Verheißung neuen Lebens.

Tagesgebet

Herr, unser Gott,
in der Heiligen Familie
hast du uns ein leuchtendes Vorbild geschenkt.
Gib unseren Familien die Gnade,
dass auch sie in Frömmigkeit und Eintracht leben
und einander in der Liebe verbunden bleiben.
Führe uns alle
zur ewigen Gemeinschaft in deinem Vaterhaus.
Darum bitten wir durch Jesus Christus.

ZU DEN SCHRIFTLESUNGEN

1. Lesung: Gen 15,1–6;21,1–3

Das Wort des Ewigen ergeht in der Nacht an Abram und verheißt ihm und seiner Frau Sara trotz ihres hohen Alters die Geburt eines Sohnes. Denn ohne leibliche Nachkommenschaft, so die Überzeugung im Umfeld der Erzeltern, gibt es keine Zukunft. In der Lesung aus dem Buch Genesis kommt an dieser Stelle zum ersten Mal der Begriff des Glaubens zum Ausdruck. Abram glaubte dem Ewigen, und macht seine Zukunft an der Verheißung des Ewigen und seinem Geschenk des neuen Lebens fest.

2. Lesung: Hebr 11,8.11–12.17–19

Der Lesungstext erinnert noch einmal eindringlich an den Glauben der Erzeltern. Dreimal verweist er mit der Formel „aufgrund des Glaubens" auf Abraham und Sara, die sich dem Ewigen ins Ungewisse hinein anvertrauen und von ihm die Erfüllung der Verheißung von Land und Nachkommenschaft ersehnen. Als Sinnbild bringt die Erinnerung an Abraham, Sara und Isaak zum Ausdruck, dass die Zusage des Ewigen gilt, auch wenn der äußere Schein auf etwas anderes schließen lässt. Denn allein aus biologischer Sicht müssten Abraham und Sara aufgrund ihres Alters als unfruchtbar gelten. Trotz dem schenkt ihnen der Ewige neues Leben. Zum Ende hin greift der Verfasser des Hebräerbriefes das Motiv der Auferweckung der Toten auf und verschiebt, vor allem auch in den nachfolgenden Versen, den Blick von der Erfüllung der Verheißung auf ein zukünftiges Leben in Zeit und Geschichte auf die Verheißung des Lebens nach dem leiblichen Tod.

Evangelium: Lk 2,22–40

Die Perikope stellt die Eltern Jesu als fromme Juden vor, die die Vorschriften der Tora erfüllen. Im Tempel begegnen sie zwei Menschen, die im Evangelium eigens charakterisiert werden. Simeon, dessen Name etwa mit „der Erwählte" übersetzt werden könnte und Hanna, deren hebräischer Name für „Gnade" steht. Simeon, der Erwählte und Hanna, die Begnadete erkennen in dem Kind Jesus den verheißenen Messias und stellen ihn der Welt als ihr Licht und Heil vor.

Der Ewige wandte sich im Dunkel der Nacht mit den Worten „Fürchte dich nicht" an Abram und verhieß ihm neues Leben. Die Zusage des Ewigen an die Erzeltern gilt auch uns. Darum lasst uns beten.

- Für alle Alleinlebenden, die sich nach Gemeinschaft sehnen.
- Für alle Paare, die deren Kinderwunsch unerfüllt bleibt.
- Für alle, die ihr ganzes Leben an dir, dem Ewigen, festmachen.
- Für die Kinder, die in diesem Jahr zur Welt gekommen sind.
- Für die Menschen, die in diesem Jahr gestorben sind.
- Für alle, die uns im christlichen Glauben Vorbild waren.
- Für die Trauernden, die in diesen Tagen einen lieben Menschen besonders vermissen.
- Für alle, die vor einer ungewissen Zukunft stehen.

Im Vertrauen auf deine Gegenwart bitten wir durch dich, Jesus Christus, unseren Herrn.

ELEMENTE FÜR DIE EUCHARISTIEFEIER

Zum Vaterunser
Mit Jesus beten wir das Gebet, das er uns gelehrt hat. Mit der Anrede „Abba" bringt Jesus die liebevoll-familiäre Beziehung zum Ewigen zum Ausdruck.

ELEMENTE FÜR DIE WORT-GOTTES-FEIER

Luzernar
Wenn möglich erhalten alle Mitfeiernden eine Kerze oder ein Teelicht. Zu Beginn ziehen die Gottesdienstleiterin / der Gottesdienstleiter und die anderen liturgischen Dienste mit einer brennenden Prozessionskerze in die Kirche ein. Während des Einzugs singt die Gemeinde (s. o.). Mit dem Licht der Prozessionskerze werden alle anderen Kerzen entzündet. Es folgt die Lichtdanksagung:

L: Wir preisen dich, Herr, Jesus Christus.
Du bist das wahre Licht, das der Welt erschienen ist.
Durch deine Menschwerdung ist mitten im Elend der Zeit
der Glanz der ewigen Herrlichkeit aufgeleuchtet.
Du hast das Licht des Friedens, der Gerechtigkeit und Liebe entzündet
und der ganzen Schöpfung Leben und Heil geschenkt.
Dafür danken wir dir und preisen dich,
der du mit dem Vater und dem heiligen Geist
lebst und herrschst in Ewigkeit.
A: Amen.

Nach dem Gebet folgt die Verkündigung des Wortes Gottes.

Florian Kunz

„Geh nach Hause und liebe deine Familie"

In der Lesung haben wir etwas aus dem Brief gehört, den der Apostel Paulus an die Gemeinde in Kolossä geschrieben hat. Man sagt, er sei nie persönlich in dieser Gemeinde gewesen. Aber aus seinen Worten spricht herzliche Zuneigung. Und sicher auch eine reiche Erfahrung im Zusammenleben in anderen Gemeinden.

Es sind sehr praktische Dinge, die das tägliche Leben in den Familien und Gemeinschaften betreffen. Für Paulus ist es wichtig, dass es nicht um jeden Preis fromm zugeht, sondern dass die natürlichen Grundlagen für das Zusammenleben stimmen. Da geht es um Güte und Geduld, um die Bereitschaft zum Verzeihen. Und vor allem immer wieder um die Liebe, die alles zusammenhält. Und auf dieser natürlichen Grundlage kann man dann auch unverkrampft und ehrlich auf Gottes Wort hören und einander im Glauben ermutigen. Man könnte sagen, das alles ist gut und hilfreich für das Leben in der Familie in ganz normalen Zeiten.

Die scheinen heute allerdings nicht so selbstverständlich zu sein. Nach den Worten des Papstes wird da manches „erschwert durch den aktuellen Lebensstil, durch die Arbeitszeiten und durch die Kompliziertheit der Welt von heute, wo viele einen hektischen Rhythmus leben, um überleben zu können". Und zu den vertrauten Schwierigkeiten kommen Erfahrungen, in denen wir ganz neue Fähigkeiten entwickeln müssen. Eine weltweite tödliche Bedrohung durch eine Krankheit hat unseren Umgang in Familie und Öffentlichkeit irritierend verändert. Und in dieser Bedrohung werden wir an die Not der Familien erinnert, die weltweit auf der Flucht sind. Und wir werden uns bewusst, was hinter vielen Fluchtbewegungen steckt. Das sind nicht nur Kriege, sondern auch politische und religiöse Verfolgung, Hunger und Naturkatastrophen, und zunehmend auch Folgen des Klimawandels. Das alles führt dazu, dass Familien in oft katastrophalen Lagerverhältnissen leben, dass Familien getrennt werden, dass Kinder allein auf der Flucht sind. Und wenn Vater oder Mutter irgendwo Aufnahme gefunden haben, wünschen sie sich den Nachzug ihrer Kinder, damit sie im neuen Land das wichtigste erleben können, ihre eigene Familie. Familie wird als Schlüssel für Integration gesehen. Aber das alles gelingt nicht immer so, wie man sich das wünschen würde. Wir würden uns aber übernehmen, wenn wir so tun wollten, als könnten die vielen auch neuen Schwierigkeiten und Familienprobleme mit Leichtigkeit gelöst werden. Aber es gibt in den vielen Aufgaben für das Wohlergehen der Familien durchaus den einen oder anderen Platz, wo wir aktiv werden können. Es geht da nicht um große Pläne zur Rettung der Welt, sondern wie Mutter Teresa einmal sagte: „Willst du den Weltfrieden fördern, geh nach Hause und liebe deine Familie!" Und der ehemalige Bundespräsident Richard von Weizsäcker hat in einer Weihnachtsansprache die Familien zu einem gesunden Selbstbewusstsein ermutigt. Sie seien schließlich die Mitte des Lebens und die Mitte der Welt.

Jürgen Jagelki

Die Sandwich-Generation

Entschuldigen Sie bitte, wenn ich in dieser Predigt zum Fest der Heiligen Familie nicht auf das übliche „Vater-Mutter-Kind"-Ding eingehe. Dazu ist schon vieles gesagt, und wer mit offenen Augen durch die Welt geht, weiß, dass Familie harte Arbeit ist. So war es auch bei der Heiligen Familie, nur dass diese das härteste Stück Arbeit gar nicht erlebt hat (dafür anderes Schlimmes, aber das ist wieder ein neues Thema). Ich möchte heute über die Sandwich-Generation sprechen und warum man seinen Eltern nichts schuldet, es aber trotzdem unvernünftig wäre, sich nicht um sie zu kümmern. Aber der Reihe nach.

DIE SANDWICH-GENERATION

Ein Sandwich ist ein Stück Brot, irgendwas dazwischen und obendrauf wieder ein Stück Brot. Mir geht es heute um die Generation dazwischen, also um das Innere des Sandwichs, um das Eingeklemmte. Kleine Kinder und alt gewordene Eltern brauchen besondere Fürsorge und Pflege. Oft sind die eigenen Kinder groß und stehen auf eigenen Füßen, bis die alt gewordenen Eltern Hilfe nötig haben. Manchmal kommt man jedoch in eine Sandwich-Situation: Die größer werdenden Kinder benötigen (noch) Unterstützung: Sie brauchen Rat und Tat bei ihrem Weg in ein selbstständiges Leben. Auf der anderen Seite kommen die eigenen Eltern in die Jahre und brauchen Hilfe, mal mehr, mal weniger. Besorgungen erledigen, die zu kompliziert für die Seniorinnen und Senioren geworden sind, am Haus und in der Wohnung etwas richten, was sie wegen des Alters nicht mehr stemmen können, es gibt immer was zu tun. Wenn es ernster, schlimmer kommt, muss man sich um die Pflege kümmern – und ist man berufstätig, weil man wegen der eigenen Kinder Geld verdienen muss, dann kann man eine häusliche Pflege vergessen. Glücklicherweise gibt es Pflegeeinrichtungen. Da gibt es Etliches zu organisieren, und dann sind die Besuche sehr wichtig. Da hat man einen Fulltime-Job im Beruf, dann die eigenen Kinder, die einen brauchen, und schließlich die alt gewordenen Eltern, die Hilfe brauchen oder auch noch das eine oder andere Wörtchen mitreden wollen – „Heilige Familie"! *(Hinweis: etwa wie „Heiliger Strohsack" betonen!)*

WARUM MAN DEN EIGENEN ELTERN NICHTS SCHULDET

Das Verhältnis zu den eigenen Eltern ist ja nicht immer unproblematisch. Da kann es auch zu heftigen Streitigkeiten kommen. Über die Jahre verändert sich die Beziehung immer wieder. Im Rückblick ist das durchaus interessant zu beobachten. Viele Leute in der skizzierten Sandwich-Generation haben ein schlechtes Gewissen. Sie fürchten, nicht genug für die eigenen Eltern zu tun. Sie fühlen, dass sie den Eltern viel verdanken – und schließen daraus, dass sie ihnen etwas schulden. Doch von diesem Gedanken muss man sich freischwimmen. Es ist unangemessen und führt zu nichts, wenn man das Verhältnis zu den Eltern gleichsam wie einen Vertrag denkt: Erst haben einen die Eltern großgezogen und viel für einen getan, und dann muss man das quasi Investierte wieder zurückzahlen. Doch dieses Vertragsdenken wird dem Gegenstand nicht gerecht, denn die Beziehung zu den eigenen Eltern ist man nicht wie bei einem Vertrag freiwillig eingegangen – Familie ist überhaupt nicht freiwillig, sondern einfach so da. Daher schuldet man auch nichts. Wir haben in der Lesung Worte aus dem Buch des Weisheitslehrers Ben Sira gehört, der auch Jesus Sirach genannt wird und am Beginn des 2. Jahrhunderts vor Christus gelehrt hat. Er erwähnt mit keinem Wort, dass man den eigenen Eltern etwas schuldet und man gleichsam etwas zurückzahlen müsste.

WARUM ES VERNÜNFTIG IST, VATER UND MUTTER ZU EHREN

Trotzdem empfiehlt es der weise Lehrer, seinen Vater und seine Mutter zu ehren. Dabei schwingt er aber nicht die Keule des Gebots, das er zwar kennt, aber gar nicht zitiert. Warum legt es Jesus Sirach der jüngeren Generation ans Herz, der alt gewordenen Mutter und dem Vater mit dem nachlassenden Verstand Achtung entgegenzubringen? Weder, weil es das Gebot sagt, noch weil man es den Eltern schuldig ist – sondern weil es vernünftig ist! Jesus Sirach sagt: „Wer den Vater ehrt, wird Freude haben an den Kindern": In diesem Zitat steckt der Schlüssel zu einem guten vertikalen Verhältnis zwischen den Generationen. Es ist vernünftig, sich um die eigenen, alt gewordenen Eltern zu kümmern, um so Vorbild zu sein für einen verantwortungsvollen Umgang miteinander. An dem eigenen Einsatz wird so sichtbar: In unserer Gesellschaft darf niemand im Stich gelassen werden. Gerade die Sandwich-Generation, die noch voller Kraft und Tatendrang ist, vergisst gerne vor lauter Geschäftigkeit im Beruf und privat, dass sie auch mal alt wird und Hilfe braucht. Wer wird die Aufgabe übernehmen, dann für einen zu sorgen, wenn man das nicht mehr selbst kann? Doch hoffentlich die eigenen Kinder! Und wie sollen die das lernen? Indem sie es jetzt am Verhalten gegenüber den eigenen Eltern sehen. „Die dem Vater (und der Mutter) erwiesene Liebestat wird nicht vergessen", so sagt der Weisheitslehrer. Er meint damit nicht nur Gott, der es belohnt, wenn man sich um die Eltern kümmert. Ich denke, er meint damit auch die Kinder der Sandwich-Generation: Die werden es nicht vergessen, wie man sich um Oma und Opa gekümmert hat – und sie wissen, dass sie wiederum ihren Kindern zeigen müssen, wie man für die eigenen altgewordenen Eltern sorgen kann.
Die „Heilige Familie", Maria, Josef und das Jesuskind, hat es gar nicht bis zur Sandwich-Generation geschafft. Daher ist das Vater-Mutter-Kind-Modell auch nur ein kleiner Ausschnitt des großen Themas. Glücklicherweise hat die Bibel mehr im Blick, sie spricht meist von der „dritten und vierten Generation". So lebte und lernte man in der Antike in einem Haushalt: Die Kinder lernten von den Eltern, wie man für die Großeltern sorgt. Dieses gegenseitige Lernen und diese Fürsorge zwischen den Generationen „vertikal" durch die Zeit, das hat Jesus Sirach im Blick, von dem wir glücklicherweise die Lesung gehört haben. Familie, ja, das ist harte Arbeit, an Weihnachten haben wir's wieder gemerkt, stimmt's? Aber anders wär's halt unvernünftig.

Thomas Hieke

Hohe Erwartungen

In den 1970er Jahren hatte man sie bereits totgesagt, in den 80er Jahren erfuhr sie wieder eine hohe Wertschätzung in der Gesellschaft. Die traditionelle
Familie ist auch heute ein immer noch bedeutendes Lebensmodell, allerdings
nicht mehr das einzige, sondern eines von vielfältigen familialen Lebensge-
meinschaften. Niemand kann sich seine Familie aussuchen, aber man bleibt
mit ihr lebenslänglich verbunden. Sie wirkt sich auf jedes menschliche Leben
aus, förderlich als bergende Heimat, zerstörerisch als Gefängnis. Der Wert der
Familie ist jedoch trotz aller Veränderungserscheinungen für die Menschen
unverändert hoch.

BEFREMDLICHER NACHKLANG ZUM WEIHNACHTSFEST

Vor hundert Jahren führte Papst Benedikt XV. das Fest der Heiligen Familie
ein, das nunmehr seinen Ort als Nachklang des Christfestgeschehens in der
Weihnachtsoktav hat. Angesichts der sozialen Ungerechtigkeiten in der Zeit
nach dem Ersten Weltkrieg, der zunehmenden Verstädterung und des Ver-
lustes kultureller und sozialer Wurzeln durch die Industrialisierung sollte das
Vorbild der Heiligen Familie die Gläubigen stärken und ermutigen. Das neue
Fest sollte den Katholiken gegen den gesellschaftlichen Verfall von Ehe und
Familie Richtung geben. War das wieder „typisch Kirche", mit dem Blick zurück in eine angeblich heile Welt der Vergangenheit? Wie es das Tagesgebet
formuliert: „Gib unseren Familien die Gnade, dass auch sie in Frömmigkeit
und Eintracht leben und einander in der Liebe verbunden bleiben." Wie weit
von der Wirklichkeit entfernt ist das denn! Oder die geschraubte Formulierung des Schlußgebetes: „... damit wir das Vorbild der Heiligen Familie nachahmen und nach der Mühsal dieses Lebens in ihrer Gemeinschaft das Erbe erlangen, das du deinen Kindern bereitet hast." Was wollte und sollte die
„Heilige Familie"?
Jeder Mensch braucht eine Heimat, Zugehörigkeit, Verlässlichkeit und Solidarität, wie sie nur das Mit- und Füreinander einer Familie geben kann. Kein
Wunder, dass bei Befragungen der Familie mehr Bedeutung zuerkannt wird
als der Gesundheit, der finanziellen Sicherheit, der Beziehung zu Freunden
und Bekannten oder auch der Arbeit. Die Familie bleibt ein Sehnsuchtsort,
selbst wenn sich diese Sehnsucht durchaus nicht immer erfüllt. Ihre Gestalt
hat sich jedoch stark gewandelt. Die Familie als „Schule reich entfalteter Hu-
manität" (Vat. II.) ist vielgestaltiger geworden. Ob sie nun noch dem klassi-
schen Schema entspricht oder eine Stief-, Adoptiv- und Pflegefamilie, Patch-
workfamilie oder Regenbogenfamilie darstellt. Der soziale Raum einer Familie
bleibt wichtig, damit sich jeder in ihr entwickeln und wachsen kann, Nähe und
Intimität erfährt, Werte vermittelt bekommt. Wenn andere Menschen es an
Fürsorge, Respekt und Liebe mangeln lassen, kann man sich von ihnen trennen. Kind seiner Eltern und Eltern seiner Kinder bleibt man lebenslänglich.

KEINE HEILE FAMILIE

Die „Heilige Familie" war nun allerdings nicht gerade der Prototyp einer „heilen Familie". Das Fest unterstreicht vielmehr, dass Jesus tatsächlich Mensch wurde, in diese Welt hinein mit all ihren Problem und Krisen. Die Familie von Maria, Josef und Jesus sah sich großen Gefährdungen und harten Zerreißproben ausgesetzt. Was für eine Konstellation: einem älteren Witwer wird eine Braut zugewiesen, die er sich nicht ausgesucht hat und die zudem noch schwanger ist, dazu auch noch nicht von ihm. Zur damaligen Zeit war das eine gesellschaftliche Katastrophe. Doch der Mann erweist sich im wahrsten Sinne des Wortes als Gentleman, er verlässt das Mädchen nicht, sorgt für sie, begleitet sie und ist auch bei der Geburt des Kindes präsent. Neben Maria war Josef die wichtigste Bezugsperson in der Kindheits- und Jugendgeschichte Jesu. Sein Vater- und Mutterbild wurde von ihnen geprägt. Von ihnen lernte er alles, was er zum Leben brauchte, vor allem, auf Gott zu vertrauen. Sie brachten ihn in den Tempel, damit in die Nähe Gottes.

Zu den Eltern traten weitere Menschen in sein Leben. Das Lukasevangelium erweitert den Kreis um Jesus. Es stellt uns zwei Menschen vor, die bis ins höchste Alter im Heiligtum selbst lebten und die Fähigkeit besaßen, warten zu können. Simeon – kein Priester oder religiöser Experte, sondern ein einfacher alter Mann, ausgezeichnet vor allem durch seine Fähigkeit, zeit seines Lebens die Rettung Israels zu ersehnen, nicht rückwärtsgewandt, sondern in Erwartung des Zukünftigen zu leben. Es war ihm vergönnt, in Erfüllung seiner Sehnsucht das göttliche Kind in die Arme zu nehmen. Seine Worte wurden zu einem Teil des Nachtgebets der Kirche. Das weibliche Pendant zu Simeon ist die Prophetin Hanna, im biblischen Alter von über 100 Jahren, davon 84 Jahre im Gottesdienst – eine unglaublich lange Zeit in der Erwartung des Messias. Auch sie erkannte sofort im Kind den Erlöser. Sie war sich so sicher, dass sie es allen Menschen erzählen musste, die ihr begegneten.

FAMILIE GOTTES

Der niederländische Theologe Erwin Roosen formuliert zum Fest der Heiligen Familie Gottes Zuspruch an uns: „Zu Weihnachten wurdest du meine Familie – sagt Gott – weil ich in dir Mensch geworden bin und damit meine Liebe durch dich Hände und Füße bekommt. Ich möchte gerne dein Vater sein und Sorge für dich tragen. Ich möchte mit dir auf deinem Lebensweg gehen, wohin auch immer dich diese Straße führt. Ich hoffe, du kannst mir vertrauen und deine Hand in meine Hand legen, um gemeinsam an einer neuen Zukunft von Hoffnung, Glauben und Liebe zu arbeiten. Du bist mein Kind, das ich sehr liebe. Ich glaube an dich, weil ich dir das Leben gegeben habe. Glaube auch an mich! Das wird dich glücklich machen."

Daniel Hörnemann

Familienfest

Evangelium: Lk 2,22–40

Wir feiern heute das Fest der Heiligen Familie. Viele können damit erst einmal nicht viel anfangen. Wenn wir aber die Worte umstellen und von einem Familienfest sprechen, dann werden schöne Erinnerungen wach. Wer von euch hat schon einmal ein Familienfest gefeiert und was wurde da gemacht? (–) Auf Familienfesten sieht man manchmal Verwandte wieder, die weiter wegwohnen, die man ewig nicht gesehen hat. In entspannter Atmosphäre kommt man ins Gespräch, die Kinder spielen miteinander, es gibt leckeres Essen und alle sind gut gelaunt. Bei solchen Festen merkt man, dass Familie mehr ist als nur Mama, Papa, Kind. Zur Familie gehören die Cousins und Cousinen, die Onkel und die Tanten, die Omas und Opas, die Nichten und Neffen. Im Feiern bilden alle eine große Gemeinschaft, in der sich der Einzelne geborgen und aufgehoben fühlt. Eine große Gemeinschaft, in der es nie langweilig wird, weil die vielfältigen Personen alle unterschiedlich sind und die dazu einlädt, einander besser kennenzulernen.

MEINE AUGEN HABEN DAS HEIL GESEHEN

Vielleicht mögen manche sagen, dass es so ein Familienfest gar nicht gibt, weil dort, wo Menschen zusammenkommen, auch immer Streit und Ärger droht. Mag sein, aber damit können wir umgehen. Meistens vergessen wir das Negative und die schönen Erinnerungen bleiben uns erhalten. Die meisten von uns haben solche Feiern jedenfalls als etwas Erfüllendes im Gedächtnis. Meine Augen haben das Heil gesehen, sagt Simon, nachdem er der Heiligen Familie begegnet IST. Meine Augen haben eine heile Welt gesehen, können wir nach einem gelungenen Familienfest sagen. Das Gemeinschaftsgefühl heilt viele Wunden, unsere Verbundenheit mit der Familie heilt so manche Sorge und die Angst vor dem Alleinsein.

Ich will aber noch einen Schritt weitergehen. Verwandtschaft muss nicht nur eine zufällige und leibliche Beziehung sein. Wir können uns auch selbst eine Familie wählen. Jesus sagt einmal, dass seine Freunde seine Familie sind. Wer fast täglich von seiner Freundin oder seinem Freund besucht wird oder diese besucht, kann getrost sagen: Du gehörst zur Familie. Ein Chor bildet eine Chorfamilie. Eine Gottesdienstgemeinschaft, unsere Pfarrgemeinde bildet auch eine Art Familie. Wir feiern sogar immer wieder Familienfeste, die dann Pfarrfest oder ökumenisches Gemeindefest heißen. Letztlich können wir alle Menschen auf der ganzen Welt miteinschließen und von der Menschheitsfamilie sprechen. Wäre es nicht toll, wenn alle Menschen sich so begegnen würden wie auf einem Familienfest? Es gäbe keine Kriege, kein Hunger, keine Ausbeutung, weil jeder sich um den anderen kümmert. „Meine Augen haben das Heil gesehen", würde ich dann rufen. Wir wissen, dass die Wirklichkeit anders aussieht, aber wir kennen alle den Weg, der zu diesem weltweiten Familienfest führen könnte. Jesus sagt: Ich bin der Weg! Wenn wir also Jesus sehen, dann sehen wir das Ziel bereits vor uns. Dies liegt daran, dass Jesus der Grund dafür ist, dass wir alle zusammengehören.

Warum sind Familienfeiern etwas anderes als die Party wild zusammen gewürfelter Menschen? Das Band ist die Verwandtschaft. Das ist meine Tante, meine Cousine, mein Cousin. Warum sind Pfarrfeste etwas anderes als irgendein Event in der Stadt? Das sind meine Schwestern und Brüder in Christus. Warum könnte ein weltweites Fest des Friedens und der Versöhnung gelingen? Weil Jesus, der Sohn Gottes, uns zeigt, dass wir alle die Kinder des einen Vaters im Himmel sind. Simon hat das bereits in dem Baby Jesus gesehen. „Meine Augen haben das Heil gesehen". Gott selbst wird Mensch, um uns zu zeigen, dass wir alle eine große Familie sind. Das Fest der Heiligen Familie ist weitaus mehr als nur die Erinnerung daran, dass Josef, Maria und Jesus eine vollkommene Familie bilden. Die Heilige Familie, das sind wir alle. Das Fest der Heiligen Familie soll einmünden in ein weltumspannendes Familienfest der Freude, des Friedens und der Liebe.

FÜRBITTEN

Am Fest der Heiligen Familie bitten wir Gott, unseren Herrn:

- Schütze die vielen Kleinfamilien, damit unter all den Herausforderungen die Liebe stark genug ist, damit sie zusammenhalten können.
- Gib den Vereinen, Chören und auch den Pfarrgemeinden Beständigkeit und lass sie in dieser Form der Familie ein gutes Miteinander finden.
- Lass die unterschiedlichen Völker erkennen, dass sie alle zu der einen Menschheitsfamilie gehören, die füreinander verantwortlich ist.
- Lass uns die Verantwortung gegenüber den Schwächsten in der Gesellschaft wahrnehmen: asylsuchende Menschen, Obdachlose, hungernde Menschen.
- Im Himmel werden wir einmal das Familienfest der ganzen Menschheit feiern. Nimm schon jetzt alle Verstorbenen auf in deine Ewigkeit.

Guter Gott, du bist immer bei uns. Lass auch uns in deinem Sohn das Heil erkennen, darum bitten wir durch Christus, unseren Herrn und Bruder.

Michael Roos

Neujahr – Hochfest der Gottesmutter Maria

LIEDVORSCHLÄGE

Gesänge

Eröffnungsgesang: Maria, dich lieben ist allzeit mein Sinn (GL 521,1+2+6); *Gloria:* Engel auf den Feldern singen (GL 250,1+5); *Antwortgesang:* Lass dein Angesicht über uns leuchten (GL 46,1) mit den Psalmversen; *Ruf vor dem Evangelium:* Halleluja (GL 244) mit dem Vers; *zur Gabenbereitung:* Es ist ein Ros entsprungen (GL 243); *Danklied:* Den Herren will ich loben (GL 395); *zur Entlassung:* Ein Bote kommt, der Heil verheißt (GL 528).

ERÖFFNUNG

Liturgischer Gruß

Die Gnade unseres Herrn Jesus Christus, der aus der Jungfrau Maria geboren wurde, sei mit euch / ist mit uns allen.

Einführung

Am Anfang eines Kalenderjahres schauen wir in weihnachtlicher Freude auf Maria, die Mutter unseres Herrn Jesus Christus, die mit ihrer persönlichen Bereitschaft, ja zu sagen, für uns Menschen einen neuen Anfang ermöglichte. Wir ehren heute diese große Frau, als Mutter Jesu und als Fürsprecherin bei ihrem Sohn für die Anliegen, die uns bewegen und uns auf dem Herzen liegen. Grüßen wir zu Beginn ihren Sohn in unserer Mitte, als Gastgeber dieser Feier.

Kyrie-Litanei

Herr Jesus Christus, du bist aus Maria, der Jungfrau, Mensch geworden und hast unter uns gelebt. Herr, erbarme dich.
Du bist den Menschen nahe. Christus, erbarme dich.
Deine Liebe will die ganze Welt umfangen. Herr, erbarme dich.

Tagesgebet

Barmherziger Gott,
durch die Geburt deines Sohnes aus der Jungfrau Maria
hast du der Menschheit das ewige Heil geschenkt.
Lass uns (auch im neuen Jahr) immer und überall
die Fürbitte der gnadenvollen Mutter erfahren,
die uns den Urheber des Lebens geboren hat,
Jesus Christus, deinen Sohn, unseren Herrn und Gott,
der in der Einheit des Heiligen Geistes
mit dir lebt und herrscht in alle Ewigkeit.

1. Lesung: Num 6,22–27

Die Kraft des Segens ist die Gabe Gottes an den Menschen. Wer im Namen Gottes den Segen zuspricht, der spricht von der guten Nachricht, dass Gott das Leben eines jeden Menschen gelingen lassen will. Der eigentlich Segnende ist Gott selber. Wir dürfen darauf vertrauen, dass Gott unser Leben begleitet.

2. Lesung: Gal 4,4–7

Gott möchte die Freiheit des Menschen. Mit dem Auftrag Jesu ist das alte Gesetz des ersten Bundes abgelöst. Jesus kommt, um die Menschen frei zu machen von allem, was den Menschen knechtet und klein machen will.

Evangelium: Lk 2,16–21

Die Hirten kommen zum Stall von Betlehem und geben Zeugnis ab, von dem, was sie hören und sehen. Die Größe dieses Kindes verbirgt sich in seinem Namen: Jesus, was übersetzt heißt „Gott rettet". Ein Lebensprogramm, dessen Höhepunkt in der Auferstehung gipfelt.

FÜRBITTEN

Das neue Jahr liegt vor uns. In den Händen des Vaters im Himmel liegt unser Geschick. Im Vertrauen auf seine Gegenwart im menschgewordenen Sohn Jesus beten wir mit Maria zu ihm.
V: Mit Maria rufen wir zu unserem Vater: Gott unser Vater. *A:* Wir bitten dich, erhöre uns.

- Für die Menschen, die mit Angst und Sorge in die Zukunft blicken, die nicht glauben können, dass das neue Jahr Gutes bringen wird: Lass sie Menschen finden, die ihnen neue Hoffnung schenken. *V:* Mit Maria rufen wir ...
- Für alle, die in Leitungspositionen stehen, für die Hirten der Kirche und die Regierenden: Lass sie achtsam sein für die Menschen, die sie leiten, und gib ihnen den Mut, gegen Ungerechtigkeit aufzustehen....
- Für die Kinder, die in diesem Jahr geboren werden, für die Paare, die Ja zueinander sagen, für die Kommunionkinder und Firmlinge: Lass sie alle dich als den Gott-mit-uns entdecken. ...
- Für uns Christen: Lass uns nicht jammern wie Menschen, die keine Verheißung und Hoffnung haben, sondern hilf uns, im Vertrauen – so wie Maria – auf dich deiner Zukunft mit uns die Wege zu bereiten. ...

Guter Gott, segne unsere Hoffnungen und Erwartungen, welche wir auf das neue Jahr richten, und komm uns mit deiner Gnade entgegen. Durch deinen Sohn Jesus Christus, unseren Herrn.

Kommunionvers

Jesus Christus ist derselbe, gestern und heute und in Ewigkeit.

Zur Besinnung

Wer seinen Blick auf Maria richtet, der findet eine Ratgeberin für sein Leben, für seine Liebe zu den Menschen und für sich selber. Zu ihr dürfen wir kommen mit unseren Sorgen und Nöten, mit der Klage und Trauer unseres Lebens. Sie hilft mit ihrem Blick, dem Blick einer einfachen aber liebenden Mutter.

ELEMENTE FÜR DIE WORT-GOTTES-FEIER

Zum Schuldbekenntnis

Bekennen wir, dass wir Fehler gemacht haben, dass unser Leben nicht immer gut war.

Zum Friedenszeichen

Ein kleines Kind kommt als Bote für den Frieden in diese Welt. Um diesen Frieden müssen wir immer wieder beten und ringen. Der Friede unseres Retters Jesus Christus sei mit euch.

Dominik Schmitt

Segnen – zum neuen Jahr die Tür zum Himmel öffnen

„Segnet Menschen, keine Gitter!" – So war es zu lesen, als das Kölner Domkapitel vor einiger Zeit zu einem Pressetermin eingeladen hatte. Ein neues Gitter an der Nordfassade des Doms war fertig. Das Domkapitel lud zur Einweihung des Gitters. Und manch einem kam das befremdlich vor. Kann man Gitter segnen? Was wird hier inszeniert, gefeiert, zelebriert? Segen, der gilt doch den Menschen, aber auch für Gitter? „Wir segnen immer die Menschen. Bei der Segnung des Domgitters geht es um die Menschen, die den Dom besuchen und die ihn so geschützt erleben können. Dieses gelungene Kunstwerk soll den Dom nicht verbarrikadieren, sondern es lässt sich öffnen", bemühte sich dann auch das Domkapitel, die Missverständlichkeit aus dem Weg zu räumen.

Was ist überhaupt ein Segen? Was bedeutet der Segen, den wir gerade in der Lesung gehört haben? Ein Zauberspruch aus einem frommen Buch? Ein Schutzschild für ein Gebäude, einen Menschen, ein neues Jahr? Das wäre dann allzu nah am Aberglauben. Dabei hat Segnen einen viel umfassenderen und schöneren Zusammenhang, wie das ja auch in der Lesung deutlich wird: „Der Herr lasse sein Angesicht über dich leuchten und sei dir gnädig!" Jemanden liebevoll im Blick behalten. Das ist Segen. Und auch das lateinische Ursprungswort hilft weiter: Segnen – benedicere – zusammengesetzt aus „bene" und „dicere" – gut reden. Gut über andere reden, Gutes reden, gut reden. Das wird zum Segen. Nicht die Wahrheit verdrehen, Schlechtes verschweigen und jemanden in den Himmel loben, der es nicht verdient hat. Sondern so über jemanden reden, dass es gut ist. Das gilt für Lebende wie für Verstorbene. „Über Tote nur Gut(es)": Das Sprichwort bedeutet richtig übersetzt, dass man über sie nicht (falsch) Gutes, sondern „gut" spricht, also aufrichtig, ehrlich, gerecht.

Vor einiger Zeit hat der amerikanische Sänger Jason Mraz einen Hit gelandet mit dem Lied „Have it all". Es ist ein Segenslied, ohne dass es besonders fromm-religiös daherkommt. Es passt gut zu heute. Mraz hat da gute Wünsche gesammelt, zum Beispiel frei übersetzt: „Mögest du Glück und Erfolg haben; mögest du großzügig sein; mögest du wie ein besonderer Gast behandelt werden; mögest du keinen Besitz haben und dennoch unermesslich reich sein! Wenn du daran glaubst, ist alles möglich. Du sollst das alles haben: Möge das Beste von heute für dich gerade mal das Schlechteste von morgen sein!"

Das erinnert an die irischen Segenswünsche, die so beliebt sind, gerade jetzt am Jahreswechsel: Gute Wünsche aus dem Alltag – und für alle Tage des neuen Jahres. Kein Zauberspruch, sondern Rückenwind für das, was das Leben da an Höhen und Tiefen bereithält. Das ist Segen. Das ist die Zusage, der Wunsch, die Bitte an Gott, dass es dem anderen gut geht, er und sie gesegnet und behütet sei. Von Mensch zu Mensch, Herz zu Herz. Und: mit Gottes Hilfe. So passt das (vielleicht) auch bildlich gerade heute wieder mit dem Gitter und dem Tor und dem Segen am Kölner Dom. Denn ein so verstandener Segen an der Schwelle des neuen Jahres öffnet ja irgendwie auch die Tür zum Himmel.

Michael Kinnen

Inbegriff aller Wohltaten

Vor uns liegt ein ganzes neues Jahr. Erst wenige Stunden sind seit dem Jahreswechsel vergangen. 365 Tage mit jeweils 24 Stunden wollen gestaltet und geplant werden. Für einige wird es noch viel zeitlichen Spielraum geben, andere haben schon kaum noch Zeitreserven, weil die Planungen bereits für 2022 und 23 laufen. Viele werden auf einen leeren Kalender schauen, vielleicht lediglich die Eintragungen der Geburtstage von Familie und Freunden finden, was schon sehr viel ist im Vergleich mit den Menschen, die gar keine Eintragungen haben. Während einige viel Zeit haben, erleben andere, dass die Zeit sie fest im Griff hat. Die Zeit, die ich habe oder die mich im Griff hat, ist so oder so eine sehr kostbare Zeit, weil sie Lebenszeit, also meine Zeit zu leben ist. Deshalb entsteht Unzufriedenheit im Menschen, wenn Zeit verschwendet wird oder wenn sich die Stunden dahinziehen wie Kaugummi, weil ich aufgrund von Krankheit oder Erschöpfung keine Idee habe, wie ich Zeit gestalten kann. Unsere Lebenszeit ist uns geschenkt und unverfügbar. Sie ist kostbar und zugleich herausfordernd. Und sie ist das Wertvollste, was wir verschenken können. Der Inbegriff aller Wohltaten ist, Zeit zu haben für einen anderen Menschen. Wer sich einem Menschen zuwendet, ihm zuhört, ihm hilft, ihn tröstet, mit ihm Zeit verbringt, die oder der schenkt Lebenszeit. Noch großartiger wird die Wohltat, wenn ich nicht nur die Zeit habe, sondern sie mir nehme. Immer, wenn ich mir die Zeit für einen Menschen nehme, kostet es mich Lebenszeit und zugleich erfahre ich Freude und Dankbarkeit. Am Anfang des neuen Jahres könnten Sie sich oder auch wir uns die Frage stellen, für wen oder was möchte ich mir Zeit nehmen, um den Inbegriff aller Wohltaten zu leben, nämlich mich zu schenken?

GOTT NIMMT SICH ZEIT

Wir glauben und sagen, dass Gott von Ewigkeit zu Ewigkeit ist, also schon immer lebendig und wirksam. Im Buch Genesis lesen wir, wie Gott Himmel und Erde erschaffen hat, ein Sinnbild für sein innerstes Wesen, welches sich schenken will. Die Schriften des Alten Testamentes erzählen uns die wechselvolle Geschichte Gottes mit den Menschen. Sie erzählen, wie der Ewige nicht aufgibt, die Menschen für sich zu gewinnen. In unterschiedlicher Weise hat er sich gezeigt, wohl so, dass die Menschen ihn verstehen konnten und zugleich vermittelt durch Zeichen, in Träumen und Visionen oder im Wort der Propheten. Paulus schreibt an die Galater von einer neuen Zeit, nämlich als die Zeit erfüllt war, sandte Gott seinen Sohn. Kein Zeichen, keine Träume und Visionen, keinen Propheten, sondern sich selbst in seinem Sohn Jesus Christus. Gott nimmt sich Zeit für dich, für mich, für jeden Menschen. Gott nahm sich Zeit, als er die junge Frau, mit Namen Maria, fragen ließ, ob sie bereit sei, seinen Sohn zu gebären. Sie hatte Zeit für Fragen und darüber nachzudenken, ob sie diese große Aufgabe annehmen könne. Gott verbreitet keine Hektik, er bereitet keinen zeitlichen Stress, weil er sich die Zeit nimmt und sich auf unsere Zeit einlässt. Gott nimmt sich die Zeit für eine neunmonatige Schwangerschaft und für das Heranwachsen des Menschen vom Säugling zum Kind, zum Jugendlichen und Erwachsenen. Die Geburt Jesu bezeichnen wir auch als Zeitenwende und sogar unsere Jahreszählung beginnt mit dem Jahre null, als in jener Nacht der Friede auf Erden verkündet wurde. Wir sprechen von der Zeit vor Christi und nach Christi Geburt und immer „anno domini", im Jahr des Herrn. Dass sich Gott in Jesus ganz geschenkt hat, sollten und sollen die Menschen im Handeln und im Sprechen Jesu erkennen und erleben. „Wer mich sieht, sieht den Vater", sagt Jesus im Johannesevangelium zu Philippus. Jesus nimmt sich Zeit für die Menschen. Er schenkt sich ganz, um zu heilen und zu versöhnen, weil alle sehen und hören sollen, wie Gott ist. Paulus schreibt es in seinen Worten an die Galater: „... damit er die freikaufe, die unter dem Gesetz stehen". Die Regeln und Gesetze der Welt haben ihr letztes Wort über den Menschen verloren, weil Gott sein letztes und wirkmächtiges Wort in Jesus ausgesprochen hat. Doch geschieht noch mehr und noch unfassbareres. Gott schenkt uns seinen Geist und macht uns zu Töchtern und Söhnen. Wir dürfen zu Gott „Abba", also Vater oder genauer Papa sagen. Gott nimmt sich Zeit, um die Menschen für sich und füreinander zu gewinnen, damit sie Familie werden, Gottes Familie. Wir sind Töchter und Söhne Gottes und somit auch Erben, wie Paulus schreibt. Es gibt sehr viel zu erben von unserem himmlischen Vater. Wir erben Gerechtigkeit und Vollendung, Gemeinschaft und Ewigkeit, Erlösung und Heiligung.

ZEIT HEILIGEN

Schauen wir nicht zu sehr auf unser letztes Ziel, aber halten wir es uns lebendig im Herzen und im Verstand. Jetzt gilt es, unsere Lebenszeit zu gestalten, jeden neuen und uns geschenkten Tag. Richtschnur und Maßstab kann uns Gottes Geist sein, der in jeder und jedem von uns lebendig ist. Es ist der Geist, der sich riskiert, der sich hinaus wagt, der die Angst um sich selbst überwindet, der sich schenkt. In Situationen, die uns sagen lassen, keine Zeit zu haben, innezuhalten und sich Zeit zu nehmen für die Familie, die Freunde, Arbeitskolleginnen und Kollegen oder die Fremden. Es ist nicht einfach und wird dann und wann nicht gelingen. Es ist ein Weg des Lernens und Gott weiß darum. Es wird gelingen, wenn wir dranbleiben, uns Zeit zu nehmen, für das Kostbarste, was wir schenken können. Vertrauen wir auf die Dynamik Gottes, die das einseitige Schenken zum gegenseitigen Schenken werden lässt. Vertrauen wir auf den Geist in die und in dem Anderen und machen wir selbst den Anfang an diesem Anfang des neuen Jahres. Die Mutter Gottes ist uns als Schwester im Glauben zur Seite gestellt. Sie hat den Anfang gewagt und in ihrer Bereitschaft, also ihrem „Ja" sich Zeit genommen für Gott und die Welt. Das Erbe, welches schon heute erfahrbar werden kann, wird beginnende Heilung sein, nämlich der Weg aus der Angst in den Lebensmut, aus der Einsamkeit in die Gemeinschaft, aus der Not in den Trost, aus der Verwundung in die Versöhnung. Das nennen wir wohl eine heilsame und geheiligte Zeit.

Dirk Salzmann

Wenn Gott zu uns spricht ...

Papst Franziskus macht immer wieder von sich reden, weil er überraschend bei Leuten anruft. Wer rechnet schon damit, dass der Papst am Telefon ist? Um wie viel weniger rechnet man mit der Erscheinung eines Engels und dass Gott selbst uns Botschaften übermittelt! In den Kindheitsgeschichten von Jesus wimmelt es von Erscheinungen und göttlichen Eingebungen. Zacharias, dem Vater von Johannes dem Täufer, also Verwandtschaft von Jesus, erscheint bei seinem Dienst im Tempel ein Engel und kündigt die Geburt des Johannes an. Maria erscheint der Engel Gabriel und beauftragt sie, das Kind, das sie nach ihrem Einverständnis empfängt, Jesus zu nennen. Im Matthäusevangelium erhalten sowohl Josef als auch die Sterndeuter Botschaften vom Herrn. Wieder bei Lukas wurde Simeon im Tempel vom Heiligen Geist offenbart, dass er nicht sterbe, bevor er den Christus des Herrn gesehen habe. Im heutigen Evangelium haben wir gehört, was passiert, nachdem ein ganzes Heer von Engeln einer Gruppe von Hirten erschienen ist und ihnen die Geburt des Messias, des Christus des Herrn verkündet hat.

GOTT SPRICHT, MARIA HÖRT UND ERKENNT

Wenn man darum weiß, dass Maria und Josef selbst Erfahrungen mit Erscheinungen und Botschaften Gottes gemacht haben, wird verständlicher, dass sie die Hirten nicht gleich wieder hochkantig aus dem Stall geworfen haben. Man hätte sie mit ihrer seltsamen Botschaft auch für betrunken, von der Sonne hirnverbrannt oder anderweitig nicht ganz richtig im Kopf halten können. Aber nein, es heißt nur: „Alle staunten über das, was ihnen von den Hirten erzählt wurde." Maria haben sich diese Worte sogar ins Gedächtnis gebrannt und immer wieder dachte sie darüber nach.
Heute sind wir leicht in der Versuchung zu meinen, dass dies damals doch außergewöhnliche Ereignisse und Umstände gewesen seien und heute so etwas nicht mehr passiere. Oder es erscheint uns einfach so unglaublich, dass wir meinen, dass es sich so ja gar nicht zugetragen haben kann und deshalb die ganze Kindheitsgeschichte als nette Legende abtun, die uns nichts sagen kann. Oder wir halten die Leute, die vor 2000 Jahren gelebt haben, für kulturell unterentwickelt und aufgrund von Aberglaube und Leichtgläubigkeit eher empfänglich für vermeintlich übernatürliche Nachrichten.
Der Evangelist Lukas stellt uns Maria allerdings nicht als dumm und leichtgläubig dar. Bei der Verkündigung zeigt sie mit ihren Fragen und Überlegungen, dass sie sehr bedacht ist. Das ihr zugeschriebene Magnificat, mit dem sie Gott zu ihrem Besuch bei Elisabet lobpreist, zeugt von einer guten Kenntnis der Heiligen Schrift, aus der sie zitiert und Verse neu kombiniert. Maria, aber auch die anderen Personen, die sie in dieser besonderen Phase ihres Lebens begleiten, zeigen uns, wie auch wir heute Gottes Willen für unser Leben und sein Wirken darin erkennen können.

Wenn Gott zu Menschen spricht, geschieht das oft in Einsamkeit und Stille. Als der Erzengel Gabriel bei Maria eintrat, war sie offensichtlich allein. Sie erschrak; vielleicht, weil so eine Erscheinung nicht alltäglich und beeindruckend ist, vielleicht auch, weil sie versunken war in ihren Gedanken oder Gebeten. Im Schlaf ist jeder Mensch allein. Josef und die Sterndeuter träumen, was sie zu tun haben. Die Hirten lagern nachts auf dem Feld. Wer Wache schieben muss, hat Zeit zum Nachdenken und Beten. Der Blick zum Sternenhimmel kann manchmal helfen, den Weg zum Himmelreich Gottes zu finden. Die Größe des Alls ist überwältigend. Wie viel größer muss dann Gott sein! Auch in konkreten Ereignissen kann eine Botschaft Gottes liegen. Oftmals ist sie dann mit einem Auftrag verbunden. Die Sterndeuter ziehen los, als sie den neuen Stern entdecken. Das Leben von Eltern und Familien wird durch die Geburt eines Kindes auf den Kopf gestellt. Es ist immer wieder ein Wunder, wie so ein Kind entsteht. Ist es erstmal geboren, macht seine Hilflosigkeit den Auftrag Gottes sehr deutlich. Es soll geliebt werden und schreit danach. Auch Erwachsene sind Kinder Gottes und haben Liebe verdient. Aber sie schreien meist nicht mehr, wenn sie Liebe brauchen. Marias Sohn wird deshalb später als wichtigstes Gebot die Nächstenliebe nennen. In der Stille, in konkreten Ereignissen und in Begegnungen mit anderen Menschen, kann Gott uns etwas mitteilen. Was sie vom Engel Gabriel gehört hat, findet sie beim Besuch ihrer Verwandten Elisabet bestätigt. Durch die Begegnung mit den Hirten fügt sich für Maria ein weiterer Mosaikstein zum Bild ihrer bisherigen Erfahrung wunderbar ein. Genauso passen die Worte der Sterndeuter, der Traum Josefs, die Worte des Simeon und der Hanna im Tempel zum Bild. Dieser Jesus ist der Herr. Und damit ist sie selbst die Mutter Gottes. Maria wird still, als sie die Botschaft des Engels bestätigt sieht und folgt dem Auftrag, Jesus seinen Namen zu geben. Für die Hirten gibt es aber kein Halten mehr. Sie sehen ihre Hoffnung auf einen Retter in Jesus angekommen und rühmen und preisen Gott, für alles, was sie erlebt haben.

GOTT SPRICHT AUCH ZU UNS

Wenn wir zum Gottesdienst zusammenkommen, können wir diese drei Weisen der Begegnung mit Gott erleben. Wir hören sein Wort aus der Schrift und können in stillen Momenten diese Worte in uns sprechen lassen. Wir erleben in der Eucharistie in einem konkreten Ereignis, wie Gott in uns hineinkommt und wir ein Teil von ihm werden. In der Begegnung mit den anderen Gemeindemitgliedern erfahren wir Bestärkung und Bestätigung von dem, was wir schon mit Gott erlebt haben. Wir werden ermutigt, auch im Rest unseres Lebens immer wieder Gott zu entdecken: beim Lesen der Bibel, in Meditation und Gebet. Konkrete Ereignisse – Unfälle und Glücksfälle, Krankheit und Heilung, Tod und neues Leben – sind Herausforderung und Auftrag an uns. Unsere Mitmenschen können für uns durch Wort und Tat zu einem Engel, zu einem Boten Gottes werden. Die Begegnung mit dem Herrn kann uns wie Maria innerlich stärken und wie die Hirten Gott lauthals rühmen und preisen lassen.

Norbert Wilczek

Lass dein Angesicht leuchten

Lesung: Num 6,22–27 *(später verkündigen)*

Ich habe heute für meine Predigt mal so eine Maske mitgebracht. Eine Mund-Nasen-Bedeckung. Noch vor einem Jahr hat kaum jemand so etwas getragen, heute kennt sie jeder Mensch. Ich ziehe sie gleich mal an. Aber vorher stelle ich euch eine Frage: Warum trägt man beim Predigen eigentlich keine Maske? Was geht mit Maske nicht so gut? *(Anziehen der Maske, auf Fragen warten)* Alles, was ihr sagt, stimmt. Vieles geht mit so einer Maske gar nicht gut. Darum setze ich meine Maske jetzt auch wieder ab. Es gibt Anlässe, an denen man so etwas nicht tragen kann, selbst wenn man das ansonsten eigentlich tun muss. Beim Predigen zum Beispiel. Immer wenn man laut und deutlich sprechen muss. Dann trägt man keine Maske, aber man hält Abstand.

VON GESICHT ZU GESICHT

Als letztes Jahr die Kindergärten und Schulen wieder geöffnet wurden, haben die Politiker und viele Experten darüber diskutiert, ob die Erzieher oder die Lehrerinnen mit einer Maske unterrichten müssen. Ihr kennt das Ergebnis: Weder die Erzieherin noch der Grundschullehrer haben eine Maske getragen. *(evtl. aktualisieren)* Man sagte: Gerade die Kinder in der Grundschule müssen den Lehrern ins Gesicht schauen können. Sie hören nicht nur die Stimme, sie erkennen auch ganz viel am Gesichtsausdruck. Ihr Kinder habt ein feines Gespür dafür, dass man nicht nur mit Worten redet. Ihr kennt das bestimmt auch: Am Gesichtsausdruck erkennt man häufig erst, wie jemand etwas meint. Ob es ein Scherz ist, ob es ernst gemeint ist. Vielleicht sogar, ob jemand es gut oder böse meint.
Wenn unsere Mathelehrerin früher eine Arbeit zurückgegeben hat, musste sie gar nicht viel sagen. Man hat an ihrem Gesicht schon erkannt, wie es gelaufen war. Kennt ihr auch solche Beispiele? (–)
Es gibt wirklich viele Beispiele. Ein freundlicher Blick gibt uns ein gutes Gefühl. Wenn jemand komische Grimassen schneidet, kann uns das zum Lachen bringen. Und bei so manchem Gesichtsausdruck eines anderen Menschen kann man sich schnell mal unwohl fühlen.

DER LIEBENDE BLICK DER ELTERN

Das funktioniert aber nicht nur in der Schule. Die ersten Menschen, die wir kennenlernen, sind unsere Eltern. Ein freundliches Lächeln des Vaters oder der Mutter versteht jedes Baby. Man sagt, dass das freundliche Angesicht die ursprünglichste Segenserfahrung überhaupt ist. Man kommt auf die Welt und erfährt sich als angenommen. Und wahrscheinlich kann man kein Gesicht der Welt so gut deuten wie das der eigenen Eltern. Manchmal hat man ja auch

Angst. Vielleicht auch, weil irgendetwas schiefgegangen ist. Wenn man dann zu seiner Mutter oder zu seinem Vater geht, brauchen die manchmal gar nichts zu sagen. Ein freundlicher Blick sagt uns: Es wird nichts Schlimmes passieren. Mama oder Papa passen auf mich auf und lassen mich nicht fallen. Wenn man sich dann in den Armen liegt, strahlen beide.

DAS ANGESICHT DES HERRN

Warum erzähle ich von solchen normalen Dingen? Ich möchte euch damit einen Bibeltext erklären. Dort geht es auch um leuchtende, strahlende Gesichter. Wir hören ihn heute als Lesung. *(Lesung vortragen)*
„Der Herr segne dich und behüte dich. Der Herr lasse sein Angesicht über dich leuchten und sei dir gnädig. Der Herr wende sein Angesicht dir zu und schenke dir Frieden."
Wenn wir Menschen über Gott sprechen wollen, fehlen uns oft die Worte. Niemand hat Gott je gesehen. Und trotzdem möchten wir unser Vertrauen auf Gott aussprechen. Das wollten auch die Menschen, die diesen Segensspruch vor mindestens 2500 Jahren aufgeschrieben haben. Sie haben dabei eine Erfahrung genutzt, die hoffentlich jeder Mensch machen durfte. Man sagt, dass das freundliche Angesicht der Eltern die ursprünglichste Segenserfahrung überhaupt ist. Die eigenen Eltern haben einen liebevoll angeschaut. Und dann weiß man: Alles wird gut. So, wie man das mit den Eltern erlebt hat, kann man es sich auch mit Gott vorstellen. Wenn er uns freundlich anschaut, kann uns nichts mehr passieren. Dann beschützt er uns. Jeder von euch ist schon häufig gesegnet worden. Beim Segnen vertrauen wir darauf, dass Gott uns liebevoll anschaut.
Heute vor einem Jahr hat kaum jemand an Coronaviren gedacht – trotzdem haben sie das vergangene Jahr geprägt. Vielleicht haben uns aber all die Masken und die verdeckten Gesichter ein bisschen was darüber beigebracht, was „Segen" bedeutet. Vor Gott können wir uns sowieso nicht verstecken, da helfen auch keine Gesichtsmasken. Heute fängt ein neues Jahr an. Was es bringt, wissen wir nicht. Wir wissen aber, dass wir nicht alle Aufgaben alleine meistern können. Wir wünschen uns, dass Gottes Segen am Anfang steht. Sein Angesicht leuchte über uns. Genauso, wie ein kleines Kind im Gesicht der Eltern erkennt: Das wird schon alles. Darum stellen wir an den Anfang des neuen Jahres einen ganz alten Segensspruch. Den wird man wahrscheinlich auch in tausend Jahren noch sprechen:
„Der Herr segne dich und behüte dich. Der Herr lasse sein Angesicht über dich leuchten und sei dir gnädig. Der Herr wende sein Angesicht dir zu und schenke dir Frieden."

Martin Nitsche

Zweiter Sonntag nach Weihnachten

LIEDVORSCHLÄGE

Gesänge zur Eucharistiefeier
Eröffnungsgesang: Nun freut euch, ihr Christen (GL 241,1–3); *Antwortgesang:* Das Wort wurde Fleisch und wohnte bei uns (GL 255) mit den Psalmversen; *Ruf vor dem Evangelium:* Halleluja (GL 244) mit dem Vers; *zur Gabenbereitung:* In dulci jubilo (GL 253,1–4); *Sanctus:* Heilig ist Gott in Herrlichkeit (GL 199); *Danklied:* Jauchzet, ihr Himmel, frohlocket, ihr Engel, in Chören (GL 251,1–3); *zur Entlassung:* Menschen, die ihr wart verloren (GL 245,1–4).

Gesänge zur Wort-Gottes-Feier
Eröffnungsgesang: Menschen, die ihr wart verloren (GL 245,1–4); *Antwortgesang:* Es ist ein Ros entsprungen (GL 243,1–3); *Ruf vor dem Evangelium:* Halleluja (GL 244) mit dem Vers; *Predigtlied:* Jauchzet, ihr Himmel, frohlocket, ihr Engel, in Chören (GL 251,1–3).

ERÖFFNUNG

Liturgischer Gruß
Jesus Christus, der neugeborene Immanuel, sei mit euch / ist mit uns allen.

Einführung
„Als tiefes Schweigen das All umfing und die Nacht bis zur Mitte gelangt war, da stieg dein allmächtiges Wort, o Herr, vom Himmel herab, vom königlichen Thron" (Weish 18,14–15). Der Eröffnungsvers des heutigen Sonntags, der eine kosmische Dimension hat, versucht, sich dem unfassbaren Geheimnis unseres Gottes tastend zu nähern. Inmitten des Schweigens des Universums erklingt das mächtige, göttliche Wort „voll Glanz und Wahrheit" (vgl. Joh 1,14b). Dieses Ereignis hat das ganze All unwiderruflich verändert. Dieses Wort ist „Fleisch geworden und hat unter uns gewohnt" (Joh 1,14a). In ihm, dem neugeborenen Messias, erkennen wir das liebende Antlitz unseres Gottes. Ihn begrüßen wir in unserer Mitte und im Kyrie-Ruf bitten um seine Gnade und Barmherzigkeit.

Kyrie-Litanei
Herr Jesus Christus, du bist das ewige Wort des Vaters.
Kyrie, eleison.
Herr Jesus Christus, in dir ist Gott dem Menschen nahegekommen.
Christe, eleison.
Herr Jesus Christus, du lässt uns an deinem göttlichen Leben teilhaben.
Kyrie, eleison.

Tagesgebet ✂📋

Allmächtiger, ewiger Gott,
du erleuchtest alle, die an dich glauben.
Offenbare dich den Völkern der Erde,
damit alle Menschen
das Licht deiner Herrlichkeit schauen.
Darum bitten wir durch Jesus Christus.

ZU DEN SCHRIFTLESUNGEN ✂📋

1. Lesung: Sir 24,1–2.8–12

Die personifizierte, von Gott geschaffene Weisheit findet ihre Heimat beim auserwählten Volk. Sie zeigt ihm den Weg zu seinem Schöpfer.

2. Lesung: Eph 1,3–6.15–18

Die Christen sind die vor der Erschaffung der Welt Erwählten. In ihrem untadeligen Leben sollten die Liebe des Vaters und die Hoffnung auf ein ewiges Leben sichtbar werden.

Evangelium: Joh 1,1–18

Jesus Christus – das Wort, durch das alles geworden ist – ist Mensch geworden. Er befähigt die Seinen, in der Kraft des Vaters als Kinder Gottes in der Welt zu leben.

FÜRBITTEN ✂📋

„Das Wort ist Fleisch geworden und hat unter uns gewohnt" (Joh 1,14). Zu Jesus Christus kommen wir mit unseren Nöten und Sorgen und rufen: Du menschgewordenes Wort des Vaters: Wir bitten dich, erhöre uns.

- Für unsere Kirche, um ein mutiges Glaubenszeugnis von deiner Menschwerdung. Du menschgewordenes Wort des Vaters: …
- Für die Regierenden, um eine gerechte und friedensstiftende Politik.
- Für die deine Geburt feiernden Gemeinden, um einen starken Glauben an dich, den Immanuel – Gott mit uns.
- Für die Trauernden, um die Erfahrung deiner tröstenden Nähe.
- Für die Familien, um gegenseitiges Verständnis und Stärkung der Liebe.
- Für die Verstorbenen, um das ewige Leben in der Gemeinschaft mit dir.

Herr Jesus Christus, du erhellst unsere Lebenswege mit deinem Licht. Erhöre unsere Bitten, die wir vertrauensvoll vor dich gebracht haben. Wir loben dich in alle Ewigkeit.

Zum Vaterunser

Gott hat uns erwählt und berufen, an seiner ewigen Herrlichkeit teilzuhaben (vgl. Eph 1,18). Zu ihm, unserem Vater im Himmel, rufen wir jetzt, wie Jesus – das menschgewordene Wort – es uns gelehrt hat: Vater unser ...

Kommunionvers

Wir haben die Liebe erkannt und an die Liebe geglaubt, die Gott zu uns hat (1 Joh 4,16).

Zur Besinnung

Das ist das Geschenk, das wir an Weihnachten finden: Wir entdecken mit Staunen, dass der Herr die größtmögliche Unentgeltlichkeit, die größtmögliche Zärtlichkeit ist. Seine Herrlichkeit blendet uns nicht, seine Gegenwart erschrickt uns nicht. Er wird arm an allem geboren, um uns mit dem Reichtum seiner Liebe zu gewinnen. [...] wir entdecken in der Schönheit der Liebe Gottes auch unsere Schönheit wieder, weil wir die von Gott Geliebten sind. Im Guten wie im Schlechten, in der Gesundheit und der Krankheit, in Glück oder Traurigkeit, in seinen Augen erscheinen wir schön: nicht aufgrund dessen, was wir tun, sondern aufgrund dessen, was wir sind. In uns ist eine unauslöschliche, unantastbare Schönheit, eine nicht zu unterdrückende Schönheit, die der Kern unseres Daseins ist.
(Aus der Predigt von Papst Franziskus bei der Christmette 2019)

ELEMENTE FÜR DIE WORT-GOTTES-FEIER

Predigtlied

Gottes Wort wurde Mensch – ein großes Geheimnis unseres Glaubens, dem wir uns in der Weihnachtszeit besonders zu nähern versuchen. Erfüllt mit Freude darüber wollen wir nun in der Gemeinschaft mit der ganzen Kirche singen:
„Jauchzet, ihr Himmel, frohlocket, ihr Engel, in Chören" (GL 251,1–3).

Robert Solis

Gott – mitten unter uns

Was wir in diesen weihnachtlichen Tagen feiern, kann man kürzer, prägnanter und auf den Punkt gebracht eigentlich nicht besser zum Ausdruck bringen: „Und das Wort ist Fleisch geworden." – Gott wendet sich nicht nur dem Irdischen, dem Vergänglichen, dem Sündigen zu. Nein, er selbst geht ganz im „Fleisch" auf, er nimmt menschliches Leben an; er wird geboren wie jeder andere Mensch auch: aus dem Schoß einer Frau!

Hier bewegen wir uns im Zentrum; das ist der Kern des christlichen Glaubens, und ich möchte noch einmal ganz betont sagen: des christlichen! Denn mit zwei anderen großen Weltreligionen verbindet uns der Glaube an den einen Gott - mit dem Judentum und dem Islam. Dieser Gott spricht aber nicht nur zu uns Menschen; er sendet nicht nur Propheten – im Islam ist es der Prophet Mohammed –, sondern er wird selbst Mensch. Und das ist das entscheidend und unterscheidend Christliche an unserem Glauben: Gott wird in Jesus Christus selbst ein Mensch. Und er, der uns so nahegekommen ist, er, der uns Menschen gewissermaßen auf die Pelle gerückt ist, er lebt mitten unter uns. Und er ist nicht irgendwo, weit weg von uns, unsichtbar und unerreichbar.

Im zweiten Teil des Evangeliums heißt es dann: "... die Welt erkannte ihn nicht. Er kam in sein Eigentum, aber die Seinen nahmen ihn nicht auf." – Genau das ist der springende Punkt! Die Seinen, also wir Menschen, wir haben ihn sonst viel lieber im Himmel! Da ist er weit genug weg, unverbindlich, er stört nicht und kommt uns nicht so gefährlich nahe.

Das aber ist mangelnder Glaube, mangelndes Vertrauen, wir rechnen entweder nicht mit ihm, oder wir wollen gar nicht, dass er mit uns und unserem Leben zu tun hat. Letztlich ist es Unglaube, weil wir uns auf diese Weise Gott vom Leib halten!

Glauben heißt, sich auf Jesus Christus, das fleischgewordene Wort Gottes einzulassen, ihn anzunehmen, sich gefallen lassen, dass er an meine Seite tritt, dass er mit meinem Leben zu tun haben will. Zu einem solchen Gott erst kann ich eine Beziehung aufbauen, nur einen solchen Gott kann ich lieben. Nur für einen menschgewordenen Gott, der leidenschaftlich in meine Geschichte eintritt, nur für einen solchen Gott kann ich selbst wieder Leidenschaft entwickeln. Ein Gott irgendwie, irgendwo, weit weg im Himmel, interessiert mich nicht!

Ich bin mir sicher: Keiner von Ihnen ist in diesen Gottesdienst gekommen, weil es irgendwo weit weg einen Gott gibt, sondern Sie sind hierhergekommen, weil Gott unter uns ist, weil er in Jesus von Nazaret Fleisch geworden ist; weil er uns jetzt in unserer Mitte erneut seinen Leib, sein Blut, sein Leben, sich selbst schenkt! – "Allen aber, die ihn aufnahmen, gab er Macht, Kinder Gottes zu werden" (Joh 1,12a).

Siegfried Modenbach

Gottes unfassbare Geschenke

In Passau, in der Gablergasse Nr. 4, befindet sich ein Haus mit einer sehr interessanten und künstlerisch gestalteten Haustür. Die Gestalt Jesu ist in Lebensgröße als Relief in die Holztür hinein geschnitzt. Die Tür hat kein Schloss und keine Klinke, so dass Jesus anklopft und sorgfältig auf eine Reaktion wartet. Jeder Betrachter wird sofort an das Wort aus der Geheimen Offenbarung erinnert: „Siehe, ich stehe vor der Tür und klopfe an" (3,20). Es ist ein spannender Augenblick, weil weder der Anklopfende noch die Bewohner wissen, was sie erwartet. Werden sie öffnen oder die Tür aus Sicherheitsgründen verschlossen halten? Werden sie einem lieben Gast oder einem Fremden begegnen? Ist es ein Besucher, ein Bettler, ein Flüchtling oder gar Gott? Man sieht, dass er nichts in der Hand hat, keine Geschenke wie etwa soziale Gerechtigkeit, Frieden oder Bewahrung der Schöpfung. Er bringt keine materiellen Reichtümer, keinen beruflichen Aufstieg; alles bleibt, wie es war. Und doch kommt er mit unfassbaren Geschenken. Seine Hände sind leer, aber in seinem Herzen bringt er den Himmel.

Wir haben gerade das Weihnachtsfest gefeiert, in dem Jesus wieder in die Welt gekommen ist und an die Tür geklopft hat. Die Tür – das ist der Zugang zur Welt, aber auch zur Gemeinde und zu jedem einzelnen Menschen. Der Fremde will uns eine Botschaft bringen, die von der Existenz Gottes, von der Güte Gottes, von dem Leben Gottes spricht. Die Kirchenväter haben diesen Vorgang der Menschwerdung Gottes mit dem unglaublichen Wort beschrieben: „Gott ist Mensch geworden, damit der Mensch Gott werde". Hier kommt ein Reichtum ins Spiel, der eigentlich außerhalb der menschlichen Denkweise liegt. Aber anders können wir nicht über Gott reden, der ein Geheimnis ist und immer Geheimnis bleiben wird.

DER APOSTEL PAULUS ERKLÄRT DAS GEHEIMNIS GÖTTLICHER LIEBE

Vor diesem Geheimnis steht auch der Apostel Paulus, der seinen Zuhörern in Predigten und in Briefen dieses Ereignis erklären möchte. Heute legt uns die Kirche den Anfang des Briefes vor, den der Apostel an die Gemeinde in Ephesus geschrieben hat. In solchen Briefen kann er seine Theologie entfalten und das Heilswerk Gottes beschreiben. Er holt sehr weit aus, beginnt nicht mit der Verkündigung der Zehn Gebote am Sinai, nicht mit dem Ereignis der Menschwerdung, sondern mit der Ewigkeit Gottes. Am Anfang steht die Gnade, nicht das Gebot. Auch bei uns Menschen beginnt er nicht mit unserer irdischen Existenzweise, mit unserer Geburt, sondern mit den Plänen Gottes, in die wir von Ewigkeit her mit einbezogen sind. Der Apostel ist über dieses Geschehen so beglückt, dass er ganz am Anfang einen Lobgesang auf Gott anstimmt. Schon vor der Erschaffung der Welt waren wir Menschen in den Gedanken Gottes; wir waren von Anfang an von ihm auserwählt, um mit Christus im Himmel eine Gemeinschaft zu bilden; wir sollten von Ewigkeit her Söhne (und

Töchter) Gottes sein. Paulus ist aufs Tiefste von dieser Berufung der Menschen überzeugt. Das sind die Reichtümer und die Geschenke, die Gott in seiner Liebe zu uns den Menschen machen wollte. Unsere christliche Religion ist nicht nur ein Lobgesang auf die Güte und Zuwendung Gottes zu den Menschen, sondern auch ein Lobgesang auf die Größe des Menschen durch das Geschenk seiner Gnade. Dem Apostel liegt daran, beides der Gemeinde in Ephesus zu erklären: Gott ist an uns gelegen, er möchte Gemeinschaft mit uns, er überschüttet uns mit unfassbaren Geschenken. Dieses Heilsgeschehen fasst Paulus zusammen mit dem Wort „Segen". „Er hat uns mit allem Segen seines Geistes gesegnet", schreibt der Apostel.

CORONA UND DER SEGEN

Kurz vor Ostern im abgelaufenen Jahr wurde die ganze Welt von einem Virus erfasst, das kein Land verschonte und sich deshalb zu einer Pandemie entwickelte. Die Wissenschaft nannte es wegen seiner Gestalt Coronavirus. Es drang durch alle Ritzen; niemand konnte sich hinter einer Grenze, einer Mauer oder einer anderen vermeintlichen Sicherheit verschanzen. Das Virus machte keinen Unterschied zwischen Völkern und Kontinenten, Reichen und Armen, Religionen und Konfessionen, Kranken und Gesunden. Mit unübersehbarer Deutlichkeit wurde uns vor Augen geführt, wie sehr wir in einer Welt leben und alle in einem Boot sitzen. Um diese eine Welt ging es dem Apostel in seinem Brief, um das Schicksal aller Menschen. Sie sollten erkennen, dass sie alle einen gemeinsamen Vater haben, der sie berufen hat, seine Söhne und Töchter zu werden. Auf diesen Gott sollen wir unsere ganze Hoffnung setzen, weil er nur Gnade, nur Liebe ist.

Diese eine Welt und die Berufung aller Menschen zum Glauben an den einen Gott hat sich in der Krisensituation der Pandemie Papst Franziskus zu eigen gemacht, um der ganzen Welt und allen Menschen den Segen „Urbi et Orbi" zu erteilen. Die Kolonnaden des Petersdoms sollten alle Menschen umarmen, wie er in einer unbeschreiblich eindrucksvollen Feier sagte. Dieser Gottesdienst war ohne Prunk, ohne Triumph, ohne Machtdemonstration. Der Papst stand allein auf den Stufen des Petersdoms, voller Demut und Ohnmacht. Wo sonst Hunderttausende von Gläubigen versammelt sind, war es jetzt menschenleer. Der Platz war für alle Bewohner der Erde freigehalten. Der Papst betete für alle Menschen dieser Welt und wollte sie dadurch für den Segen Gottes öffnen. Neben allem menschlichen Bemühen war das Heil letztlich nur von Gott zu erwarten. Mit diesem Segen hat der Papst auf dem Hintergrund der bedrohlichen Pandemie allen Menschen deutlich gemacht, dass wir alle Brüder und Schwestern sind, weil wir alle einen gemeinsamen Vater haben. Um diese Gemeinschaft, die Gott schon von Anfang an beschlossen hatte, geht es dem Apostel Paulus in seinem Brief an die Gemeinde in Ephesus. Sie ist das unfassbare Geschenk Gottes.

Paul Jakobi

Das mächtige Wort

Es ist bemerkenswert, dass in der relativ kurzen Weihnachtszeit dieselbe Perikope, nämlich das Loblied auf das Wort aus dem Prolog des Johannesevangeliums, in der Regel in der Liturgie sogar drei Mal vorgetragen wird: an Weihnachten, am siebten Tag der Weihnachtsoktav und am zweiten Sonntag nach Weihnachten, d. h. heute. Allein schon diese Tatsache zeugt davon, dass es sich um einen bedeutenden Text handelt. Auf ungewöhnliche, spannende und auch schöne Weise beschreibt er die Kraft des Wortes Gottes und hebt die Bedeutung des Kommens Christi für die Menschen hervor.

Der Prolog zum Johannesevangelium weist ausdrücklich darauf hin, dass alles durch Gottes Wort erschaffen wurde und dass Gott sein eigenes Wesen in dem Wort ausspricht, das Fleisch geworden und zu uns Menschen gekommen ist – in Jesus Christus. Durch ihn hat Gott die Welt ins Dasein gerufen: „und die Welt ist durch ihn geworden" (Joh 1,10). Als wahres Licht, „das jeden Menschen erleuchtet" (Joh 1,9), prägt Christus weitgehend die Weltgeschichte und das Antlitz der Menschheit. Er übt den richtunggebenden Einfluss auf das Leben der Menschen aus, indem er sie erlöst hat und ihnen den rechten Weg weist. Allen, die ihn aufnehmen, gibt „er Macht, Kinder Gottes zu werden" (Joh 1,12). Jesus Christus ist das mächtige, richtige Wort für jeden Menschen, weil er ihm den Sinn des Lebens erschließt und ihn zum Leben in Liebe führt. Christus ist das Wort, das dem Menschen die Antwort auf alle seine Fragen gibt. Was Jesus sagt und tut, bringt dem Menschen Freiheit, Genesung, Frieden und Freude. In Jesus Christus zeigt sich also die große Kraft des heilbringenden Wortes Gottes am deutlichsten.

DIE MACHT DES MENSCHLICHEN WORTES

Auch das menschliche Wort spielt nicht selten eine wichtige Rolle. Wie es nämlich das Leben genügend und überzeugend beweist, kann das menschliche Wort ebenfalls oft eine große Kraft haben, und zwar sowohl im positiven als auch im negativen Sinne. Manchmal kann man buchstäblich mit nur einem Wort einen Menschen sehr verletzen oder ihn sogar sozusagen „töten", indem man ihm die ganze Hoffnung wegnimmt bzw. ihn derartig demütigt, dass er total verzweifelt. Auf der anderen Seite kann man ebenso mit nur einem Wort einem Menschen auch so viel Mut geben, dass er quasi „wiederbelebt" oder beflügelt wird.

Und es müssen tatsächlich gar nicht viele Worte gesprochen werden, damit etwas Schlimmes oder auch etwas Gutes passiert. Wir kennen jede Menge kurze wörtliche Formulierungen, die viel Inhalt ausdrücken und eine erstaunlich große Wirkung haben. Hier seien allerdings nur ein paar positive Beispiele genannt. Man findet solche guten Äußerungen: in der Bibel – z. B. bei der Berufung von Jesaja – „Hier bin ich, sende mich!" (6,8) oder im Bekenntnis des Apostels Thomas – „Mein Herr und mein Gott!" (Joh 20,28); im Gebet:

„Jesus, ich vertraue auf dich"; in den zwischenmenschlichen Gesprächen: „Danke", „Entschuldigung", „Ich liebe dich", „Ich vergebe dir", usw. Welch ein Potenzial und welch eine Kraft stecken in derartigen Aussagen! Wie beeindruckend und nachhaltig ist oft ihre gute Wirkung! Man braucht doch darüber keine Worte mehr zu sprechen.

DAS MÄCHTIGE, RICHTIGE WORT TREFFEN

Am Anfang des neuen Jahres fassen viele Menschen gute Vorsätze. Es wäre bestimmt von großem Nutzen für uns alle, wenn wir uns im Bewusstsein der Bedeutung des Wortes vornehmen würden, in diesem Jahr noch mehr als bislang auf die Worte zu achten, die wir zu unseren Mitmenschen sagen. Vieles, was geschieht oder auch nicht geschieht, hängt nämlich davon ab, was und wie Menschen zu- und miteinander reden. Der verantwortungsbewusstere Umgang mit dem Wort möge uns auch vor leeren bzw. überflüssigen Worten bewahren. Ein erfahrener, angesehener Pfarrer, in dessen Pfarrgemeinde mehrere junge Diakone ihr pastorales Praktikum machten, pflegte den Praktikanten einen Rat zu geben, als sie mit ihm über die Vorbereitung von Predigten sprachen: „Das Volk Gottes wird Ihnen dankbar sein für jedes Wort, das Sie nicht sagen". Mit dieser scherzhaft gemeinten Bemerkung wollte er natürlich die frischgebackenen Prediger nicht vom Predigen entmutigen, sondern sie vorm Sprechen von unnötigen Worten warnen.
Wenn wir mit unseren Mitmenschen reden, dann versuchen wir immer wieder, das gute, treffende Wort zu finden. Ein Wort, das sie anspricht, ihnen Kraft gibt und sie dadurch zum Nachdenken wie auch zum guten Handeln motiviert. Damit werden wir mit Sicherheit dazu beitragen, dass unsere Welt heller und besser wird. Der romantische Dichter Joseph von Eichendorff (Deutscher Musenalmanach f. d. Jahr 1838. Hrsg. A. v. Chamisso u. G. Schwab, Leipzig: Weidmann o.J., S. 287) drückte geradezu genial die segensreiche Wirkung eines zutreffenden Wortes in seinem berühmten Vierzeiler „Wünschelrute" aus:

Schläft ein Lied in allen Dingen,
Die da träumen fort und fort,
Und die Welt hebt an zu singen,
Triffst du nur das Zauberwort.

Mit diesem kurzen Gedicht hat Eichendorff auf den Punkt gebracht, was es heißt, ein richtiges, mächtiges Wort zu sagen. Das getroffene „Zauberwort" kann die Welt sogar zum „Singen", d. h. zur echten Freude, bringen.
In diesem Sinne wünschen wir uns heute, dass es uns immer wieder gelingt, das passende, mächtige „Zauberwort" zu „treffen", damit wir möglichst viel Freude in zwischenmenschliche Beziehungen hineinbringen. Mit unseren bewusst gesprochenen Worten bemühen wir uns mit neuem Eifer darum, dass unsere Welt, die durch Jesus Christus – das fleischgewordene Wort Gottes – erschaffen und erlöst ist, immer mehr das Lied der Freude „singt".

Marcin Worbs

Mehr als Worte machen

Evangelium: Joh 1,1–5.9–14 *(später verkündigen)*

WORTE WERDEN ÜBERALL GEMACHT

Entgegen so mancher Annahme sprechen Männer und Frauen durchschnittlich etwa gleichviele Wörter am Tag, nämlich ca. 16.000. Ob zuhause, in der Schule, beim Spielen, überall nehmen Wörter eine wichtige Rolle ein. Bei dieser Menge an Wörter kann einem der Kopf ganz schön rauchen und manchmal will und kann man nichts mehr hören.

Neben der Anzahl an Wörtern ist natürlich wichtig, wie wir miteinander sprechen. Ihr kennt sicherlich eine Menge unterschiedlicher Weisen, wie man reden kann. (–)

Zum Beispiel: schnell, langsam, laut, leise, abgehackt, betont, angenehm, flüsternd, u. v. m. Vielleicht hat jemand von euch Lust, eine besondere Art des Sprechens vorzumachen. Die anderen sollen dann erraten, bei welcher Gelegenheit wir auf diese besondere Weise sprechen. (–)

Es gibt eine Vielzahl von Anlässen, bei denen wir reden. In der Schule halten wir Referate und Vorträge, mal diskutieren wir zuhause oder mit Klassenkameraden, mal lästern wir und mal versuchen wir mit Worten, andere um den Finger zu wickeln.

Leider ist es manchmal so, dass wir alles daran setzen, das letzte Wort zu haben, gerade bei Streitigkeiten. Gewissermaßen wollen wir damit den anderen mit dem Gesagten platt machen und als vermeintlicher Sieger aus dem Konflikt hervorgehen. Wie dem auch sei, Sprache und Worte sind etwas sehr Wichtiges und Machtvolles in unserem Leben und es ist nicht egal, was wir zueinander sagen und wie wir miteinander reden. *(Evangelium jetzt verkündigen)*

DAS WORT MUSS FLEISCH WERDEN

Das heutige Johannesevangelium stellt das Wort in den Mittelpunkt. Gewissermaßen hat alles seinen Anfang mit einem einzigen Wort. In der Bibel geht es also nicht darum, das letzte Wort zu haben, sondern dem ersten Wort zu vertrauen. Dieses allesentscheidende Wort wird mit Gott gleichgesetzt, von dem alles ausgeht.

Wenn wir auf unser eigenes Leben schauen, welche Worte bzw. kurzen Sätze sind für uns besonders wichtig? (–) Einfache Worte, wie „danke", „bitte" und „Entschuldigung", aber auch Aussagen, wie „Ich hab' dich lieb", sind ganz wichtig. Sie tun uns gut und tragen zu einem guten Miteinander bei. Sie helfen darüber hinaus, Streitigkeiten zu beenden. Interessant ist auch, dass ein kurzes „Ja" bei einer Hochzeit genügt, um eine lebenslange Verbindung einzuläuten.

Für eine Ehe, aber ebenso generell im Leben, kommt es jedoch darauf an, dass wir nicht bei bloßen Worten stehen bleiben. Worte müssen „Fleisch werden", wie es bei Johannes heißt. Das, was wir sagen, muss also lebendig und konkret werden. Ein „Ja" bei einer Hochzeit muss mit Leben gefüllt werden, indem die Ehepartner z. B. liebevoll und rücksichtsvoll miteinander umgehen. Eine „Entschuldigung" muss mehr als ein Lippenbekenntnis bleiben, sie muss sich in einem besseren Verhalten widerspiegeln. Wenn auf Worte keine Taten folgen, dann besteht die Gefahr, dass die Worte ihren Wert verlieren. Dementsprechend musste Gottes Wort „Fleisch werden", das heißt, lebendig werden. Jesus wurde an Weihnachten zur sichtbaren Liebe Gottes für alle Menschen. Gott hat also nicht nur Worte gemacht, sondern ist Mensch geworden, damit wir ihm begegnen und ihn erfahren können. Und das ist auch das, wozu uns Jesus einlädt. Wir sollen in unserem Christsein nicht bloß liebe und nette Worte machen, sondern ganz konkret für andere da sein. Fallen euch dazu Beispiele ein? (–)

Die Worte der Bibel wollen umgesetzt und gelebt werden. Das biblische Gebot der Selbst- und Nächstenliebe will gelebt werden. Eine Feindesliebe muss sich im Alltag beweisen. Eine Freundschaft besteht ja auch nicht nur aus Worten, sie braucht gemeinsame Unternehmungen, in denen sich zeigt, dass wir Freunde sind. So gehören zum Christsein auch Handlungen, wie z. B. einander zu verzeihen und einander zu helfen.

„Im Anfang war das Wort", so hat heute der Abschnitt aus dem Johannesevangelium begonnen. Ein zugegebenermaßen schwieriger Text, der uns aber vor Augen hält, wie wichtig Worte sind und wie sehr wir nicht nur bei Worten stehenbleiben sollen. Auf das Wort Gottes können wir zuallererst vertrauen, das will uns der heutige Text ebenso mit auf den Weg geben, wie darauf, dass es Gott nicht bei Worten für uns Menschen belassen hat. Jesus ist das „fleischgewordene" Wort Gottes, was so viel bedeutet wie: In der Begegnung mit Jesus begegnen wir Gott selbst. Von ihm können wir lernen, wie wir uns für eine bessere Welt einsetzen können.

Thomas Stephan

Erscheinung des Herrn

LIEDVORSCHLÄGE

Gesänge

Eröffnungsgesang: Hört, es singt und klingt mit Schalle (GL 240,1–2); *Gloria:* Mit den Hohen und Geringen (GL 240,3–4); *Antwortgesang:* Seht, unser König kommt (GL 263) mit den Psalmversen; *Ruf vor dem Evangelium:* Halleluja (GL 174,4) mit dem Vers; *zur Gabenbereitung:* Was uns die Erde Gutes spendet (GL 186); *Sanctus:* Heilig (GL 200); *zur Entlassung:* Seht ihr unsern Stern dort stehen (GL 262,1–3).

ERÖFFNUNG

Liturgischer Gruß

Jesus Christus ist das Licht der Welt. Um unserer Rettung willen wurde er geboren. Er sei alle Zeit mit euch / ist mit uns allen.

Einführung

Weihnachten hat zwei Seiten:
In dunkler Mitternacht kommt der Retter zur Welt und wird in eine Krippe gelegt, weil kein Platz für ihn in der Herberge war.
Durch das Licht eines Sterns gelockt und geführt, finden die Weisen aus dem Osten das Kind, packen ihre Geschenke aus und fallen huldigend vor ihm auf die Knie.
Zweierlei möchte uns Weihnachten lehren:
Erstens, dass wir Gottes übergroße Liebe zu uns Menschen erkennen und zweitens, dass wir ein Leben lang auf dem Weg zu ihm wandern.

Kyrie-Litanei

Herr, du bringst Licht in unsere Dunkelheit. Herr, erbarme dich.
Herr, du schenkst uns Sternstunden des Glaubens. Christus, erbarme dich.
Herr, du bist entschlossen, uns an dich zu ziehen. Herr, erbarme dich.

Tagesgebet

Allherrschender Gott,
durch den Stern, dem die Weisen gefolgt sind,
hast du am heutigen Tag
den Heidenvölkern deinen Sohn geoffenbart.
Auch wir haben dich schon im Glauben erkannt.
Führe uns vom Glauben
zur unverhüllten Anschauung deiner Herrlichkeit.
Darum bitten wir durch Jesus Christus.

1. Lesung: Jes 60,1–6

„Licht" bedeutet in der biblischen Botschaft, dass Gott seine Macht und Herrlichkeit zeigt. Nach den dunklen Jahrzehnten des babylonischen Exils kann Israel 538 v. Chr. wieder heimkehren. Die Völker der Erde staunen und eilen herbei, um mit Gaben dem Gott Israels zu huldigen.

2. Lesung: Eph 3,2–3a.5–6

Paulus ist vor Damaskus durch eine Licht-Erscheinung Christi dazu berufen worden, den Heidenvölkern Gottes Liebe zu verkünden und sie in sein neues Volk einzugliedern.

Evangelium: Mt 2,1–12

Sterndeuter aus dem Osten folgen dem Licht eines Sterns, um dem neu geborenen König der Juden zu huldigen. Im Kind Jesus finden sie den Herrscher, dem sie dienen wollen.

FÜRBITTEN

Zu Jesus Christus, dem Erlöser und rettenden Licht der Welt, rufen wir voll Vertrauen:

- Durchdringe die Kirche mit deinem Licht, sodass sie strahlt und ein Heilszeichen für die Vielen wird, die dich nicht kennen. *V:* Herr, du Abglanz des Vaters. *A:* Wir bitten dich, erhöre uns.
- Geleite die Irrenden und Suchenden aus ihrer Dunkelheit auf deinen Weg. ...
- Zeige dich den Mächtigen der Welt als der Herr, der durch Liebe herrscht. ...
- Segne die Kinder und Jugendlichen, die als Sternsinger Freude und Segen in die Häuser tragen. ...
- Nimm die Sterbenden in deinen Frieden auf und schenke den Toten das ewige Licht. ...

Du bist unsere Freude und der Grund unseres Jubels. Wir danken dir für alles, was du für uns getan hast und tust.

ELEMENTE FÜR DIE EUCHARISTIEFEIER

Zum Vaterunser

Weil wir Kinder Gottes sein dürfen, sprechen wir Gott als „unseren Vater" an. Bewusst beten wir heute das Gebet des Herrn für die Menschen, die fern von Gott leben: Vater unser im Himmel ...

Kommunionvers

„Ich bin das Licht der Welt. Wer mir nachfolgt, wird nicht in der Finsternis umhergehen, sondern wird das Licht des Lebens haben"(Joh 8,12).

ELEMENTE FÜR DIE WORT-GOTTES-FEIER

Lobpreis nach dem Evangelium
Die Sterndeuter machten sich auf den Weg,
folgten dem Stern, geführt von dir
und fanden dich und deine Mutter.
A: Lob sei dir Christus!

Sie fielen nieder und huldigten dir.
A: Lob sei dir Christus!

Sie holten ihre Schätze hervor und brachten als Gaben
Gold, Weihrauch und Myrrhe dar.
A: Lob sei dir, Christus!

Glaubensbekenntnis
Kv: Amen, Amen, Amen, wir glauben (GL 178,1; V/A).

Wir glauben an den lebendigen Gott, den Vater unseres Herrn Jesus Christus.
Der Kosmos und der Mensch sind sein Werk. *Kv.*

Wir glauben an Jesus Christus, Gottes Wort, unseren Bruder und Herrn.
Tod und Sünde hat er besiegt und lebt in Ewigkeit. *Kv.*

Wir glauben an den Heiligen Geist, Gottes Liebe und Leben;
uns zugesagt in Ewigkeit. *Kv.*

Wir glauben die Kirche, die Christus bezeugt.
Wir glauben die Barmherzigkeit Gottes, die uns Sündern verzeiht.
Wir glauben das ewige Leben in Gemeinschaft aller Gott gehorchenden Menschen. *Kv.*

Josef Katzer

Fest der Gottsucher

Im Herbst 2016 war ich in Köln zu einem Theaterstück mit dem Namen „Gotteskämpfer". Das Besondere an diesem Stück: Der Text und das Drehbuch des Stückes waren nicht vorgegeben, sondern wurden mit dem Schauspieler-Ensemble, die als die säkularen Fragesteller vorgesehen waren, und Gläubigen verschiedener Religionen erarbeitet. Der Schauspieler Martin Reinke, der eigentlich in der Gruppe der säkularen Fragesteller mitwirken sollte, wechselte im Laufe der Erarbeitung des Stückes die Fronten. Weil er sich intensiver mit dem Glauben und den Glaubensinhalten der verschiedenen Religionen auseinanderzusetzen hatte, entdeckte er seine katholischen Wurzeln neu und meinte: „Da war dann doch mehr da, als ich vermutet hatte." Ist dieser Vorgang nicht symptomatisch? Weil Glaube etwas Lebendiges ist, eine Liebesbeziehung zwischen Gott und dem Menschen, braucht der Glaube Pflege. Wenn ich den Satz des Pythagoras einmal verstanden und gelernt habe, dann kann es sein, dass ich jahrelang überhaupt nicht daran denke, aber, wenn ich ihn dann plötzlich brauche, ist er präsent. Im Blick auf die Fähigkeiten des Menschen haben die Amerikaner eine simple Formel: „Use it or lose it!" – Gebrauche es oder verliere es!

Diese Einleitung hat uns eingestimmt auf das heutige Fest: Das Fest der Erscheinung des Herrn ist das Fest der Gottsucher – damals wie heute. Nicht die gläubige und politische Führungselite Israels machte sich auf die Suche nach dem Messias, sondern suchende Heiden, Menschen einer großen Sehnsucht. Die Theologie spricht vom Unendlichkeitstrieb, den der Schöpfer in den Menschen hineingelegt hat, damit es ihm leichter fallen würde, Gott zu suchen.

Vielleicht hat es keine Zeit in der Geschichte gegeben, die so stark von der Unruhe des Unendlichkeitstriebes bewegt worden ist, aber auch keine, die diesen Trieb so stark und einseitig im Diesseits zu befriedigen suchte, deshalb keine, die so unbefriedigt, unruhig und unglücklich ist wie die unsere.

Was hat es mit diesem Unendlichkeitstrieb auf sich?

Der erste, der autobiographisch mit präziser Selbstwahrnehmung und guter Formulierungsgabe diesen Unendlichkeitstrieb beschrieben hatte, war Augustinus. Im Rückblick schrieb er später:

„Ich fragte die Erde und sie sprach: Ich bin es nicht, und alles, was in ihr ist, bekannte dasselbe: Wir sind nicht dein Gott; suche ihn über uns."

Für viele Lehrer des geistlichen Lebens gilt als bevorzugter Ort der Gottesbegegnung die Tiefe der eigenen Seele. Es kommt darauf an, dass wir zeitlebens Gottsucher bleiben. Das heutige Fest ermutigt uns, dass man als Gottsucher nicht ins Leere läuft, sondern schließlich bei ihm ankommt. Auf Überraschungen muss man allerdings gefasst sein, denn häufig zeigt er sich ganz anders, als wir ihn uns vorgestellt haben.

Elmar Busse

„Alles Erleuchtete ist Licht" (Eph 5,13)

Sterndeuter. Sie sehen die Himmelskörper nicht nur. Sie erkennen sie als Botschafter. Die meisten anderen aber hält diese Dunkelheit gefangen: sehen und doch nicht sehen, hören und doch nicht verstehen (Lk 8,10).

Die Sterndeuter verlassen Haus und Herd, Angehörige und Freunde, auch ihre angesehene Stellung und das eigene Volk. Jenseits mancher Grenzen müssen sie ihren Weg in der Fremde finden. In der Hauptstadt angekommen, spüren sie gleich, wie ihre Fragen höchste Autoritäten des Landes in Alarmbereitschaft versetzen. Auskünfte, die sie erhalten, sind doppelbödig, unaufrichtig, hinterhältig. Aber dann ist wieder der Stern zur Stelle, ihr Stern. Er führt sie zum Ziel, zum Ort, wo das Kind ist.

Noch viel mehr als Menschen früherer Zeiten sind wir auf Experten angewiesen, Fachleute in all den heutigen Wissenschaftsbereichen. Seit dem Ausbruch der Corona-Pandemie im vergangenen Jahr wurden sie unsere Lotsen: Virologen, Epidemiologen, andere Forscherinnen und Forscher an Universitäten, Mitarbeiterinnen und Mitarbeiter in Laboratorien und Rechenzentren, Politikerinnen und Politiker mit allen, die ihnen zur Hand gehen.

In Synagogen, Kirchen und Moscheen konnten monatelang keine Gottesdienste stattfinden, später nur streng begrenzt. Das war ein Verlust mit unabsehbaren Folgen. Viele ließen sich aber durch solche Zumutungen auch herausfordern. Ihnen ist der Stern ihres persönlichen Glaubens neu aufgegangen.

Radikal ist die alte Normalität in Frage gestellt. Grund genug, am Himmel des Glaubens Ausschau zu halten, ob die großen Sternbilder biblischer Verheißungen neu über uns aufgehen, Orientierung geben.

„STEH AUF, WERDE LICHT, DENN ES KOMMT DEIN LICHT!"

Er bleibt ein Sehnsuchtsort: der Ort, wo das Kind ist. Wer ihn aufsucht, möchte licht werden, hell, transparent, wie die Sterndeuter aus dem Osten. Gottes Heil in uns, in seiner Schöpfung soll sich zeigen – auch, wie es in Jesus zur Welt kommt, Mensch wird. Denn darin erfahren wir, wie wir, jede und jeder, Gottes Heil in dieser Welt verkörpern können. Wenn Gott sein Heil für unsere Erde und ihre Zukunft durch uns bekräftigt, kommt es gar nicht zuerst darauf an, was wir unternehmen und tun, mit ganzer Kraft. Wenn es nur das gäbe, gerieten wir nur tiefer in diese Ausweglosigkeit hinein: „Finsternis bedeckt die Erde und Dunkel die Völker" (Jes 60,2).

Wandern zum strahlenden Glanz von Gottes Heil – darin erschließt sich der Weg zu Gerechtigkeit und Frieden im neuen Himmel, auf der neuen Erde. Da kommen wir nur an, wenn wir geführt werden – und uns führen lassen. „Dein Wille geschehe!" – wenn diese Bitte kein Lippenbekenntnis bleibt, sondern zum Herzenswunsch wird, geht uns auf: Gott sei Dank! Es gibt nicht nur die Wege, die schon auf unseren Landkarten stehen. Es zählen nicht nur die Lösungen, die unsere elektronischen Datenbanken längst kennen. Es stimmt nicht, dass wir verurteilt sind zum Hamsterrad unserer eigenen Entwürfe und Planungen.

Wie Gott nicht nur Adam, sondern auch Eva ins Leben rief, so hat er nicht nur die Erde erschaffen – und die Erde sicher nicht deshalb, damit wir tun, als ob sie uns gehörte. Damit beschädigen und ruinieren wir sie. „Dem Herrn gehört die Erde und was sie erfüllt, der Erdkreis und seine Bewohner" – so beginnt ein Gesang des Psalmdichters David (Ps 24,1). Nicht die Erde allein oder die Erde zuerst hat Gott erschaffen – sondern Himmel und Erde. Auch die Erde ist eingebettet in größere Zusammenhänge als die, die wir überblicken und gestalten können. Der Erde kann es nur gutgehen, wenn sie umfangen ist von Gottes unendlichen Verheißungen – wie der Embryo im Fruchtwasser.

Je inniger wir uns diesem Anfang verbünden, desto mehr tragen wir bei zum Heil der Menschen, zum Heil der Welt. Dies wird auch dem neuen Jahr zugutekommen, wird unsern Schritten Richtung und Kraft geben. Auch wenn wir unterwegs zu Fall kommen oder uns verirren, bleibt der Schöpfer von Himmel und Erde an unserer Seite, nimmt sich unserer an.

„ALLE ENDEN DER ERDE WERDEN DAS HEIL UNSERES GOTTES SEHEN" (JES 52,10)

Im Ursprung von Gottes Leben verwurzelt, das nicht wir erschaffen haben, werden wir über Differenzen und Konflikte hinauswachsen. Denn ein neuer Stern ist aufgegangen, als die Sterndeuter vor dem Kind niederfielen und ihm huldigten, dann ihre Schätze hervorholten, sie ihm als Gaben überreichten. Hier zeichnet es sich schon ab – das ganz andere Miteinander, von dem wir immer noch weit entfernt sind, sehr weit: die Gemeinschaft, die alle und alles umfasst. Aber der Stern wird oft wieder aufgehen und die Führung übernehmen – bis zu dem Ort, wo das Kind ist. Da werden rund um den Globus alle Geschöpfe mit uns in ganz neuer Gemeinschaft leben. Denn dort werden auch die Rechte von Wasser, Luft, Tieren und Pflanzen anerkannt sein. Wir Menschen verletzen sie nicht mehr, sondern beachten sie liebevoll.

Die Sterndeuter aus dem Osten bleiben Vorläufer. Denn sie sind zu der Welt aufgebrochen, die größer ist, größer sicher auch als alle Lebenswelten, die wir Menschen für uns einrichten. Die Sterndeuter bleiben unterwegs in all den unbemerkten Weisen unter uns, die noch kein Gehör finden, denen es nicht gelingt, in ihren Einsichten und Begabungen verstanden, geschätzt zu werden. Sterndeuter unter uns sind jetzt gerade junge Menschen, die uns mit ihren Zukunftssorgen konfrontieren. Noch ist es nicht zu spät, ihren Aufruf „Kehrt um!", zu beherzigen.

Heinz-Georg Surmund

Wahre Geschichten

Evangelium: Mt 2,1–12 (*später verkündigen*)

Was wisst ihr über die Geburt Jesu? Wo wurde er geboren? Wer war dabei? – Vor zwei Wochen haben wir Weihnachten gefeiert, das Fest von Jesu Geburt. Wir haben damals in der Kirche die Geschichte gehört, wie Maria und Josef von der Stadt Nazaret nach Betlehem ziehen, weil der Kaiser das befohlen hat. Wir haben gehört, wie Jesus in einem Stall geboren und in eine Krippe gelegt wird. Wir haben gehört, wie Engel Hirten erscheinen und von dem Kind erzählen und wie die Hirten zum Stall kommen, um das Baby zu sehen. Es ist die Geschichte von der Geburt Jesu, wie sie vor fast 2000 Jahren jemand erzählt hat, den wir Lukas nennen. Wir wissen allerdings nicht genau, wer dieser Lukas war. Es ist eine Geschichte, die ihr und ich sehr gut kennen, die für uns die Weihnachtsgeschichte ist. Aber es ist nicht die einzige Geschichte über die Geburt Jesu, die in der Bibel steht. Heute hören wir eine zweite Geschichte. Auch in ihr geht es darum, was passiert ist, als Jesus geboren wurde: (*Evangelium jetzt verkündigen*)

ZWEI GESCHICHTEN ÜBER DIE GEBURT JESU

Die Geschichte, die wir gerade gehört haben, steht in einem anderen Buch der Bibel. Den, der sie erzählt, nennen wir Matthäus, aber wir wissen über ihn nicht mehr als über Lukas. Wir wissen nur: Er erzählt anders von der Geburt Jesu als Lukas. Die Geschichte von heute, vom Besuch der Sterndeuter, spielt einige Zeit nach der Geburt Jesu. Von der eigentlichen Geburt erzählt Matthäus uns nur sehr wenig: Ein Engel sagt Josef im Traum, dass seine Verlobte Maria ein Kind bekommen wird, und dass er sich um Maria und das Kind kümmern soll. Josef tut, was ihm gesagt wird, und Jesus wird geboren. Mehr erfahren wir nicht. Matthäus erzählt nichts von einem Befehl des Kaisers, nichts von einer Reise nach Betlehem, nichts von der Krippe, nichts von den Hirten. Seine Geschichte geht so weiter, wie wir es gerade gehört haben: mit drei Sterndeutern, die einen neuen Stern am Himmel entdeckt haben. Sie glauben, dass der Stern die Geburt eines Königs ankündigt. Deshalb reisen sie nach Jerusalem. Jerusalem ist die Stadt, in der der König von Judäa lebte, als Jesus geboren wurde. Judäa war das Land, in dem Jesus geboren wurde. Die Berater des Königs schicken die Sterndeuter nach Betlehem. In einem Haus dort finden sie Maria und den kleinen Jesus und übergeben ihnen wertvolle Geschenke.
Das sind ziemlich unterschiedliche Geschichten über die Geburt Jesu, oder? Einmal muss er in einer Futterkrippe liegen und arme Hirten sind die ersten, die das Baby besuchen. Und heute hören wir, dass Menschen von weit her reisen, um das Baby zu sehen, ihm teure Geschenke bringen und es als Königskind verehren. Warum erzählt Matthäus uns eine ganz andere Geschichte? Oder ist

das, was wir heute gehört haben, einfach später passiert, nachdem die Hirten da waren? Aber warum erzählt Matthäus dann vorher nicht auch vom Stall und den Hirten? Hat er davon nichts gewusst? Was stimmt denn nun?

WAS STIMMT DENN NUN?

Kennt ihr das Buch „Pünktchen und Anton", oder „Emil und die Detektive"? Das sind Kinderbücher, die ich sehr gemocht habe, als ich jünger war, und die meine Eltern mir oft vorgelesen haben. Der Schriftsteller Erich Kästner hat sie geschrieben. Er hat einmal berichtet, dass er von vielen Kindern gefragt wird: Ist denn auch wirklich passiert, was du in deinen Geschichten erzählst? Manches, so hat er geantwortet, ist wirklich so passiert, aber vieles auch nicht. Und wie haben die Kinder darauf reagiert? Wie hättet ihr reagiert? Erich Kästner hat gesagt: „Nun stellen sich viele Leser, große und kleine, breitbeinig hin und erklären: ‚Sehr geehrter Herr, wenn das, was Sie zusammengeschrieben haben, nicht passiert ist, dann lässt es uns eiskalt.'" Meint ihr, dass das so ist? – Ich glaube nicht, dass das stimmt. Ich glaube, dass auch Geschichten, die von etwas erzählen, das nicht ganz genau so passiert ist, uns begeistern können. Und was noch wichtiger ist: Ich glaube, dass sie trotzdem etwas ausdrücken können, was wirklich stimmt.

In unserer Bibel haben wir zwei unterschiedliche Geschichten über Jesu Geburt. Wir wissen nicht, ob das genauso passiert ist, wie Lukas uns erzählt, oder wie Matthäus es berichtet. Wer von beiden hat recht? Oder ob vielleicht sogar nichts davon genauso gewesen ist? Ich glaube, es kommt nicht auf Kleinigkeiten an. Die Geschichten sind trotzdem wahr. Als sie aufgeschrieben wurden, lag die Geburt Jesu schon lange zurück. An manches kleine Detail konnte man sich vielleicht nicht mehr erinnern, deshalb haben zwei Leute zwei verschiedene Versionen der einen Geschichte geschildert. Trotzdem sind beide wahr: sie drücken aus, wovon diejenigen, die sie aufgeschrieben haben, fest überzeugt waren. Die Geschichten haben etwas Wichtiges gemeinsam. Beide zeigen, dass das Kind, das geboren wird, Jesus, ein ganz besonderes Kind ist: Einmal verkünden Engel seine Geburt, einmal geht ein Stern für ihn auf. In beiden Geschichten bekommt es besondere Namen: „Retter" wird es bei Lukas genannt, „König" bei Matthäus. Wir wissen nicht genau, was bei Jesu Geburt passiert ist. Aber wir wissen: Als Jesus erwachsen war, muss er viele Menschen sehr begeistert haben mit dem, was er gesagt und getan hat: wie er Menschen von Gott erzählt hat. Wie er sich um Kranke gekümmert und sie geheilt hat. Wie er Menschen getröstet hat, die einsam oder traurig waren. Wie er mit denen zusammengesessen und gegessen hat, mit denen sonst niemand etwas zu tun haben wollte. Viele Menschen, die ihm begegnet sind, haben gespürt: Dieser Jesus ist ein ganz besonderer Mensch. Er hat Macht, außergewöhnliche Dinge zu tun, und setzt sie zum Wohl anderer ein – wie ein guter König. Er spürt, was Menschen brauchen, und ist voll und ganz für sie da – ein Retter in der Not. Diese Menschen waren so beeindruckt von der Begegnung mit Jesus, dass sie weitererzählt haben, was sie mit ihm erlebt haben. Manche haben es aufgeschrieben, sodass wir es heute lesen können. Die Geschichten, auch die Geschichten von Jesu Geburt, sollten zeigen, wer Jesus für sie war: ihr König, ihr Retter.

Franziska Rauh

Taufe des Herrn (B)

LIEDVORSCHLÄGE

Gesänge

Eröffnungsgesang: Kommt herbei, singt dem Herrn (GL 140)*; Gloria:* Gloria, Ehre sei Gott (GL 169); *Antwortgesang:* Seht, unser König kommt (GL 263) mit den Psalmversen; *Ruf vor dem Evangelium:* Halleluja (GL 175,6); *zur Gabenbereitung:* „Was uns die Erde Gutes spendet" (GL 186); *Sanctus:* Heilig ist Gott in Herrlichkeit (GL 199); *Danklied:* All meine Quellen entspringen in dir (GL 397).

ERÖFFNUNG

Liturgischer Gruß
Der menschgewordene Gott sei mit euch / ist mit uns allen.

Einführung
Heute, mit dem Fest der Taufe Jesu, endet der Weihnachtsfestkreis und das Kirchenjahr, der Alltag nimmt seinen Lauf.
Jesu öffentliches Wirken beginnt mit der Zusage Gottes an ihn: „Das ist mein geliebter Sohn, an dem ich Gefallen gefunden habe". Aus dieser Zusage lebt und wirkt Jesus.
Auch wir sind Gottes geliebte Kinder, auch uns spricht Gott diesen Satz zu und auch wir sind eingeladen, aus diesem Vertrauen zu leben.

Kyrie-Litanei
Herr Jesus, du menschennaher Gott. Herr, erbarme dich.
Du Bote der Liebe und Barmherzigkeit Gottes. Christus, erbarme dich.
Du Freund des Lebens. Herr, erbarme dich.

Tagesgebet
Allmächtiger, ewiger Gott,
bei der Taufe im Jordan
kam der Heilige Geist auf unseren Herrn Jesus Christus herab,
und du hast ihn als deinen geliebten Sohn geoffenbart.
Gib, dass auch wir,
die aus dem Wasser und dem Heiligen Geist wieder geboren sind,
in deinem Wohlgefallen stehen
und als deine Kinder aus der Fülle dieses Geistes leben.
Darum bitten wir durch Jesus Christus.

1. Lesung: Jes 42,5a.1–4.6–7
Jesaja kündet im Gottesknecht das Kommen einer Gestalt, eines „Knechts", an, der Recht und Gerechtigkeit zu den Menschen bringt.

2. Lesung: Apg 10,34–38
Petrus begreift, dass es bei der Nachfolge Jesu wichtig ist, von Gottes Geist erfüllt zu sein und daraus zu handeln.

Evangelium: Mk 1,7–11
Jesus lässt sich von Johannes taufen und sieht den Himmel offenstehen. Er erfährt die öffentliche Bestätigung, dass er Gottes geliebter Sohn ist.

FÜRBITTEN

Der Herr, unser Gott, lädt uns ein, mit unseren Bitten und Anliegen zu ihm zu kommen. Und so bitten wir voll Vertrauen:

- Für alle, die heute getauft werden: lass sie dich als wunderbaren Wegbegleiter, als wunderbare Wegbegleiterin erfahren. Wir bitten dich ...
- Für alle, deren Taufe schon länger zurückliegt: erneuere und erfrische ihren Glauben und ihre Beziehung zu dir. Wir bitten dich ...
- Für alle Menschen, die sich nach Liebe und Annahme sehnen: lass sie spüren, dass sie deine geliebten Kinder sind und Menschen finden, die sie so annehmen, wie sie sind. Wir bitten dich ...
- Für alle verwaisten Kinder: lass sie eine Familie finden, bei denen sie Geborgenheit und Liebe erfahren. Wir bitten dich ...
- Für Menschen, um deren körperliches oder seelisches Leid wir wissen: sei du bei ihnen und heile sie. – Wir bitten dich ...

Herr, du bist gütig und barmherzig. Du bist wie eine liebende Mutter und wie ein liebender Vater. Wir loben dich und preisen dich.

ELEMENTE FÜR DIE EUCHARISTIEFEIER

Zum Vaterunser
Auch uns spricht Gott heute zu: „Du bist mein geliebter Sohn, du bist meine geliebte Tochter, an dir habe ich Gefallen gefunden". So dürfen wir vertrauensvoll mit den Worten beten, die Jesus selbst uns gelehrt hat:
Vater unser ...

Kommunionvers
„Dieser ist es, über den Johannes gesagt hat:
Ich habe es gesehen und lege Zeugnis ab:
Dieser ist der Sohn Gottes" (Joh 1,30.34).

Zur Tauferinnerung

Der Gottesdienstleiter / die Gottesdienstleiterin geht mit den anderen liturgischen Diensten zum Taufort oder es wird ein geeignetes Gefäß mit Wasser gebracht. Es folgt der Lobpreis über das Wasser.

L: Liebe Schwestern und Brüder! Am heutigen Tag denken wir daran, dass Jesus im Jordan getauft wurde. Wir sind eingeladen, uns bewusst an unsere eigene Taufe zu erinnern und sie ganz persönlich vor Gott zu erneuern. *A:* Wir preisen dich.

L: Wir preisen dich, Gott und Vater unseres Herrn Jesus Christus und unser aller Vater. Du schenkst uns in der Taufe neues Leben. Wir loben dich. *A:* Wir preisen dich.

L: In deinem Sohn Jesus Christus machst du alle, die im Wasser und im Heiligen Geist getauft sind, zu deinem Volk. Wir loben dich. *A:* Wir preisen dich.

L: Durch den Geist deiner Liebe machst du uns frei und schenkst uns deinen Frieden. Wir loben dich. *A:* Wir preisen dich.

Während das Wasser über der Gemeinde ausgesprengt wird, kann das Lied „Lasst uns loben, freudig loben" (GL 489) oder ein anderes geeignetes Lied gesungen werden.

Segensbitte

Gott, der die Liebe ist, segne uns und sei bei uns auf all unseren Wegen. Es segne uns der allmächtige und gute Gott, der Vater und der Sohn und der Heilige Geist.

Stephanie Kersten

Von geknickten Rohren und glimmenden Dochten

Der Prophet Jesaja mit seinen ausdrucksstarken Bildern prägt die Advents-
und Weihnachtszeit. Er spricht an mit seiner Klarheit und Einfachheit, mit seiner Weisheit und Kraft. Am Sonntag, der an die Taufe Jesu erinnert, wird die
Berufung des Propheten gelesen. Sie ist zugleich das erste von vier Gottes-
knechtliedern, die von der Sendung des Propheten zeugen. Worin liegt seine
besondere Berufung?

Das erste Charakteristikum seiner Berufung ist seine Erwählung durch Gott.
Er hat nicht einen Beruf ergriffen, sondern ist ergriffen worden. Er hat sich
seine Lebensaufgabe nicht ausgesucht, sie wurde für ihn ausgesucht. Und der
Prophet nimmt diese Berufung an, er lässt sich in Dienst nehmen von JHWH
und verzichtet darauf, sein Leben selbst zu gestalten. Gottes Unterstützung
ist ihm dabei gewiss. Er ist erwählt und wird gestützt von Gott. Seine Aufgabe
ist es, den Völkern das Recht zu bringen. Eine gewaltige Aufgabe angesichts
des Unrechts in der Welt. Sie reicht weit über die Grenzen des Volkes Israel hinaus, sie ist universal. Und Jesaja stellt sich dieser Berufung.

Welche Charaktereigenschaften bringt er dazu mit? Er scheint kein Mann der
lärmenden Worte zu sein. Man hört ihn nicht auf der Straße mit lauter
Stimme. Er scheint ein Mann des Hintergrunds zu sein, der mit Diplomatie
vorgeht. Vor allem ist er barmherzig mit sich und anderen: Er zerbricht nicht
das geknickte Rohr und löscht den glimmenden Docht nicht aus. Damit ist er
das Gegenteil eines Machtmenschen, der bei seinen vermeintlichen Gegnern
Schwächen und Fehler sucht und es perfekt versteht, diese zu seinem Vorteil
zu nutzen – koste es, was es wolle. Der Prophet hingegen streut kein Salz in offene Wunden und zerstört nicht die Hoffnung von Menschen. Er hat es nicht
nötig, seine Macht auszuspielen, denn durch ihn hindurch handelt der Mäch-
tigste: Gott selbst. Und so bringt er das Recht auf diese Erde. Er scheint friedlich zu sein, im Frieden mit sich sucht er den Frieden mit anderen.

Eine weitere Eigenschaft des Propheten sind sein Durchhaltevermögen und
seine Resilienz. Mit einem klaren Ziel vor Augen, für das es sich lohnt zu leben
und zu leiden, geht er seinen Weg im Auftrag Gottes. „Wer ein Warum zu
leben hat, erträgt fast jedes Wie." (Viktor Frankl) – das „Warum" des Propheten ist seine ihm von Gott anvertraute Aufgabe. Er gibt nicht auf, denn Gott
gibt ihn nicht auf. Sein Selbstverständnis wurzelt im tiefen Glauben, dass Gott
ihn geschaffen hat, Bund für sein Volk und Licht für die Völker zu sein.

Seine Aufgaben sind nicht einfach: Er öffnet blinde Augen, holt Gefangene aus
den Kerkern und befreit aus der Dunkelheit. Unermüdlich, gegen alle Widerstände. Diese Berufung des Gottesknechtes wird von Jesus fortgesetzt. Mit seiner Taufe im Jordan beginnt das Markusevangelium, von seiner Sendung zu erzählen. Es lohnt sich, in diesem neuen Lesejahr das Mk-Evangelium neu zu
entdecken. Jesus zerbricht kein Rohr und löscht keinen Docht aus. – Möchten
Sie diesem Jesus nachfolgen?

Beate Kowalski

Alles gratis!

„Heute alles gratis!"
Manch einer würde sich gewiss die Augen reiben, wenn ein solches Schild vor einem Lebensmittelgeschäft prangen würde. Viele würden es vermutlich für einen Witz halten.

Vielleicht würden andere die Probe aufs Exempel machen und zunächst behutsam einige Dinge in ihren Einkaufswagen legen, um zu checken, ob dieses Versprechen auch tatsächlich gilt, oder ob es nicht doch am Ende einen Haken an der Sache gibt.

Wiederum andere würden gar keine Bedenken an den Tag legen und ihren Einkaufswagen gleich bis oben hin vollladen – unbedacht dessen, ob sie die Dinge, die sie da anhäufen, auch verzehren können.

Ich vermute, auch die Zeitgenossen des Propheten Jesaja trauten zunächst ihren Ohren nicht, als er ihnen eine solche Ankündigung machte: „Kauft Getreide und esst, kommt und kauft ohne Geld, kauft Wein und Milch ohne Bezahlung!" In einer Zeit, in der jedes Nahrungsmittel der Erde hart abgerungen werden musste, in der die Menschen der Natur noch viel stärker als heute ausgeliefert waren und dies jeden Tag zu spüren bekamen, lud ein solches Angebot ein zum genauen Hinhören: „Hört auf mich, dann bekommt ihr das Beste zu essen! Neigt euer Ohr mir zu! Hört, dann werdet ihr leben."

ERINNERUNG IN ZEITEN DER ERNÜCHTERUNG

Nun geht es Jesaja aber nicht um eine gut lancierte Marketingstrategie. Er will kein neues Lebensmittelgeschäft am Markt etablieren. Es geht ihm darum, seinen Zeitgenossen den Gott Israels wieder und neu in Erinnerung zu rufen: den Herrn, der sein Volk nicht aus den Augen verliert, sondern immer für seine Auserwählten da ist. Angesichts der Ernüchterungen, die dem auserwählten Volk im Laufe seiner Geschichte widerfahren, ist eine solche Erinnerung immer wieder angebracht: „Wer mit Gott im Bunde steht, wer mit ihm im Bunde bleibt, der wird letztlich die Erfahrung von Leben machen", dies ruft Jesaja dem Volk zu.

Damals wie heute scheinen Ernüchterungen und Enttäuschungen Gläubige dazu zu verleiten, den Bund in Frage zu stellen und den Alltag immer mehr so zu leben, als gäbe es Gott nicht. Deshalb seine eindringliche Bitte, auf Gott zu hören, ihm Raum zu geben. Und seine Erinnerung daran, wie groß Gott letztendlich sein Volk gemacht hat.

Gott scheint einer zu sein, der sich ab und an vor den Menschen verbirgt. Er will gefunden werden. Und diese Suche ist manchmal mühsam, sie braucht Geduld. Noch ist Zeit, so der Prophet, sich auf diese Suche zu machen. Noch ist Zeit, die Barmherzigkeit Gottes zu erfahren, Gott hat noch nicht abgeschlossen, hat noch keinen Schlussstrich gezogen. Er ist offen für den, der sich ihm öffnet. Auch das gilt damals wie heute.

Wobei der Prophet durchaus die Erfahrung mitbedenkt und in den Raum stellt, dass Gott oft genug anders ist, als wir ihn gerne hätten. Bei aller Nähe, die Menschen durch Gott erfahren, bleibt er doch auch der ganz Andere, der Fremde. Er bleibt der, dessen Gedanken und dessen Handeln weit erhaben sind über das menschliche Denken und Handeln. Gott ist nicht einfach der Erfüllungsgehilfe unserer Wünsche und Bedürfnisse. Auch diese Erfahrung gilt es zu durchleben und manchmal sehr existenziell zu durchleiden.

Aber eines ist für den Propheten auch sicher: Gottes Wort entfaltet immer Wirkmacht. Gottes Wort verhallt nicht in Raum und Zeit. Gottes Wort schafft Realität. Gottes Wort setzt Reifungsprozesse in Gang. Sein Wort bleibt nicht leer, es kehrt gefüllt zurück. Ob wir das wahrnehmen und das in unserem menschlichen Handeln einlösen können, steht allerdings auf einem anderen Blatt.

Sein Vertrauen auf Gottes Wort, das wirksam ist, macht dem Propheten Mut, sich zum Sprachrohr dieses Wortes zu machen. Und dieses Vertrauen lässt ihn auch angesichts der ernüchternden und enttäuschenden Realität nicht verzagen. So kann er seinen Zeitgenossen ein Wort der Hoffnung zusprechen.

AUS DER ZUSAGE LEBEN

Dieses wirkmächtige Wort wird spürbar, wo immer und wann immer Menschen aus der Zusage Gottes leben und ihr ganzes Leben prägen lassen. Die grundlegende Zusage Gottes dürfen Christinnen und Christen in der Taufe erleben. „Du bist mein geliebter Sohn, meine geliebte Tochter. An dir habe ich Gefallen gefunden." Zeichenhaft wird der Christ in die neue Realität, die sein ganzes Leben prägen soll, hineingetaucht.

Aus dieser Zusage heraus darf er sein Leben gestalten und seinen Alltag prägen. Der Gläubige darf sich geborgen und gehalten wissen, auch in den Schwierigkeiten des Alltags und den Untiefen des menschlichen Lebens. Der einmal geschlossene Bund trägt ihn selbst in der Angst der Krankheit und in der Not des Todes. Insofern ist die Taufe ein grundlegender Wechsel der Lebensperspektive: In ihr manifestiert sich die Zusage einer Liebe, die einem geschenkt wird – ganz ohne Vorleistung, ganz unverdient. „Alles gratis" – heute und das ganze Leben hindurch! Dazu muss man nur den Zuspruch Gottes lebendig halten und sich immer wieder seiner vergewissern.

Es bedarf des Lebendighaltens der Sehnsucht – der Sehnsucht nach jenem Leben, das auch die inneren Sehnsüchte zu stillen vermag.

Es geht also um weit mehr als nur darum, satt zu werden. Es geht um weit mehr als um erlesene Köstlichkeiten, die man gratis genießen darf. Es geht um eine tiefe Gewissheit, geborgen und angenommen zu sein. Dieses Beste gibt uns Gott zu essen, gemäß der Zusage des Jesaia: das wahre Leben. Das Johannesevangelium spricht vom Leben in Fülle, das sich immer mehr entfalten wird, das wächst und reift – allmählich, Tag um Tag.

Markus W. Konrad

Ein Glaube für alle Sinne

Unser Glaube ist etwas für alle Sinne. Etwas zum Hören und Sehen, aber auch zum Schmecken und Tasten. Und er ist auch dreidimensional: Er spielt sich ab im Raum zwischen Himmel und Erde. In Räumen, die mit Menschen, Bewegung und Musik gefüllt sind. Vielleicht war/ist die Corona-Krise auch deswegen so besonders schwierig zu bewältigen für viele von uns. Plötzlich konnten wir nicht mehr Weihwasser fühlen und Weihrauch riechen. Wir haben nicht mehr zusammen in der Kirche gesungen. Und es war gefährlich, sich zu berühren. Zum Beispiel beim Friedensgruß, bei der Kommunion – oder auch: bei der Taufe.

SAKRAMENTE DER BERÜHRUNG

Unser Glaube ist etwas für alle Sinne – und in den Sakramenten drückt sich das besonders aus. Bei der Taufe zum Beispiel gießen wir Wasser über den Kopf des Täuflings. Und wir salben ihn mit Öl. Familie und Freundinnen und Freunde zeichnen dem Täufling ein Kreuzzeichen auf die Stirn. Lauter Dinge, die wir riechen und fühlen können. Wir sprechen nicht einfach nur Worte. Wir tun etwas, wir spüren und erleben etwas. Begonnen hat diese Art des Glaubens mit allen Sinnen schon vor zweitausend Jahren mit Jesus von Nazaret. Auch er war einer, der nicht nur geredet, sondern auch getan hat. Er hat Menschen berührt, Kranken die Hände aufgelegt. Er hat gerne mit Menschen getrunken und gegessen. Und auch seine eigene öffentliche Geschichte beginnt mit einem Erlebnis, das voller Sinneseindrücke ist. Als Jesus zu Johannes an den Jordan kommt, da lässt er sich taufen, und das war damals wohl noch stärker eine spürbare Sache als heute: Jesus ist dafür ganz ins Wasser hineingestiegen. Untertauchen – und als neuer Mensch wieder auftauchen: ein besonderes Erlebnis. Manchen mag das erinnern an heiße Sommertage, an denen ich mich nach einem kühlen Bad auch manchmal wie neugeboren fühle. Und dann geschieht da am Jordan auch noch etwas Besonderes im Raum zwischen Himmel und Erde: Der Himmel reißt auf, der Geist kommt wie eine Taube auf Jesus herab und eine Stimme spricht: „Du bist mein geliebter Sohn!" Was für ein großes Erlebnis für alle Sinne!

EIN GOTT, DER BERÜHRT

Dieser Jesus von Nazaret ist Gottes Sohn: Das wird hier mit besonderem Sinnesspektakel deutlich gemacht. Mit Jesus ist ja Gott sozusagen besonders in unsere Sinneswelt eingegangen, er hat Hände und Füße bekommen. An Weihnachten haben wir das wieder neu gefeiert. Schon das Alte Testament erzählt davon, dass Gott den Menschen nahe ist und sich sinnenfreudig erleben lässt, etwa im sanften Säuseln des Windes am Berg Horeb bei Elija.

Jetzt mit Jesus von Nazaret kann Gottes geliebter Sohn die Liebe und Zärtlichkeit Gottes noch konkreter und sinnenhafter weitergeben an uns Menschen. Er berührt die Menschen, er lässt sich berühren, sogar von Menschen, die eigentlich unberührbar sind, wie die blutflüssige Frau. Jesus setzt sich dieser Welt wirklich mit allen Sinnen aus. Er lässt sich taufen von Johannes, er lässt sich kurz vor seinem Leidensweg salben von einer Frau. Er will die Nähe der Menschen. Und so ist auch unser christlicher Glaube – und vielleicht besonders der katholische Glaube – ein Glaube voller Nähe und Berührung.

CORONA-KRISE: GLAUBE OHNE BERÜHRUNG

Jetzt aber, in der Corona-Krise: keine Berührung mehr, alle Menschen müssen auf Abstand gehen. Das war wirklich ein schwerer Einschnitt, nicht nur für unser alltägliches Leben, sondern auch für unseren Glauben. Ohne Berührung, ohne Sinneserlebnisse fehlt unserem Glauben etwas Entscheidendes. Viele haben das schmerzlich so erlebt. Aber natürlich konnte die Alternative auch nicht sein: Wir ignorieren das Virus und machen weiter wie bisher. Dafür war dieses Corona-Virus viel zu gefährlich. Auch das haben manche ja erleben müssen. Und wir haben es gesehen in den furchtbar vielen Kranken und Toten auf der ganzen Welt. Unser Gott und Jesus, sein geliebter Sohn, wollen das Heil für unsere Seele – und das Heil für unseren Leib. Jesus hat die Kranken geheilt. Das Markus-Evangelium erzählt davon: Gleich nach seiner Taufe beginnt Jesus damit, Menschen vom Fieber oder von einer Lähmung zu befreien. Er hätte es sicher nicht gewollt, dass wir es riskieren, andere anzustecken mit einer gefährlichen Krankheit. Unser Glaube ist ein Glaube für alle Sinne, das bedeutet auch: Wir müssen uns auch um unseren Leib kümmern, wir dürfen ihn nicht vernachlässigen oder abwerten. Immer wieder stand das Christentum in der Gefahr, leibfeindlich zu sein. Aber Jesus hat den Leib der Menschen geschätzt und geschützt. Die Gesundheit der Menschen war ihm wichtig.

NÄHE UND FÜRSORGE, AUCH AUF DISTANZ

Vielleicht ist deswegen gerade eine besondere Zeit, unseren Glauben mit allen Sinnen zu erleben und zu leben. Wenn ein gefährliches Virus uns dazu zwingt, auf Distanz zueinander zu gehen: Dann müssen wir neue Formen der Nähe und der Berührung entwickeln – und das haben ja viele von uns auch schon getan. Wir können das Hinhören neu entwickeln, wenn wir mehr und länger miteinander telefonieren. Wir können einander auf Distanz freundliche Blicke zuwerfen und einander zulächeln. Wir können uns zum Gottesdienst am Fernseher oder Radio verabreden und uns in unseren Wohnzimmern bewusst eine Kerze dazu anzünden und die Lieder mitsingen. Wir können Menschen, die vielleicht einsam sind, zum Sonntagsspaziergang einladen oder ihnen ein leckeres Essen vorbeibringen. „Du bist mein geliebter Sohn!" So hat die Stimme aus dem Himmel gerufen, und vielleicht könnte auch das eine Möglichkeit sein, Nähe zu schenken: indem ich dem anderen zurufe: Auch du bist ein geliebtes Kind Gottes!

Beate Hirt

Taufe – Entscheidung für Jesus

ZUR ERÖFFNUNG

Ich darf euch alle ganz herzlich zu unserem Gottesdienst begrüßen. Jesus hat uns in seine Nachfolge gerufen. Wir sind seine Freunde, wir gehören zu ihm. In der Feier des Gottesdienstes erneuern wir die Freundschaft mit ihm. Er ist immer mit uns auf dem Weg. Er geht mit auf unserem Lebensweg. So wollen wir ihn jetzt im Kyrie in unserer Mitte begrüßen.

ZUR VERKÜNDIGUNG

Evangelium: Mk 1,7–11 *(später verkündigen)*

Mit dem heutigen Sonntag beginnt in der Kirche wieder der Alltag. Die letzten Wochen haben wir groß gefeiert: Weihnachten – das Fest der Geburt Jesu: Maria, Josef und Jesus als Kind in der Krippe. Und auch das Fest der Heiligen Drei Könige habt ihr sicherlich noch in guter Erinnerung!? Die Könige aus dem Osten kommen zu Jesus und bringen ihm Geschenke. Jetzt wird es wieder ruhiger. Nach den vielen Hochfesten starten wir im Kirchenjahr heute in die Zeit im Jahreskreis. Wir machen einen großen Sprung: Eben stand Jesus noch als kleines Baby im Mittelpunkt. Heute schon erleben wir ihn als jungen Mann. Jesus steht am Beginn seines Wirkens und er kommt zu Johannes an den Jordan, um sich taufen zu lassen. Hören wir auf die Botschaft des Evangeliums. *(Evangelium jetzt verkündigen)*

JOHANNES – DER RUFER IN DER WÜSTE

Am Anfang des Wirkens Jesu steht die Begegnung mit Johannes dem Täufer. Habt ihr schon vom ihm gehört? (–) Johannes ist der Rufer in der Wüste. Er bereitet Jesus den Weg. Er ist der Vorläufer. Seine Aufgabe ist es, auf Jesus hinzuweisen. Er will die Menschen auf das Kommen Jesu vorbereiten. In dieser Mission ist er unterwegs und damit ganz auf Jesus hin ausgerichtet. Johannes will ihm dienen und alles tun, damit die Menschen Jesus vertrauen. Und seine Rede ist eindeutig: „Nach mir kommt einer, der ist stärker als ich; ich bin es nicht wert, mich zu bücken, um ihm die Riemen der Sandalen zu lösen." Johannes nimmt sich ganz zurück, für ihn zählt nur Jesus. Das ist seine Berufung.

TAUFE – ENTSCHEIDUNG FÜR EIN NEUES LEBEN

Johannes ruft die Menschen zur Umkehr. Mit einem wirkmächtigen Zeichen bereitet er die Menschen auf Jesus vor. Er taucht sie unter im Wasser des Jordan. Er tauft sie. In der Taufe bringen die Menschen zum Ausdruck: Ich möchte ein neues Leben beginnen. Ich will umkehren. Ich möchte mich vorbereiten auf das Kommen Jesu. Und im letzten: Ich entscheide mich für Jesus. Viele Menschen waren damals in großer Erwartung. Sie haben auf einen Retter gewartet, der ihnen Kraft und Hoffnung gibt, der sie befreit aus ihrer Not.

JESUS – GOTTES GELIEBTER SOHN

Jesus beginnt seine Mission in der Wüste. Er braucht diese Zeit der Vorbereitung für seine große Aufgabe. Er ist der verheißene Retter, er will Gottes Liebe den Menschen verkünden und ihnen ein neues Leben schenken. Und auch er macht sich auf den Weg zu Johannes. Er will sich taufen lassen!

Für Jesus ist die Taufe ein mächtiges Zeichen: Der Himmel öffnet sich, die Kraft Gottes, der Heilige Geist, kommt auf Jesus herab und eine Stimme ertönt: „Du bist mein geliebter Sohn, an dir habe ich Wohlgefallen gefunden." Mit dieser Zusage bekommt Jesus jetzt die Kraft, seinen Weg zu gehen. Jetzt kann er sich auf den Weg machen und Gottes Liebe unter den Menschen bekannt machen. Jetzt ist er bereit für seine Mission. Im Laufe der nächsten Wochen werden wir hören, wie Jesus unterwegs ist, wie er seine Jünger beruft und Gottes gute Botschaft zu den Menschen bringt.

UNSERE TAUFE – WIR SIND GOTTES GELIEBTE KINDER

Auch wir sind getauft. Unsere Eltern haben uns als Kinder taufen lassen. Sie haben für uns entschieden: Du sollst zu Jesus gehören. Mit der Taufe sind wir aufgenommen worden in die große Schar von Menschen, die zu Jesus gehören. Wir dürfen darauf vertrauen, dass Gott zu jedem von uns spricht: „Du bist mein geliebtes Kind! Ich möchte, dass du glücklich wirst in deinem Leben! Ich bin bei dir." Das ist die Zusage, die wir in der Taufe bekommen. Sie steht vor allem. Und diese Zusage soll uns Kraft geben, den Weg mit Jesus zu gehen. Wir wissen, dass das nicht immer einfach ist. In unserem Leben läuft nicht alles rund. Es gibt Höhen und Tiefen, Schönes und Schmerzliches. Mal spüren wir Gottes Nähe, mal spüren wir sie nicht. Aber im Kern steht die Botschaft der Taufe: „Du bist meine geliebte Tochter, mein geliebter Sohn. An dir habe ich Wohlgefallen gefunden! Du gehörst zu mir!"

TAUFE JESU – ENTSCHEIDUNG FÜR JESUS

Heute am Fest Taufe Jesu erinnern wir uns an unsere Taufe. Wir wollen unsere Entscheidung für Jesus erneuern. In der Feier des Gottesdienstes bringen wir zum Ausdruck: Ich entscheide mich für Jesus. Ich will zu Jesus gehören. Ich will seine gute Botschaft zu den Menschen bringen.

Es ist gut, dass wir dies am Anfang eines neuen Jahres gemeinsam tun. Denn wir brauchen die gegenseitige Unterstützung auf diesem Weg. Wir müssen uns gegenseitig ermutigen und Gott um seine Kraft für diese Mission bitten. Gehen wir so gestärkt durch Gottes Zusage in das neue Jahr.

Steffen Knapp

Zweiter Sonntag (B)

LIEDVORSCHLÄGE

Gesänge

Eröffnungsgesang: Gott ruft sein Volk zusammen (GL 477,1–3); *Antwortgesang:* Selig der Mensch, der seine Freude hat (GL 31,1) mit den Psalmversen; *Ruf vor dem Evangelium:* Halleluja (GL 174,5) mit dem Vers; *zur Gabenbereitung:* Sonne der Gerechtigkeit (GL 481,1+4–5); *zur Kommunion:* Ich lobe meinen Gott von ganzem Herzen (GL 400,1–2); *zur Entlassung:* Gott liebt diese Welt (GL 464,1–5).

ERÖFFNUNG

Liturgischer Gruß

Jesus Christus, dem wir im Advent einen Weg in unsere Welt bereiten wollen, er sei mit euch / ist mit uns allen.

Einführung

Nach dem Fest der Taufe Jesu am vergangenen Sonntag hat fast unbemerkt die Zeit im Jahreskreis begonnen. Der Alltag hat wieder angefangen, das Jahr ist jung. Von Anfängen hören wir auch heute in den Lesungen. Sie sind Chancen, sie können das Leben völlig verändern. Neues kann wachsen. Auch wir sind neue Menschen geworden durch die Taufe und den Glauben an Jesus, den Herrn. Lasst uns sein Erbarmen anrufen.

Kyrie-Litanei

Herr Jesus, du bist vom Vater in die Welt gekommen.
Herr, erbarme dich.
Du hast uns als Zeugen für dein Reich berufen.
Christus, erbarme dich.
Du gehst mit uns, wenn wir unterwegs zu den Menschen sind.
Herr, erbarme dich.

Tagesgebet der Eucharistiefeier

Allmächtiger Gott,
du gebietest über Himmel und Erde,
du hast Macht über die Herzen der Menschen.
Darum kommen wir voll Vertrauen zu dir;
stärke alle, die sich um die Gerechtigkeit mühen,
und schenke unserer Zeit deinen Frieden.
Darum bitten wir durch Jesus Christus.

Perikopengebet der Wort-Gottes-Feier
Gott, unser Vater,
du hast uns in deine Kirche berufen.
Als deine Töchter und Söhne sind wir hier versammelt.
Wir bitten dich: Sende uns deinen Geist,
und mach uns zu einem Licht der Völker,
damit dein Heil durch uns verkündet wird
bis an die Grenzen der Erde,
und alle Menschen deinen Sohn erkennen,
Jesus Christus, unseren Herrn.

ZU DEN SCHRIFTLESUNGEN

1. Lesung: 1 Sam 3,3b–10.19
Der junge Samuel hat noch keine eigene Erfahrung, wie der Herr spricht. Auch sein Mentor Eli erkennt das Wort des Herrn nicht sofort. Er kann seinen Schüler aber lehren, wie man angemessen auf Gottes Ruf antwortet.

2. Lesung: 1 Kor 6,13c–15a.17–20
In der Hafen- und Handelsstadt Korinth sitzen die Sitten mitunter locker. Paulus erinnert die Gemeinde daran, dass ihr Lebensstil sich unterscheiden muss, weil die Getauften mit Seele und Leib dem Herrn gehören.

Evangelium: Mk 1,1–8
Für Glauben und Jüngerschaft sind zwei Dinge notwendig: Das Zeugnis von Menschen, die Jesus schon, kennen und die persönliche Begegnung mit ihm. Zwei Jünger gehen auf den Hinweis des Täufers zu Jesus und erleben einen unvergesslichen Tag. Das können sie nicht für sich behalten.

FÜRBITTEN

Unser Zeugnis in der Welt braucht Worte und Taten. Oft kommen wir selbst an Grenzen und wissen nicht weiter. Wir beten zu Gott im Vertrauen, dass er helfen kann, wo immer Menschen in Not sind.

- Für die Glaubensboten in aller Welt.
- Für die Gemeinden, die nach neuen Wegen der Verkündigung suchen.
- Für Eltern, die sich mühen, ihren Kindern den Glauben bekanntzumachen.
- Für Menschen, deren Einsatz nicht bemerkt und nicht gewürdigt wird.
- Für alle, die Kinder und Jugendliche begleiten.
- Für die Opfer von Menschenhandel und Zwangsprostitution.

In Christus sagen wir dir Dank, Gott, Vater aller Menschen. Er ist als der Lehrer zum wahren Leben gekommen. Wir vertrauen auf sein Wort und glauben, dass du unsere Bitten hörst. Sei gepriesen durch ihn, der mit dir und dem Heiligen Geist lebt in Ewigkeit.

Zum Vaterunser

Der Glaube an Jesus stiftet Gemeinschaft. So lasst uns zusammen zum Vater beten.

Zum Friedensgebet

Menschen, die aufeinander hören, werden Wege des Friedens gehen. Wir bitten:

Kommunionvers

Da gingen sie mit ihm und blieben bei ihm.

ELEMENTE FÜR DIE WORT-GOTTES-FEIER

Zum Friedenszeichen

L: Wir haben Jesu Einladung gehört: Kommt und seht!
Er schenkt uns seine Gemeinschaft
und macht uns in seiner Nachfolge zu Schwestern und Brüdern.
Geben wir uns ein Zeichen des Friedens, den wir als Jüngerinnen und Jünger des Herrn empfangen.

Lied zum Friedenszeichen: Bewahre uns Gott (GL 453,1–4).

Ruth Lazar

Kommt und seht! – Impulse für Mission heute?

Im heutigen Evangelium geht es um die Anfangszeit der Bewegung, die sich „in jener Zeit" um Jesus herum entwickelte. Der Taufritus des Büßers Johannes, der schon einige Jünger um sich gesammelt hatte, spielt dabei eine nicht unbedeutende Rolle. Es lohnt sich, genauer auf einzelne Aspekte dieser Ereignisse zu schauen, weil wir bis heute daran ablesen können, wie Verbreitung oder Weitergabe des Glaubens an Gott auch heute gelingen kann. Dabei ist zuerst festzustellen, dass nicht Glaubenswissen vermittelt wird, keiner ein Mehrpunkte-Programm zur Weitergabe aufstellt. Auf die heutige Zeit übertragen, könnten wir sagen: Keine Literaturliste spielt eine Rolle, keine weiterführenden Links, keine Apps. Es geht um die Art und Weise der Begegnung und was davon überzeugt oder – sagen wir es zuspitzend – mitreißend wirkt. – Johannes wird bei seiner Haupttätigkeit, dem Taufen, geschildert. Er scheint darauf nicht fixiert zu sein, als ob es die Welt um ihn herum in dem Moment nicht mehr gäbe. Johannes tauft und nimmt doch Jesus wahr, der vorübergeht. Seinen beiden Jünger bei ihm gibt er – en passant – den Hinweis: Seht das Lamm Gottes. Schaut hin, das ist der, der wie ein Lamm die Sünde der ganzen Welt auf sich nimmt und bereit ist, quasi als Opferlamm zur Sühne für aller Menschen Sünden zu sterben. Jesus ist der, der in seiner Liebe zu Gott und den Menschen bereit ist, sein Leben hinzugeben, damit alle Opfer ein Ende haben und das Verhältnis Gottes zu den Menschen völlig ungetrübt wiederhergestellt ist. Das überzeugt die Johannes-Jünger so sehr, dass sie ihren Meister verlassen und diesem Jesus folgen. Johannes will nicht für sich und seine Ideen Nachfolger um sich scharen, er steht im Dienst dessen, dem die Riemen von den Sandalen zu lösen er sich nicht wert findet. Johannes geht es nicht um sich. Er nimmt sich zurück, damit Jesus wachsen kann. Liebe Schwestern und Brüder, unsere Mission ist nicht auf die Mehrung unseres eigenen Ansehens ausgerichtet, sondern steht letztlich ganz im Dienst dessen, der uns berufen hat. Wenn ich mir so manches in der Kirche heute anschaue, möchte ich zurückfragen: Tut sie das? Haben wir Eifer für Christus? Ist unser Einsatz für Glaube und Kirche wirklich auf ihn ausgerichtet? Wie oft geht es doch leider in unserem Engagement letztlich um uns und unseren Ruf? – Die neuen Interessenten wollen wissen, wo Jesus wohnt, und fragen ihn einfach direkt. „Zeig mir, was in deinem Bücherregal steht, und ich kann dir sagen, wer du bist, wes Geistes Kind du vermutlich bist." An dieser Weisheit ist wohl einiges dran. Jesus lädt sie ein, und sie gehen mit ihm. Worüber werden sie gesprochen haben? Wovon das Herz voll ist, davon geht der Mund über. Immerhin muss der Austausch so spannend gewesen sein, dass der eine, Andreas, seinen Bruder Simon unbedingt auch von Jesus erzählen musste. Man ist sich in der persönlichen Begegnung und in den Gesprächen sicher geworden, dass Jesus der Messias, der Gesalbte, der Christus ist. Jesus weitersagen ist Mission. Er gibt dem Simon den neuen Namen der Berufung: Petrus – Fels.

Robert Jauch

Wo Gott heute spricht

Die Geschichte der ersten Lesung an diesem Sonntag ist natürlich bekannt: der junge Samuel, der dreimal von Gott im Tempel gerufen wird, bis er endlich versteht, dass ihn nicht der alte Priester Eli, sondern Gott selbst ruft. Ein Klassiker unter den Berufungsgeschichten. Aber es lohnt sich, diesen genau zu studieren, da sich immer wieder überraschende Hinweise finden, die unsere heutige Glaubens- und Kirchensituation erhellen können. Dabei muss man allerdings die ersten Verse des 3. Kapitels im 1. Samuelbuch dazu nehmen, die die heutige Lesung leider ausgelassen hat. Dort heißt es: „Der junge Samuel versah den Dienst des Herrn unter der Aufsicht Elis. In jenen Tagen waren Worte des Herrn selten; Visionen waren nicht häufig. Eines Tages geschah es: Eli schlief auf seinem Platz; seine Augen waren schwach geworden und er konnte nicht mehr sehen. Die Lampe Gottes war noch nicht erloschen und Samuel schlief im Tempel des Herrn, wo die Lade Gottes stand."

DAS TEMPELPERSONAL IST BEGRIFFSSTUTZIG

Wenn man von biblischen Zeiten liest und hört, dann drängt sich instinktiv der Gedanke auf, dass die Menschen damals frommer und gläubiger waren und Gott in ihrem Leben präsenter. Doch der Beginn des Samuelbuchs zeigt etwas anderes. So steht es hier: Worte Gottes waren selten und Visionen alles andere als häufig. Dazu berichtet der Text noch von Gegebenheiten mit hohem Symbolcharakter: Der maßgebliche Priester, Eli, schläft, ist schwach und sieht nicht mehr so gut. Es scheint so, als ob wir in eine Zeit und eine Situation schauen, wo es mit dem Glauben an Gott alles andere als gut steht. Insofern lassen sich da gut Parallelen zu unserer Zeit ziehen: Gottesworte sind selten und das Bodenpersonal scheint nicht besonders stark zu sein. Aber – und auch das hat Symbolcharakter: Die Lampe Gottes war und ist noch nicht erloschen.
Wen wundert es bei dieser Gesamtsituation, dass Samuel keine Ahnung hat, dass Gott es ist, der ihn in dieser Nacht ruft. Woher soll er die Stimme, die ihn weckt und bewegt, zuordnen können. Und auch der schwache und schläfrige Priester weiß überhaupt nicht, was da passiert – obwohl es mitten im Tempel stattfindet. „Nein, alles in Ordnung, leg dich wieder hin", ist so ungefähr alles, was ihm dazu einfällt. Doch wenn er den Ruf Gottes nicht erkennt, wer dann? Und Samuel? Er lebt zwar im Tempel, wie es heißt, hat aber offensichtlich keine Ahnung von Gott.

DIE ZEITEN SIND RELIGIONSPRODUKTIV

Wenig Ahnung von Gott – das scheint auch auf unsere Zeit zu passen, wenn man die Auslastung von Kirchen betrachtet. Verkauf oder Umwidmung von Kirchenräumen, weniger Gottesdienstzeiten, weniger Kirchenpersonal, weniger Ehrenamtliche, weniger Mitglieder. Die Liste ist bis zum Überdruss bekannt und doch zeigt sie immer nur einen Ausschnitt dessen, was unsere Zeit ausmacht. Denn Sinn erfahren, echtes Leben spüren, über sich selbst hinaus etwas finden, an etwas glauben können – das ist in unserer Gesellschaft nach wie vor präsent. Nur wird der Sinn des eigenen Lebens, der Glaube an das Größere eben nicht mehr nur in den Kirchen gesucht, sondern auch in Yoga-Studios, Naturerfahrungen (wie schon zu allen Zeiten), Achtsamkeitsübungen sowie selbst in hemmungslosen Feierexzessen und Shoppingtouren. Es muss doch mehr geben als den eigenen Alltag!

Die Menschen unserer Gesellschaft sind durch ihre vielfältige eigene Suche nach Sinn selbstbestimmter geworden – allerdings meist nicht zufriedener. Und das gilt auch für viele Kirchenmitglieder. Jede und jeder versucht halt so für sich das Beste daraus zu machen. Bei der Sinnsuche redet man sich ja auch möglichst gegenseitig nicht rein. Und bei Glaubensdingen eben auch nicht. Muss ja jede und jeder selber wissen – sagt man so.

DIE NOTWENDIGKEIT SPIRITUELLER NÄCHSTENHILFE

Dass dies aber so nicht richtig ist, zeigt sich auch in der Geschichte von der Berufung Samuels. Denn Samuel kann seine Erfahrung, den Ruf, den er hört, leider selbst überhaupt nicht zuordnen. Er braucht dazu jemanden, mit der oder dem er sich austauschen kann. Deshalb geht er zu Eli, seinem erfahrenen theologischen Lehrer. Es ist ebenfalls Zeichen dieser Zeit, dass der mit der Erfahrung Samuels erst einmal nichts anfangen kann, erst im dritten Anlauf versteht er, dass hier wirklich ein Ruf Gottes vorliegt. Und das ist nur allzu verständlich.

Heute wäre es sicher nicht anders. Heute einen Ruf Gottes zu entdecken ist selten. Das hat auch damit zu tun, dass allgemein Skepsis gegenüber allzu religiösen Zeichen herrscht. Ein Ruf Gottes in dieser Zeit, wie soll der denn aussehen? Aber die Sehnsucht ist da und vermutlich sind auch Zeichen und Rufe Gottes da. Wie im Samuelbuch scheint es allerdings zu wenig Ahnung darüber auf Seiten der Menschen zu geben, auch beim theologischen Fachpersonal, egal welcher Religion oder Konfession.

Immerhin: Samuel hat bei seinem Lehrer nachgefragt. Das ist sicher ein Weg, der heute zu wenig gegangen wird. Die wirklichen und echten Lebensfragen denen zu stellen, die dies vielleicht noch einmal anders einordnen können. Aber vermutlich wäre ein stärkerer Austausch zwischen allen, die Sinn und Glauben suchen, wichtig, egal, ob sie dies in der Kirche, der Moschee, dem Yogastudio oder der Natur tun. Für alle, die sich als Christinnen und Christen verstehen, wird es dabei besonders wichtig sein, keine Antworten zu geben, sondern erst einmal zuzuhören, wo denn welche Sehnsucht herrscht, wer sich denn auf welche Suche begeben hat oder wer welchen Ruf hört. Was heute nötig ist, ist ein ehrlicher Austausch darüber, welchen Sinn das Leben bietet, aber auch welche religiösen Quellen dafür als Deutung zur Verfügung stehen. Denn damals wie heute ist die Lampe Gottes nicht erloschen. Es fehlt nur oft an Ahnung und Offenheit, wie Gott in unserer Zeit wirkt, und an Ruhe und Aufmerksamkeit, seinem Ruf auf die Spur zu kommen.

Christoph Buysch

„Da gingen sie mit und sahen wo er wohnte ...“

Wenn es so einfach wäre: Die Leute laufen uns wie Jesus förmlich hinterher, wir brauchen nur die Arme auszubreiten und einzuladen: „Kommt und seht!“ – und schon bleiben sie bei uns. Und bringen gleich noch andere mit, die sie begeistern. Stattdessen laufen uns die Menschen offensichtlich scharenweise davon: Kirchenaustritte auf Rekordstand, Tendenz weiter steigend. Bis 2060 sind wir, so die Prognosen, auf die Hälfte der Mitglieder zusammengeschrumpft. Gottesdienstbesuch auf dem Tiefpunkt – nicht erst seit Corona. Von wegen: „Kommt und seht!“ – „Da gingen sie mit und blieben bei ihm!“ Was machen wir also falsch?

WOHNT JESUS BEI UNS, IN DER PFARRFAMILIE?

Vielleicht, so kam mir beim Lesen dieses Evangeliums, habe ich diesen Text die ganze Zeit immer völlig falsch verstanden. Ich habe uns, die Gemeinde, die Kirche, immer in der Rolle des Jesus gesehen: Wir laden ein, mit uns Gemeinschaft zu haben, mit uns zu leben und bei uns zu wohnen – im übertragenen Sinn. Ich bin groß geworden mit Pfarrern und Priestern, die gern von der „Pfarrfamilie“ sprachen: die Gemeinde als eine große Familie, eine Art Wohngemeinschaft, eine Lebensgemeinschaft um Jesus. Und genau so habe ich auch dieses Evangelium immer gedeutet: als Einladung, gemeinsam als eine große Wohn- und Lebensgemeinschaft mit Jesus zu leben. Und mich habe ich dann in den Jüngern gesehen, die Jesus begegnet sind, ihm folgen, bei ihm zuhause sein dürfen und die dann rausgehen wie Andreas zu seinem Bruder Simon und andere mit der Begeisterung anstecken: Wir haben den Messias gefunden! Und andere zu Jesus führen, sie mit ihm in Kontakt bringen. Was aber, wenn das gar nicht so gemeint ist? Oder zumindest auch ganz anders verstanden werden kann?

WAS, WENN JESUS DRAUSSEN WOHNT, BEI DEN MENSCHEN?

Was wäre, nur mal laut gedacht, wenn mit dem Ort, wo Jesus wohnt, nicht die Kirche gemeint wäre, nicht die Gemeinde oder Pfarrei, nicht unser Gotteshaus hier, wo er im Tabernakel gut gesichert verwahrt wird, das rote Alarmlichtchen immer wachsam brennend? Was wäre, wenn Jesus uns, seine Jünger, erstmal herauslocken wollte: „Kommt und seht!“ Und zwar zu den Menschen, die draußen sind, die der Kirche längst den Rücken gekehrt haben, aus welchen Gründen auch immer. Manche aus Enttäuschung, manche aus Wut über so viele Skandale, manche eher aus Gleichgültigkeit, aus eigener Nachlässigkeit; aber viele auch, weil niemand sie je wirklich mit diesem Jesus in Kontakt, in Berührung gebracht hat, weil sie also nie einen Zugang zu ihm gefunden haben. Was, wenn Jesus nun aber trotzdem ausgerechnet bei diesen Menschen wohnt, und die Einladung: „Kommt und seht!“ eigentlich die Aufforderung ist:

„Geht zu den Menschen draußen, schaut, wo sie wohnen, was sie bewegt, wonach sie sich sehnen, was ihre Sorgen, Nöte, Freuden sind!" Dann wird die Bewegung, ja unsere ganze Denkrichtung total auf den Kopf gestellt. Dann geht es nicht mehr darum, dass wir Menschen einladen müssen, um mit uns, der Kirche, der Pfarrfamilie zu leben, in der sicheren Gewissheit, dass wir ja Jesus „haben", sondern dann wäre dieses Evangelium die Aufforderung an uns, dass wir uns einladen lassen von denen, denen Kirche und Glaube scheinbar nichts mehr zu sagen hat. Die Einladung, dass wir schauen, wo und wie diese Menschen leben, was sie bewegt, ja und mehr noch: unser Leben mit ihnen zu teilen, oder besser sogar: dass wir wie die Jünger bitten, ihr Leben teilen zu dürfen, um zu sehen, zu begreifen, wo sie leben und dort – das ist für mich das eigentlich Spannende: Jesus selbst neu zu entdecken. Das macht natürlich nur Sinn, wenn ich glaube, dass Jesus bei diesen Menschen wohnt, dass er wirklich längst und immer schon dort und genau dort zuhause ist. Und ich nicht länger meine, ich muss der gottlosen Welt Jesus erst bringen. Da wäre tatsächlich unser ganzes Denken, unser Verständnis von Kirche und Gemeinde, unsere Pastoral auf den Kopf gestellt.

NACH DRAUSSEN GEHEN – UND JESUS NEU ENTDECKEN

An sich ist das alles nicht neu. Seit dem Zweiten Vatikanischen Konzil sind wir aufgefordert, nach draußen zu gehen, um die „Freude und Hoffnung, die Trauer und Angst der Menschen von heute, besonders der Armen und Bedrängten" (GS 1) zu teilen. Papst Franziskus wird nicht müde, die Kirche immer wieder daran zu erinnern: „Kirche sitzt nicht herum, sondern drängt nach draußen", sagt er und fordert uns auf, nicht nur eine Kirche zu sein, die mit offenen Türen aufnimmt und empfängt, sondern zu einer Kirche zu werden, die aus sich heraus zu denen geht, die nicht zu ihr kommen. Für mich hat es der verstorbene Aachener Bischof Hemmerle vielleicht am schönsten ins Wort gebracht: „Lass mich dich lernen, dein Denken und Sprechen, dein Fragen und Dasein, damit ich daran die Botschaft neu lernen kann, die ich dir zu überliefern habe." Dahinter steht die Erfahrung, dass wir eben Jesus nicht einfach „besitzen" und verwalten, sondern ihm wie die Jünger im Evangelium immer neu nachgehen, ihn suchen und entdecken müssen. Und immer neu fragen: „Herr, wo wohnst du?".

Nein, das alles ist nicht neu. Erschreckend ist nur, dass das auch mehr als 50 Jahre nach dem Konzil, mehr als 40 Jahre nach der Würzburger Synode, mehr als 35 Jahre nach jenem denkwürdigen Satz Bischof Hemmerles nicht in unserer pastoralen Praxis, nicht wirklich in unseren Herzen angekommen ist.

Was also, wenn seine Antwort an uns heute auch lautet: „Kommt und seht!" Und wenn wir tatsächlich mitgehen zu den Menschen draußen, den Enttäuschten, Verbitterten, den Gleichgültigen, den Bedrängten, den nach Sinn Suchenden, denen, die vor lauter Hektik und Alltagsstress gar nicht mehr nach einem Sinn fragen und so fort. Ich bin sicher: Wir würden genau dort Jesus neu finden. Denn bei diesen Menschen war er schon damals zuhause. Nicht im Tempel. Nicht in der Synagoge.

Tobias Schäfer

Dazugehören

Evangelium: Joh 1,35–42 *(später verkündigen)*

Liebe Kinder, liebe Gemeinde, mit der Taufe beginnt ein neues Leben. Der Täufling wird zu einem wichtigen Teil der christlichen Gemeinde. Die Frage „Gehöre ich schon dazu?" braucht ihr euch nicht zu stellen, denn ihr gehört dazu. Ihr und wir gehören zur großen Gemeinschaft Jesu, zur Kirche Christi. Irgendwie ist das immer wieder eine wichtige Frage. Wo gehöre ich dazu? Wann gehöre ich dazu? Zu einer Clique in der Schule oder in der Freizeit? Gehöre ich zum Team nur dann, wenn ich auf dem Fußballfeld spiele, oder auch, wenn ich nur auf der Ersatzbank sitze? Wann gehöre ich zu dieser Gesellschaft? Wenn ich hier geboren bin? Wenn ich so aussehe wie die meisten anderen? Wann gehöre ich dazu? Wenn ich ein gewisses Alter erreicht habe? Die Schule abgeschlossen ist? Wann gehöre ich dazu? Entscheide ich das eigentlich selbst? Entscheiden das andere für mich? Wann gehöre ich dazu? Zur Kirche und zur Kirchengemeinde mit der Taufe? Aber was ist dann mit den Ungetauften? Gehöre ich dazu, wenn ich mich immer so verhalte, wie es andere von mir möchten? Was heißt das eigentlich: „dazugehören"? *(Evangelium verkündigen)*

KOMMT UND SEHT

So viele Fragen! Liebe Kinder, liebe Erwachsene, jeder darf für sich die Frage beantworten: Willst du zur Kirche, zu Jesus gehören? Die Geschichten der Bibel helfen uns, Antworten zu finden. Im Johannesevangelium haben wir eben gehört, was Jesus ausgesprochen hat. Er sagte zu den beiden Jüngern, die auch viele Fragen hatten: „Kommt und seht!" Sie kamen und sahen und blieben an diesem Tag bei ihm. Was soll uns dieser Satz sagen? Jesus meint zu den Männern: Wenn du dazu gehören willst, zu mir und meiner Botschaft, komm mit, auch wenn du noch Fragen hast. Komm einfach mit. Vertraue mir, lass uns eine Gemeinschaft sein.
Ihr habt auch schon eure Erfahrungen mit Religion und Kirche gemacht. Einige von euch haben schon am Erstkommunionkurs teilgenommen oder viel im Schulunterricht gelernt. Eure Eltern, Lehrer und Großeltern haben mit euch darüber gesprochen. Ihr gehört dazu, ihr tragt einen Samen in euch. Aber wie bei den Jüngern wissen wir oft nicht, was es genau heißt, Jesus nachzufolgen. Zur Kirche zu gehören, heißt ja nicht automatisch, dass man alles vom Glauben weiß oder schon genau weiß, was man in Zukunft denkt.

WAS SUCHT IHR?

Jesus nimmt die Jünger und Jüngerinnen wahr und fragt: „Was sucht ihr?" Jesus beginnt den Anfang seiner Kirche mit einer Frage: Was sucht ihr? Es geht um Sehnsüchte der Menschen, um ihre Hoffnung. Jesus stellt sich nicht vor sie und sagt: Der und der und der bin ich. Jesus stellt eine Frage. Liebe Kinder, ist das nicht eine gute Nachricht? Jesus sagt nicht dies und das musst du tun oder lassen. Er fragt.

Welche Dinge dürfen wir entscheiden? Im Alltag gibt es immer wieder Situationen, in denen wir das machen müssen, was andere vorgeben. In der Schule, zu Hause, im Straßenverkehr. Es gibt Regeln und Gesetze. Jesus aber sagt seinen Nachfolgern nicht, lerne zuerst die Regeln, die du alle einhalten musst, um zu mir zu gehören. Nein! Jesus fragt „Was suchst du?"; und jeder Einzelne von uns darf selber antworten. Und so unterschiedlich unsere Fragen sind, so unterscheidet sich auch die Beziehung zu Gott und Jesus. So ist der Glaube für jeden und jede anders. Die Vielheit macht die Gemeinde schön.

WO BLEIBST DU?

Liebe Kinder, liebe Gemeinde, die Jünger wollen wissen: „Wo wirst du bleiben, Jesus?" Wir wissen und glauben natürlich: bei seinem Vater, bei Gott. Denn dort hat er eine himmlische Wohnung. Jesus sagt auch uns heute: „Kommt und seht!" Stellen wir uns jetzt einmal vor, Jesus würde uns heute fragen: Wo bleibst du? Wo bleibt ihr? Wo bleibt Gott in deinem Leben? Findet Gott in deinem Leben eine Bleibe, einen Ort? Diese Fragen stellen sich alle jungen und alten Christen. Was bleibt und gibt mir Frieden, Geborgenheit, Schutz und Liebe?

Jesus redet nicht lange drum herum. Keine ewig lange Predigt, die man kaum versteht, kein „Geblubber" über irgendetwas. Jesus antwortet ganz einfach: „Kommt und seht!" Was meint Jesus damit? Ihr merkt es, eine Frage folgt auf die nächste Frage und am Ende kommt der Sohn Gottes und lädt uns ein, zu sehen, was wichtig ist, zu sehen, wie er sein Leben lebt, zu sehen, was Nächstenliebe ist und Gemeinschaft. Hingucken, Liebe ins eigene Herz aufsaugen, und teilen und selber leben. Die Jünger und Jüngerinnen wussten nicht, was alles auf dem gemeinsamen Weg mit Jesus geschieht. Sie wussten nicht, wie sich ihr Leben verändern wird. Sie folgten ihm nach.

WO DIE LIEBE WOHNT

Kommt und seht – es geht um dein Leben. Jesus nimmt die Jünger mit auf seinen Weg, so wie wir heute miteinander die heilige Messe feiern und gemeinsam auf dem Weg sind. Auf unserem Weg gibt es Nahrung, die uns stärkt, damit Mut und Vertrauen in uns wachsen. Es gibt mal leichte Wege und mal Wege über Steine und Felsen. Und mitten auf dem Weg kommen dir Fragen: „Wozu das alles? Gehöre ich dazu?" Ja, wir gehören zusammen, vielleicht nur für eine kurze Zeitspanne. Kommt und seht! – Jesus zeigt seinen Jüngern, wo er bleibt im Leben. Er ist immer dort, wo die Liebe wohnt. Kommt und seht – lasst uns zusammen feiern und sehen, wo unser Weg mit Jesus uns hinführt.

Brigitte Goßmann

Dritter Sonntag (B)

LIEDVORSCHLÄGE

Gesänge zur Eucharistiefeier
Eröffnungsgesang: Nun jauchzt dem Herren, alle Welt (GL 144,1–3); *Antwortgesang:* Lass dein Angesicht über uns leuchten, o Herr (GL 46,1) mit den Psalmversen; *Ruf vor dem Evangelium:* Halleluja (GL 174,8) mit dem Vers; *zur Gabenbereitung:* Wenn wir das Leben teilen wie das täglich Brot (GL 474,1–4)*; Danklied:* Halleluja ... Ihr seid das Volk (GL 483,1–4); *zur Entlassung:* Nun singe Lob, du Christenheit (GL 487,1–5).

Gesänge zur Wort-Gottes-Feier
Antwortgesang: Ich steh vor dir mit leeren Händen, Herr (GL 422,1–3); *Danklied:* Gott liebt diese Welt (GL 464,1–5).

ERÖFFNUNG

Liturgischer Gruß
Der Herr, der uns den Weg zum Leben weist, sei mit euch / ist mit uns allen.

Einführung
Die Weihnachtszeit ist schon wieder länger vorbei. Was ist von ihr in unserem Alltag geblieben? Wir müssen weitermachen, unseren Pflichten nachgehen, getrieben und selber treibend. Und immer mal wieder kommt die Frage hoch: Was ist es eigentlich, was uns antreibt, was uns Orientierung gibt und Sinn? Wer sagt uns, wenn wir besser mal kehrt machen und die Richtung ändern sollen? Und bei wem können wir ankern, wenn wir Halt, Geborgenheit und Trost suchen? Halten wir uns offen für all das, was uns begegnet. Bleiben wir Suchende – im festen Vertrauen darauf, dass da jemand ist, der uns den rechten Weg weist.

Kyrie-Litanei
Herr Jesus, du Sohn des lebendigen Gottes.
Kyrie, eleison.
Herr Jesus, du rufst uns auf den Weg des Lebens.
Herr Jesus, du machst uns zu deinen Boten.

Tagesgebet der Eucharistiefeier
Allmächtiger, ewiger Gott,
lenke unser Tun nach deinem Willen und gib,
dass wir im Namen deines geliebten Sohnes
reich werden an guten Werken.
Darum bitten wir durch Jesus Christus.

Perikopengebet der Wort-Gottes-Feier

Barmherziger Gott,
in deinem Sohn kommen deine Macht und Güte
in unsere zerbrechliche Welt.
Nimm alles weg,
was uns von ihm trennt,
und lehre uns,
ihm, Jesus Christus, zu folgen.

ZU DEN SCHRIFTLESUNGEN

1. Lesung: Jona 3,1–5.10
Jona wird zum Boten Gottes. Er zieht in die Stadt Ninive, droht den Einwohnern die Strafe Gottes an und ruft zur Umkehr auf.

2. Lesung: 1 Kor 7,29–31
Die verbleibende Zeit ist kurz. Paulus fordert die Gemeinde deshalb zu einem veränderten Handeln auf.

Evangelium: Mk 1,14–20
Jesus ist in Galiläa unterwegs und verkündet die Frohe Botschaft. Er braucht Mitstreiter und beruft Petrus und Andreas zu Menschenfischern.

FÜRBITTEN

Zu Gott, der uns immer wieder sein befreiendes und frohmachendes Wort sagt und uns zum Innehalten und zur Umkehr einlädt, lasst uns beten:

- Für die Christen, deren Leben durchdrungen und getragen ist vom Glauben an das Evangelium, aber auch für all jene, die diesen Glauben nicht haben und sich nach Halt und Zuversicht sehnen.
  Gott, unser Vater – Wir bitten dich, erhöre uns.
- Für Menschen, die haupt- und ehrenamtlich für die Kirche arbeiten; für alle, die zeitgemäße, einladende und allen Menschen gerecht werdende Wege der Verkündigung suchen. ...
- Für Menschen, die sich in eine Sackgasse verrannt haben, die nicht herauskommen aus persönlichen Zwängen oder äußeren Abhängigkeiten. ...
- Für Menschen, die vor wichtigen beruflichen, familiären und persönlichen Entscheidungen stehen; für alle, die jenen beratend zur Seite stehen. ...
- Für alle, die um einen lieben Menschen trauern, und für unsere Toten um das ewige Leben in der Fülle Gottes. ...

Gott, dein Reich ist nahe und du willst schon jetzt mit deiner Fülle bei uns wohnen. Stärke uns, dass wir uns zu dir bekehren und immer fester an dich glauben. Darum bitten wir durch Christus, deinen Sohn, unseren Bruder und Herrn.

ELEMENTE FÜR DIE EUCHARISTIEFEIER

Zum Vaterunser
Die Zeit ist erfüllt. Das Reich Gottes ist nahe. Kehrt um und glaubt an das Evangelium. Beten wir, dass dies sich erfüllt, mit dem Gebet, das Jesus selbst uns geschenkt hat: Vater unser …

Kommunionvers
„Wer meine Stimme hört und die Tür öffnet, bei dem werde ich einkehren, und wir werden Mahl halten, ich mit ihm und er mit mir" (vgl. Off 3,20).

Meditation nach der Kommunion
Gott des Lebens,
ich danke dir, dass ich teilhaben durfte an deinem Mahl.
Stärke mich für den Alltag,
dass ich nicht untergehe in Geschäftigkeit
und den Blick nicht verliere für das Wesentliche.
Lass mich immer wieder deine Stimme hören
und dir die Tür meines Herzens öffnen.

ELEMENTE FÜR DIE WORT-GOTTES-FEIER

Zum Friedenszeichen
In unserer Begrenztheit und Schwäche nimmt Gott uns an, wenn wir uns zu ihm bekehren und an seine Liebe glauben. Bitten wir ihn um diese Glaubenskraft und um den Frieden, den nur er geben kann. Und sagen wir diesen auch all jenen zu, die mit uns auf dem Weg des Glaubens sind.

Segensbitte
Die Gemeinde antwortet nach jeder Bitte mit „Amen".

L: Der Vater, in dem die Fülle des Lebens ist, sei in eurer Mitte.
L: Der Sohn, der uns den Weg zum Leben eröffnet hat, sei euch nahe.
L: Der göttliche Geist, der Leben schenkt und lebendig macht, entfache in euch seine Kraft und mache euch zu Zeichen Gottes in dieser Welt.
L: Und der Segen des allmächtigen Gottes,
des Vaters, des Sohnes und des Heiligen Geistes,
komme auf uns herab und bleibe bei uns allezeit.
A: Amen.

Marlies Lehnertz-Lütticken

Ein Mensch für Zeit und Ewigkeit

Das ist ja nicht gerade ein besonders ermutigender Auftakt für eine Frohbotschaft. Da wird der landesweit bekannte Johannes der Täufer ins Gefängnis geworfen, und der Evangelist Markus hat dazu nur den kurzen Kommentar: Und Jesus ging danach wieder nach Galiläa, wo er hergekommen war. Das Ganze klingt ja ein bisschen herzlos.

Vielleicht ist es ja der Stil des Evangelisten, so kurz angebunden mit den Ereignissen umzugehen. Unter den Evangelisten ist Markus derjenige, der immer auf dem kürzesten Weg zur Sache kommt. Darum ist sein Evangelium auch besonders kurz geworden. Aber man sagt von ihm auch, dass er als erster das Auftreten und Wirken Jesu aufgeschrieben hat. Bei der größeren Nähe zu den Ereignissen konnte er sich wahrscheinlich auf die wesentlichen Dinge konzentrieren, denn es war ja vieles noch bei den Leuten als mündliche Überlieferung im Umlauf. Man musste da nicht auf alles eingehen. Man musste nicht entfalten, sondern die Dinge auf den Punkt bringen.

Und das war der springende Punkt: Die Zeit ist erfüllt. Es ist nicht irgendeine Zeit, nicht eine Zeit mit vertrauten Dingen. Es geht um etwas ganz Neues: Das Reich Gottes ist nahe. Na ja, so ganz neu war Gott nicht. Da gab es ja schon eine durchaus beachtliche Zeit mit dem Gott, der sich sein eigenes Volk erwählt hatte, auch wenn dieses Volk nicht immer glücklich über diese Wahl schien und auf andere Götter reinfiel. Und wenn mit dem Reich eine Art Herrschaft gemeint sein sollte, dann konnte man durchaus an die akribischen Vorschriften denken, die das Zusammenleben mit Gott regeln sollten.

Aber da schien einiges nicht richtig zu sein, denn jetzt hieß es: Kehrt um! War man da Jahrhunderte lang in die falsche Richtung gelaufen? Und wohin sollte man umkehren? Was sollte die neue Zielvorstellung sein? Glaubt an das Evangelium, glaubt an die Frohe Botschaft. An Botschaften hatte es in der Vergangenheit nun wirklich nicht gemangelt. Waren Gottes Botschaften in der Vergangenheit irreführend und freudlos? Nein, aber sie waren nicht das letzte Wort. Das letzte Wort war nicht eine Botschaft von Gott, sondern Gott selbst. Das Wort wurde Mensch, einer von uns. Jesus ist nicht nur Verkünder einer Botschaft, er ist die Botschaft selbst, er ist das Evangelium.

Aber er ist nicht Selbstdarsteller, der alles allein machen muss oder will. Als Mensch unter uns sucht er Mitarbeiter. Und er weiß sehr gut, wo er sie finden kann: wo Menschen solide, ehrliche Arbeit gewöhnt sind. Die Art der Berufung wirkt allerdings auch wieder sehr kurz angebunden. Da wäre sicher einiges zu bereden mit Angehörigen, die zurückbleiben. Aber auch hier will der Evangelist Markus unterstreichen: Das Reich Gottes hat seine besondere Dringlichkeit. Und seine Bedeutung geht über rein weltliche Vorstellungen hinaus. Jesus ist das Wort, das vom Vater kommt, er verkündet das Wort, das zum Vater führt, und das Menschen weitersagen sollen. Es ist das Wort vom Leben, und vom ewigen Leben.

Jürgen Jagelki

Nein! Lass mich! Ich will nicht!

Kurz ist sie, und ebenso spannend, Jonas Geschichte. Vielleicht lassen wir es ja nicht bei dem kleinen Abschnitt im Gottesdienst heute. Sie ganz auf mich wirken lassen, zwei Seiten nur – das kann ich allein tun, aber auch zu zweit, oder in einer kleinen Gruppe. Dann können wir uns Jonas Abenteuer sogar vorlesen und anschließend darüber sprechen.

Sich selbst im Weg stehen, gnadenlos konsequent – darauf versteht Jona sich meisterlich. Aber dann, nach seiner Flucht bis zum Ende der Welt, holt sein Auftrag ihn doch ein. Widerwillig weist er die verachtete Großstadt auf den rettenden Ausweg hin. Ganz knapp entgeht sie dann noch der drohenden Katastrophe. Freut Jona sich? Nein.

So krass widerspenstig zu sein, auch wenn ich das nicht wage: ich erkenne mich doch wieder in diesem verbiesterten Propheten.

„Die Zeit ist reif, ist erfüllt". So tritt Jesus in die Öffentlichkeit. Woher nimmt er den Mut? Hatte die Staatsgewalt nicht gerade Johannes, den bewunderten Täufer, festgenommen? Solch ein Unrecht bedroht auch Jesus. Das macht Angst, und genau dies war beabsichtigt.

Jesus lässt sich nicht einschüchtern. Aller Welt verkündet er Gottes Wohlwollen: „Kehrt um, und glaubt an das Evangelium, die Frohe Botschaft!". Diese befreiende Umkehr verkündet Jesus nicht nur in Worten. Sie ereignet sich in seinem Tun und Lassen.

Damit beginnt eine Umwandlung, an der Jesus andere gern mitwirken lässt. „Kommt her, folgt mir nach!", sagt er, „ich werde euch zu Menschenfischern machen".

Leben retten in einer hochdramatischen Situation – die meisten von uns, auch ich, wurden dazu noch nicht herausgefordert. Aber um lebendig zu sein, noch lebendiger zu werden – da sind wir ständig im Einsatz. Wer könnte im Alleingang zur Welt kommen, wachsen, sich entfalten? Niemand von uns erschafft und erhält sich selbst, von Tag zu Tag, durch all die Jahre hin. Wir existieren, weil wir das Leben teilen. Wenn wir das nicht tun, sägen wir den Ast ab, auf dem wir sitzen.

Trotzdem: Auch mich, auch uns blockiert gelegentlich wie Jona eine merkwürdig heftige Abneigung. Dann folgen auch wir der Devise: die anderen – was gehen die mich an? Leben wollen sie, sich freuen? Nur zu, das ist ihre Sache! Sie können mir gestohlen bleiben – erst recht, wenn sie mir fremd, befremdlich vorkommen.

„Menschenfischer? Nein danke!" Was wir uns von dieser Weigerung auch versprechen – auf ihr ruht kein Segen. So auf Distanz gehen, das nimmt Gott nicht hin. Das lässt er sich nicht bieten. Nicht von Jona. Nicht von uns.

„Sei Teilnehmerin, werde Teilhaber!": Der Schöpfer hat uns das in die Seele geschrieben. Das kannst du so wenig entbehren wie Atem und Herzschlag. Mit Teilnehmen, Teilhaben tust du also nicht zuerst andern einen Gefallen. Du selbst bist es, der davon lebt. Das ist die beste „gute Besserung", die es gibt! Werden wir uns die entgehen lassen?

Übrigens: Der Wunsch, Teilhaber zu sein, der beseelt nicht nur uns Menschen. Er lebt auch in der Kornähre auf dem Feld, im Spatz auf dem Zweig, auch in all den anderen Geschöpfen auf unserer Erde. Zusammen säen und ernten, befreit werden zu gemeinsamer Freude – darum geht es. Das ist Leben!

Teilnehmen, Teilhaben – wie schöpft Jesus da aus dem Vollen! Als Simon und Andreas, Jakobus und Johannes das aufgeht, da zögern sie nicht. Gleich lassen sie alles stehen und liegen und folgen Jesus. Auch ins Ungewisse.

Auch uns reicht er sie an, die anderen Netze. „Seid barmherzig", wünscht der Mann aus Nazaret uns, „wie es auch euer Vater ist! Richtet nicht, dann werdet auch ihr nicht gerichtet werden. Verurteilt nicht, dann werdet auch ihr nicht verurteilt werden. Erlasst einander die Schuld, dann wird auch euch die Schuld erlassen werden. Gebt, dann wird auch euch gegeben werden. In reichem, vollem, gehäuftem, überfließendem Maß wird man euch beschenken; denn nach dem Maß, mit dem ihr messt und zuteilt, wird auch euch zugeteilt werden" (Lk 6,36–38).

So reif soll die Zeit sein, so erfüllt, dass die Einladung ergeht: „Auch wer nichts hat soll kommen!" (vgl. Jes 55,1). Dieses großherzige Angebot verkörpert Jesus. Seine Haltung kann auch mein Tun und Lassen bestimmen. Oder verschanze ich mich lieber, zusammen mit anderen materiell, geistig und seelisch Begüterten? Ziehen wir es vor, uns und unsere Privilegien abzuschotten, so hermetisch wie möglich?

Weil er sich in seiner Isolation verbarrikadiert, ist Jona so übelgelaunt, so unbelehrbar untröstlich. Darin bleibt er stecken, es sei denn, jemand hilft ihm von außen. Wenn das geschieht, wie auch immer, kommt die Kraft dazu von Gott. Geöffnete Herzen und Hände, zum Guten befreit: darin begegnet er uns, unser Retter und Erlöser.

Unsere verpassten und verpatzten Chancen bringen dich, Gott, nicht in Verlegenheit. Du wirst sogar nicht kapitulieren, wenn ich nur noch dies eine anzubieten habe: nichts. Wenn niemand anders zur Stelle ist als sie, meine Armut, wird sie mir die Tür öffnen. Von ihr begleitet bin ich erst recht willkommen, wir werden eingehen in deine Fülle. Das reiche, volle, gehäufte, überfließende Maß – das schöpfst du aus dem Nichts. Nichts lieber als das.

Heinz-Georg Surmund

Von Umkehr und Veränderung

Die Begriffe „Umkehr" und „Bekehrung" sind heute ziemlich unmodern. Man liest sie zwar an zentralen Stellen in der Bibel – wie in der Predigt Johannes des Täufers und in der Botschaft Jesu –, nimmt sie aber nicht weiter ernst. Den Ruf zur Umkehr weist man eher frömmelnden Gruppen und moralisierenden Sekten zu und sieht darin eine antiquierte Pastoral. Kurz: Wer das Wort „Bekehrung" heute in den Mund nimmt, gilt häufig als unangenehmer, nicht mehr zeitgemäßer Moralapostel.

Gleichzeitig wird aber seltsamerweise ein ganz ähnliches Wort in der Gesellschaft großgeschrieben: nämlich das Wort Änderung oder Veränderung. Die einen wollen dünner werden und probieren dazu alle möglichen Diäten aus, die anderen wollen schlauer werden und bevölkern deshalb die Universitäten und Volkshochschulen zu Tausenden. Die nächsten wollen ruhiger werden und ziehen sich deshalb aufs Land oder in ein Kloster zurück, wieder andere wollen mächtiger werden und machen sich deshalb immer mehr Stress. Das ganze Leben schreit nach Veränderung. Auch die pastorale Situation in unseren Bistümern schreit danach. Obwohl niemand richtig weiß, wie es gehen soll, ist man sich doch darin einig, dass sich etwas ändern muss. Nur – wohin geht die Veränderung? Ändert sie wirklich nachhaltig etwas in der Kirche oder in meinem Leben? Oder ist es nur eine einfache Anpassung an das, was in der Gesellschaft gerade „in" ist?

UMKEHR IN DER BIBEL

In dieser Frage kann ein Blick auf den biblischen Begriff der Umkehr hilfreich sein. Umkehr im biblischen Sinn hat natürlich auch etwas mit Veränderung zu tun, geht aber weit darüber hinaus. Sie meint in erster Linie einen Aufbruch auf ein Ziel hin. Und dieses Ziel heißt Gott. Wenn Jesus die Menschen seiner Zeit zur Umkehr ruft, reicht es nicht aus, sich einfach oberflächlich zu ändern. Man muss ein Ziel vor Augen haben, und das ist bei Jesus das Reich Gottes, das Evangelium: „Kehrt um und glaubt an das Evangelium!" (Mk 1,15), heißt es ganz dezidiert am Beginn des Markusevangeliums, das uns dieses Jahr an den Sonntagen begleiten wird.

Jesus gibt hier nicht nur die Methode an, sondern auch das Ziel. Umkehr und Neuanfang, so wird uns zu Beginn des Jahreskreises gesagt, meint eine Rückkehr zum Ursprung und zur Quelle des Lebens. Konkret heißt das: „Ihr kommt ans Ziel, wenn ihr euch an das Evangelium haltet." Die Ausrichtung an den Grundsätzen des Evangeliums ist deshalb für die Kirche wie für jeden Einzelnen der Maßstab, an den man sich halten soll, das Kriterium zur Unterscheidung der Geister, unabhängig davon, wie es in dieser Gesellschaft ankommt. Als Christen dürfen wir uns daher weder scheuen, populär noch unpopulär zu sein. Denn manches, was im Evangelium steht, ist durchaus „in", wie der Einsatz für den Frieden oder für Flüchtlinge, für Versöhnung und Bewahrung der

Schöpfung. Manches allerdings ist ziemlich „out", etwa die Treue zu einer einmal gefassten Entscheidung, der Verzicht auf „Selbstverwirklichung" oder der Mut zu klaren, manchmal auch harten Botschaften. Aber beides gehört zum Evangelium und prägt die Botschaft Jesu. Die konsequente Orientierung am Evangelium ist daher die biblische Bekehrung, die Jesus meint.

FORTSCHRITT ALS RÜCKKEHR ZU GOTT

Der heutige Veränderungswille hat mit dem Aufruf Jesu zur Umkehr zwar grundsätzlich gemeinsam, dass der Mensch dazu kommt, sich selbst und sein Leben zu überdenken und die Kraft aufbringt, aus dem alten Trott auszubrechen. Dieser Wille ist durchaus lobenswert und positiv aufzunehmen. Ebenso wichtig ist es aber, als Christen dabei das Ziel nicht aus den Augen zu verlieren. Denn es geht nicht darum, sich selbst zu einem besseren Menschen zu machen. Vielmehr sollen wir Menschen nach dem Plan und Willen des Schöpfers werden. Es mag paradox klingen: Der eigentliche Fortschritt des Menschen liegt darin, dass er zu Gott zurückkehrt, dass er sich wiederfindet in Gott. Die wirksamste und beste Selbstfindung, die heute so wichtig ist, liegt darin, Gott zu finden. Bei ihm dürfen wir zuhause sein, bei ihm dürfen und können wir ganz wir selbst sein. Und aus dieser Rückkehr zu Gott entsteht dann konkrete Veränderung, wie es im Beispiel des verlorenen Sohnes der Fall ist, der eine Zukunft geschenkt bekommt und sein Leben ändert, weil er zum Vater zurückgekehrt ist.

VERÄNDERUNG AUF GOTT HIN

Bertolt Brecht hat in seinen berühmten „Geschichten von Herrn Keuner" (Suhrkamp Verlag, Berlin, S. 128, 1971) einen Mann, der Herrn K. lange nicht gesehen hatte, sagen lassen: „Sie haben sich aber gar nicht verändert." Woraufhin dieser erbleichte. Ja, es wäre tatsächlich schlimm, wenn wir nicht mehr fähig wären, uns zu verändern. Veränderungen im Leben sind unabdingbar und gehören zum Leben dazu. Auch in der Kirche kann es keine Rückkehr zu alten Formen geben. Aber hinter aller Reform und Veränderung, die (zurecht) angemahnt wird, sollte der Wille stehen, für Gott „formbar" zu bleiben. Genau um diese Veränderung geht es Jesus. Sein Ruf zur Umkehr meint letztendlich: „Verändert euren Blickwinkel, indem ihr euer Leben auf Gott ausrichtet!" So gehört es zu einer der wichtigsten Aufgaben der Kirche in der Zukunft, den vielen Veränderungsbestrebungen und -bewegungen in Gesellschaft und Kirche die richtige Richtung zu geben: die Richtung auf den lebendigen Gott hin. Die ersten Jünger, die von Jesus berufen wurden, haben diese Richtung eingeschlagen und sind so zu Zeugen des lebendigen Gottes geworden.

Cornelius Roth

Werdet Menschenfischer!

Vorbemerkung: Ein großes Netz und aus farbigem Karton ausgeschnittene Fische werden vorbereitet, Filzstifte/Plakatschreiber werden bereitgelegt. Das Evangelium wird verkürzt vorgetragen: Die Verse 16–20 werden aus dem Lektionar oder nach Möglichkeit aus einer Kinderbibel verkündigt.

Evangelium: Mk 1,16–20 (gekürzt)

VIER FISCHER FOLGEN JESUS

Wie wäre es, wenn Jesus uns heute rufen würde? Wenn wir anstelle von Simon und Andreas, Jakobus und Johannes wären?

Die vier hatten einen Beruf. Damit verdienten sie ihren Lebensunterhalt. Im Evangelium wird davon erzählt. Wisst ihr noch, welchen Beruf sie ausübten? (–) Ja, die vier waren Fischer. Jeden Tag fuhren sie mit ihren Booten auf den See Gennesaret hinaus und warfen ihre Netze aus. So war es auch an dem Tag, als Jesus zu ihnen an das Seeufer kam. Sie waren gerade bei der Arbeit. Jesus sah den beiden Brüdern Simon und Andreas zu, wie sie ihre Netze warfen und wieder einholten. Habt ihr euch gemerkt, was er ihnen zurief? (–)

„Kommt her, folgt mir nach!", das waren seine Worte. Und was passierte dann? (–) Sofort stellten sie die Arbeit ein, zogen das Boot an Land, ließen ihre Netze liegen und liefen hinter ihm her. Nur ein paar Schritte weiter machten sich Jakobus und Johannes gerade bereit, auf den See hinauszufahren. Wieder rief Jesus: „Folgt mir nach!" Und auch diese beiden machten es wie Simon und Andreas: Sie fuhren nicht mit dem Boot hinaus, sie ließen ihren Vater und seine Helfer am Ufer zurück und schlossen sich Jesus an.

Nun stellt euch vor, ihr wärt anstelle von Simon, Andreas, Jakobus und Johannes gewesen! Früher Morgen – gutes Wetter – viele Fische schwimmen in Ufernähe: Da kommt ein völlig Unbekannter und fordert euch auf, eure Arbeit im Stich zu lassen. Was hättet ihr getan? (–)

Du sagst: Anstelle von Simon hättest du Jesus etwas gehustet! Denn du lebst mit deiner ganzen Familie von der Fischerei. Das gibt man nicht so einfach auf, schon gar nicht für einen völlig Fremden.

Du sagst: Als Simons Bruder hättest du es genauso gemacht wie der biblische Andreas. Immer nur fischen, Tag für Tag die gleiche schwere Arbeit – und nur bei passendem Wetter schwimmen genug Fische in das Netz. Darauf hast du schon lange keine Lust mehr. Mit Jesus zu gehen – das könnte ein großartiges Abenteuer werden! Schluss mit der Fischerei, für dich fängt jetzt ein neues Leben an.

Und du? Du sagst: Wenn du Jakobus gewesen wärst, hätte dich die Sache schon gereizt! Dieser Jesus ist etwas Besonderes, das spürst du. Aber da ist dein Vater Zebedäus. Er ist nicht mehr der Jüngste und zählt auf die Hilfe seiner beiden Söhne. Du bist hin- und hergerissen ...

Du aber sagst: Jawohl, wenn du an Johannes' Stelle gewesen wärst, dann hättest du auch das Netz weggeworfen und wärst mit Jesus gegangen. Obwohl es dir nicht leicht gefallen wäre, deinen Vater zu enttäuschen! Obwohl du nicht wissen konntest, ob die Entscheidung richtig war. Manchmal muss man einfach mutig sein und etwas wagen!

Vielleicht hatten Simon, Andreas, Jakobus und Johannes ähnliche Gedanken, Bedenken und geheime Wünsche, wie ihr sie jetzt überlegt habt. Aber sie warfen ihre Zweifel über Bord, alle vier. Und sie brauchten gar nicht lange für ihre Entscheidung! Dass Jesus ihnen die Chance und die Aufgabe ihres Lebens anbot, das spürten sie ganz deutlich. „Sogleich ließen sie ihre Netze liegen" – das Wort „sogleich" ist ganz wichtig. Nicht lange überlegen – sondern machen!

KÖNNEN AUCH WIR MENSCHENFISCHER WERDEN?

„Kommt, folgt mir nach!", sagt Jesus. Was bedeutet das eigentlich: ihm nachfolgen? (–)

Für die vier vom See Gennesaret bedeutet es: mit Jesus gehen, mit ihm zusammen sein, ihm zuhören, von ihm lernen, so handeln, wie er gehandelt hat. Und das heißt es auch für uns: Menschen helfen, denen es nicht gut geht – kein Kind, keinen Mitschüler auslachen oder ausgrenzen – nicht lügen – zuhören und trösten, wenn jemand traurig oder einsam ist – mit den Hungrigen und Armen teilen ... Wenn wir noch länger sammeln, wird uns sicher noch viel mehr einfallen. *(Die gesammelten Ideen – nur Stichworte – werden auf die Fische geschrieben. Dabei können Erwachsene helfen.)*

Damals war das Beispiel Jesu ansteckend. Deshalb strömten so viele Menschen zu ihm, um ihn zu sehen und zu hören. Sie wollten ihn kennenlernen, ihm nahe sein und zu ihm gehören. Heute würden wir sagen: Er hatte jede Menge Fans, jede Menge Anhänger oder Follower – nicht nur Simon und Andreas, Jakobus und Johannes. Männer, Frauen und Kinder wollten es so machen wie er, sie wollten leben wie er.

Und zu diesen, die hinter ihm herliefen, sagte er: Ich mache euch zu Menschenfischern! Was soll das nun wieder heißen? (–)

Die vier vom See Gennesaret waren bereit, ihren Beruf, die Fischerei, für ihn aufzugeben. Nun sollten sie Menschenfischer werden! Alle Menschen, groß und klein, sollten sie einladen, zu Jesus zu kommen. Als Jesus nicht mehr leibhaftig bei ihnen war, da sollten sie allen von ihm erzählen.

Können auch wir Menschenfischer werden? Können wir Jesus nachfolgen? Können wir so handeln, wie er gehandelt hat, und anderen von ihm erzählen, können wir die Menschen zu Jesus führen? Wie aber ...?

Wenn wir helfen, trösten, verzeihen, miteinander teilen – so wie wir es eben überlegt, gesammelt und auf die Fische geschrieben haben –, dann tun wir das, was Jesus getan hat; dann leben wir, wie er gelebt hat, und sind seine Follower. Seine Gemeinde, seine Kirche! In diese Gemeinde wollen wir – als Menschenfischer – viele einladen. *(Die beschrifteten Fische werden in das Netz gesteckt. Nach dem Gottesdienst darf jedes Kind „seinen" Fisch mit nach Hause nehmen.)*

Petra Gaidetzka

Vierter Sonntag (B)

LIEDVORSCHLÄGE

Gesänge

Eröffnungsgesang: Gott ruft sein Volk zusammen (GL 477,1–3); *Gloria:* Preis und Ehre Gott dem Herren (GL 171); *Antwortgesang:* Hört auf die Stimme des Herrn (GL 53,1) mit den Psalmversen; *Ruf vor dem Evangelium:* Halleluja: (GL 175,1) mit dem Vers; *zur Gabenbereitung:* Was uns die Erde Gutes spendet (GL 186); *Sanctus:* Heilig (GL 197); *Danklied:* Komm, Herr, segne uns, dass wir uns nicht trennen (GL 451).

ERÖFFNUNG

Liturgischer Gruß

Der Herr, der in unserer Mitte ist und uns um sich geschart hat, sei mit euch / ist mit uns allen.

Einführung

Zu Beginn dieses Gottesdienstes möge in uns die Gesinnung und die Freude vorherrschen, dass jeder von uns Glied am Leibe Christi ist und dass wir alle zusammengerufen wurden, um für einander einzustehen. So haben wir gesungen:
In göttlichem Erbarmen liebt Christus alle gleich; …
Als Schwestern und als Brüder sind wir uns nicht mehr fern:
ein Leib und viele Glieder in Christus, unserm Herrn.
Gottes Geist lässt ein Volk erstehen, das er sich auserwählt …
Wir gehören zusammen: ein Volk in dieser Zeit …
Ein Hirt und eine Herde, vereint in Ewigkeit.
Dieses Anfangslied ist eine gelungene Zusammenfassung unseres jetzigen Vorhabens, nämlich mit unserem Herrn und untereinander eins zu sein.

Kyrie-Litanei

Herr Jesus, wir haben zu wenig auf dein Wort gehört. Herr, erbarme dich.
Herr Jesus, wir haben zu wenig aufeinander Rücksicht genommen. Christus, erbarme dich.
Herr Jesus, wir waren zu viel nur mit uns beschäftigt. Herr, erbarme dich.

Tagesgebet der Eucharistiefeier

Herr, unser Gott,
du hast uns erschaffen, damit wir dich preisen.
Gib, dass wir dich mit ungeteiltem Herzen anbeten
und die Menschen lieben, wie du sie liebst.
Darum bitten wir durch Jesus Christus.

Perikopengebet der Wort-Gottes-Feier

Barmherziger Gott,
dein Sohn hat die Menschen mit Vollmacht gelehrt
und sie geheilt an Seele und Leib.
Wir bitten dich:
Gib, dass wir ihn erkennen
und bekennen als deinen Christus,
der in der Gemeinschaft des Heiligen Geistes
mit dir lebt
jetzt und in Ewigkeit.

ZU DEN SCHRIFTLESUNGEN

1. Lesung: Dtn 18,15–20
Der Prophet ist ein Mensch, der hört, was andere nicht hören können. Was er gehört hat, muss er weitersagen. Er ist Mittler zwischen Gott und den Menschen. Er verkündet, was kommen wird.

2. Lesung: 1 Kor 7,32–35
Paulus macht den Christen in Korinth klar, dass der Dienst am Evangelium immer an erster Stelle zu stehen hat.

Evangelium: Mk 1,21–28
Markus sagt uns nichts über den Inhalt der Predigt Jesu an einem Sabbatgottesdienst in Kafarnaum, aber er beschreibt das Staunen und die Bestürzung der Zuhörer, denn sie spüren die Kraft seiner Botschaft.

FÜRBITTEN

Der Herr Jesus Christus sitzt in Macht zur Rechten des Vaters. Ihn rufen wir an:

- Bestärke und erhalte die hier versammelte Sonntagsgemeinde und lass sie aus deiner Gegenwart Kraft erhalten.
  V: Christus, höre uns. A: Christus, erhöre uns.
- Ermutige deine Boten in ihrem Alltag, gegen alle Widerstände und gegen alle Gleichgültigkeit als überzeugte Christen zu leben. ...
- Schenke den Mühseligen und Beladenen Wegbegleiter, die ihnen Mut machen und Hilfe anbieten. ...
- Nimm unsere Verstorbenen auf in dein ewiges Licht. ...

Das gewähre uns, himmlischer Vater, durch deinen Sohn, unseren Herrn, der uns an seinen Tisch geladen hat.

Zum Vaterunser

Mit großer Kraft und Vollmacht hat Jesus die nahende Gottesherrschaft aus-gerufen. Es war sein Anliegen, während seines ganzen öffentlichen Lebens, dass:
„Dein Reich komme, dein Wille geschehe, wie im Himmel, so auf Erden".
In seinem Auftrag beten wir: Vater unser im Himmel …

Vor der Kommunionausteilung

Seht das Brot des Lebens, Christus, das Lamm Gottes, das hinwegnimmt die Sünden der Welt. Herr, ich bin nicht würdig, …

ELEMENTE FÜR DIE WORT-GOTTES-FEIER

Zum Schuldbekenntnis

Ein kluger und frommer Mann hat einmal gesagt: „Lebe das, was du vom Evan-gelium verstanden hast; und wenn es noch so wenig ist, aber lebe es!"
Wo wir versuchen, die Frohe Botschaft zu leben, weicht das Böse und Jesus wird im Alltag erfahrbar. Weil uns das nicht immer gelingt, bitten wir ihn, un-sere Schuld zu vergeben und unser Unvermögen zu heilen.

Zur Besinnung

Herr, erwecke deine Kirche
und fange bei mir an.
Herr, baue deine Gemeinde
und fange bei mir an.
Herr, lass Frieden und Gotterkenntnis
überall auf Erden kommen
und fange bei mir an.
Herr, bringe deine Liebe und Wahrheit
zu allen Menschen
und fange bei mir an.
Aus China

Josef Katzer

Was haben wir mit dir zu tun, Jesus von Nazaret?

Kinder und Betrunkene sagen die Wahrheit – so weiß es der Volksmund. Ob ein Besessener, wie er uns heute im Evangelium vorgestellt wird, auch in eine ähnliche Kategorie fällt? In einer Hinsicht scheint mir der Vergleich berechtigt: Schonungslos und ohne jedes Gefühl für die Anstandsregel „Das sagt man doch nicht", schreit dieser Mensch seine Anklage heraus: „Was haben wir mit dir zu tun, Jesus von Nazaret?" (V. 24a). Ohne jedes Taktieren oder diplomatisches Umschreiben. Eben wie ein Kind oder ein Betrunkener! Ich unterstelle einmal, dass weder Sie noch ich so unhöflich wären, Jesus und seine Botschaft dermaßen anzugehen. Nicht mit Worten jedenfalls! Und doch: Handeln wir nicht oft genug genau nach dieser Maxime, auch wenn wir das niemals so ungeschminkt sagen würden?!

Was haben wir mit dir zu tun, Jesus von Nazaret? Diese Worte stehen unausgesprochen hinter so vielen Handlungen im Alltag: Natürlich weiß ich, dass Jesus die Nächstenliebe gepredigt hat, aber muss das gerade für diesen unmöglichen Menschen gelten, mit dem ich hier zusammenarbeiten muss? Der regt mich einfach nur auf – kann man es mir verdenken, wenn ich meinem Herzen dann mal Luft machen muss? Nun ja, man könnte es auch „über den anderen herziehen" nennen. Oder der billige Kaffee, das Fleisch im Sonderangebot, die Kleidung beim Discounter: Ja, ich weiß, das alles geht zu Lasten von Natur, Menschen und Tieren, die unter unwürdigen Bedingungen ausgebeutet werden, um für Tiefpreise zu sorgen. Und ja, ich weiß auch, dass die Bewahrung der Schöpfung eigentlich Aufgabe aller ist, die an den Schöpfergott glauben. Aber was hat das jetzt gerade mit mir zu tun? Muss diese unbequeme Botschaft Jesu denn wirklich in jeder Situation meines Lebens gelten?

Ein weiterer Blick ins Evangelium wirkt da meiner Meinung nach sehr erhellend. Denn der schreiende Mensch wird nicht nur als „von einem unreinen Geist besessen" (V. 23) charakterisiert, sondern gleich im Anschluss an seine wütend herausgeschleuderte Frage entlarvt er auch den Grund seines Verhaltens. Wie so oft ist seine Sprache aufschlussreich und sagt mehr über ihn selbst aus als über Jesus, das vermeintliche Opfer seines Verbalangriffs: „Bist du gekommen, um uns ins Verderben zu stürzen?" (V. 24b). So der zweite Teil seiner Attacke. Ich kann daraus nur eines hören: nackte Angst! Angst vor dem Verlust alter Gewissheiten; Angst vor dem Umdenken; Angst vor lebensverändernden Konsequenzen, wenn ich mich auf die Botschaft Jesu einlasse. Und es stimmt ja: Jesus selbst hat sie bis in den Tod am Kreuz geführt. Wie kann man sich dem stellen, ohne Angst zu bekommen? Der Besessene scheint das intuitiv zu spüren. Und dann spricht er im dritten Satz eine echte Wahrheit aus: „Ich weiß, wer du bist: Der Heilige Gottes" (V. 24c). Sie wissen schon: Kinder und Betrunkene … Aber im Zustand der Besessenheit nützt diese Wahrheit nicht gegen die Angst. Diese kann erst Jesus heilen. Und das tut er umgehend. Mit der Vollmacht seiner neuen Lehre – heilsam bis heute–, also damit hätte ich gerne etwas zu tun! Und Sie? *Agnes Molzberger*

Sprachrohre Gottes

Seit knapp einem Jahr treibt unsere Welt die Angst vor COVID-19 um. Soziale Distanzierung, Einschränkungen im öffentlichen Leben und die Einhaltung der AHA-Regeln, die uns daran erinnern, Abstand zu halten, Hygieneregeln zu befolgen und eine Alltagsmaske zu tragen, sind mittlerweile normal geworden.

Wenn heute Politiker oder Virologen erklären, dass solche Sicherheitsmaßnahmen nötig sind, dass man Menschenmassen meiden sollte und Veranstaltungen deshalb ausfallen müssen, muss immer noch mit dem Widerstand einiger Unbelehrbaren gerechnet werden. Das kannten wir auch schon vor der Pandemie. Forscher und junge Menschen haben unseren Blick auf die Klimaerwärmung gelenkt und ein anderes Konsumverhalten angemahnt, auch da gab es Widerstände, bis hin zum Leugnen des Problems.

PROPHETEN VERMITTELN DEN WILLEN GOTTES

Die Lesung aus dem Buch Deuteronomium, die uns gerade vorgetragen wurde, spricht von Propheten und dem Hören auf ihre Botschaft. Für das antike Judentum waren Propheten die Sprachrohre Gottes und verkündeten den Menschen seinen Willen. So ein Prophet war für den Frommen von besonderer Bedeutung. Die Verheißung Mose an das Volk, es werde wieder einen Propheten wie ihn geben, ist deshalb von großer Wichtigkeit. „Der HERR wird ihn als Erfüllung von allem erstehen lassen, worum du am Horeb, am Tag der Versammlung, den HERRN, deinen Gott, gebeten hast, als du sagtest: Ich kann die donnernde Stimme des HERRN, meines Gottes, nicht noch einmal hören und dieses große Feuer nicht noch einmal sehen, ohne dass ich sterbe" (Dtn 18,16). Israel erhält die Zusage, dass es immer Propheten haben werde, die ihm den Willen Gottes verkünden. Ihrem Wort ist unbedingt Folge zu leisten. Wer den Propheten nicht folgt, wird von Gott zur Rechenschaft gezogen, wie genau, das wird nicht erwähnt. Derjenige aber, der als falscher Prophet auftritt, das bedeutet, der nicht den Willen Gottes verkündet oder im Namen anderer Götter spricht, wird von Gott mit dem Tod bestraft.

EINE UNTERWEISUNG ZUM LEBEN

Die Verse, die wir eben gehört haben, stehen für die so genannte Toraprophetie. Die Tora ist der erste Teil der hebräischen Bibel, die wir als die fünf Bücher Mose kennen, die ersten fünf Bücher des Alten Testamentes (Genesis, Exodus, Levitikus, Numeri und Deuteronomium).

Für den gläubigen Juden ist die Tora die Wurzel der Weisheit, des Glaubens, des Verhaltens und des Gesetzes. Das Wort „Tora" bedeutet übersetzt „Unterweisung, wie man leben soll". Bei der Prophetie, die uns in dieser Unterweisung begegnet, geht es nicht um Vorhersagen der Zukunft oder reine Ge-

genwartskritik. Es geht um eine Hilfe zur Alltagsbewältigung im Dialog mit der Tora.

Wie aber soll man leben, welche Botschaft hilft wirklich bei der Alltagsbewältigung? Kommen wir nochmal auf unsere Zeit zurück. Menschen, die nur negative Aussagen über die Gegenwart machen oder ganz damit beschäftigt sind, eine düstere Zukunft zu prophezeien, helfen uns nicht weiter.

Verstehen wir uns nicht falsch, berechtigte Kritik ist immer wichtig. Eine Gesellschaft, ihre Institutionen und die Mächtigen in ihr brauchen eine kritische Auseinandersetzung, wenn sich das Gemeinwesen weiterentwickeln soll.

Das Wort „Kritik" leitet sich vom griechischen „krínein" ab, das bedeutet „unterscheiden" oder „trennen". Es geht deshalb nicht einfach darum, etwas madig zu machen, sondern zu unterscheiden, was gut oder schlecht ist. Die spannende und alles endscheidende Frage ist: Was ist der Wille Gottes, wer spricht in seinem Namen? Wenn wir an einen guten und liebenden Gott glauben, kann die Antwort nur lauten: Alles was dem Leben dient, und zwar dem Leben aller Betroffenen und nicht nur einiger weniger Privilegierter, entspricht dem Willen Gottes. Echte Propheten bringen den Willen Gottes ins Wort, vermitteln es den Menschen in bestimmten Situationen des Lebens.

DER MITTLER DES NEUEN UND EWIGEN BUNDES

Das Christentum ist eine Religion des Wortes Gottes. Allerdings nicht nur eines geschriebenen oder gesprochenen, sondern des fleischgewordenen und lebendigen Wortes. In der mittelalterlichen Theologie nannte man Jesus auch das „Verbum abbreviatum", das abgekürzte und wesentliche Wort Gottes. Durch Jesus ist alles über Gott gesagt. In ihm ist das ganze Wort gegenwärtig. In Jesus findet auch die Mittlerschaft zwischen Gott und dem Menschen ihre Erfüllung.

Jesus ist wahrer Gott und wahrer Mensch, er ist nicht nur ein beliebiger Mittler zwischen Gott und den Menschen, sondern er ist der Mittler des neuen und ewigen Bundes. „In Jesus sehen wir den Vater und begegnen ihm; in ihm können wir Gott mit dem Namen ‚Abba, Vater' anrufen; in ihm wird uns das Heil geschenkt" (Benedikt XVI.).

Jesus schenkt uns das Heil nicht nur, er hat uns in seiner Frohen Botschaft auch Hinweise gegeben, wie wir an diesem Heil mitwirken können. Haben wir Mut, dem Wort Gottes in unserem Leben Raum zu geben, und es auch als konkrete Hilfe zur Alltagsbewältigung zu betrachten. Wenn wir uns bei der Bewältigung unseres Alltags unsicher sind, ob etwas dem Willen Gottes entspricht oder nicht, können uns zwei Fragen weiterhelfen: Was dient dem Leben? Und was würde Jesus in dieser Situation tun? Wer diese Fragen ernsthaft erwägt, ist auf dem richtigen Weg.

Christoph Heinemann

Der Herr des Lebens

Von unreinen Geistern, von Dämonen also, haben wir da soeben gehört in der Schriftstelle des heutigen Tages aus dem Markus-Evangelium. Möchten Sie einmal einen solchen sehen? – Nun, dann empfehle ich Ihnen einen Besuch in einer alten romanischen Kirche, in der Basilika Ste. Madeleine etwa in Vézelay im Burgund. Vor allem an den Kapitellen in dieser Kirche können Sie jede Menge dieser unheimlichen Gestalten bewundern, erkennbar an ihren teuflischen Fratzen und dem wie Flammenbündel aufsteigendem Haar. Allenthalben treiben sie dort ihr Unwesen ...

DÄMONEN TREIBEN IHR UNWESEN

Wir kennen diese Redensart aus unserer Alltagssprache. Da sind es eben Menschen, die „ihr Unwesen" treiben. Es lohnt sich, diesen Ausdruck etwas genauer zu durchleuchten. Er vermag uns einiges zu sagen über eine uns so fremd gewordene Vorstellungswelt. „Wesen" sind immer etwas real Existierendes, etwas Lebendiges im Allgemeinen: „Lebe-Wesen" eben. Die Negativ-Form davon – Unwesen – bezeichnet logischerweise etwas, was nicht lebendig ist, was eigentlich gar nicht real existiert, ein Nichts gewissermaßen. Und doch wissen wir, dass dieses „Nichts" höchst real wirksam und höchst gefährlich werden kann – dann, wenn Menschen ihr Unwesen treiben. Das wirkt immer lebensfeindlich; verwirrend, verstörend, in Sinnlosigkeit und Chaos führend. Dass es solche Kräfte gibt, wird auch in der heutigen Zeit niemand bestreiten. Manchmal scheint es, als würden sie sich besonders in all den neuen Kommunikationsmitteln breitmachen und dort zwischenmenschliche Beziehungen vergiften. Irgendwie bezeichnend, dass man hier von „Trollen" spricht, einer Art Dämonen des Internets. Kein Wunder, dass man sich diese Dämonen zur Zeit Jesu und auch noch im Mittelalter ganz leibhaftig vorgestellt hat. Gleich, ob man diese Vorstellung teilt oder sie als Mensch unserer Zeit eher ablehnt, am zerstörerischen Wirken dieser Un-Wesen, dieser „Nichtse" – gibt es keinen Zweifel. Und in der Perikope des heutigen Tages hörten wir also, wie es Jesus mit diesen finsteren Mächten zu tun kriegt.

ZEICHEN EINER NEUEN ZEIT

In diesen „unreinen Geistern" manifestiert sich gewissermaßen das Chaos, das durch den Sündenfall in die Schöpfung gekommen ist. Nun stoßen diese lebensverneinenden Kräfte auf Jesus Christus, den Gottmenschen, in dem eine erlöste, geheilte Welt gegenwärtig ist. Die Un-Geister wissen, dass sie dem Geist Jesu Christi nicht gewachsen sind, aber sie geben sich keineswegs kampflos geschlagen. Doch gegen diesen wahren Herrn des Lebens, gegen die Lebenskraft und Lebensfülle, die von Jesus Christus ausgeht, haben sie letztendlich keine Chance. Die neue Schöpfung und mit ihr ein neues, geheiltes

Leben, die bricht sich Bahn. Der Evangelist berichtet, dass diese Heilung an einem Sabbat geschieht. Das ist sicher kein Zufall. Der Sabbat ist der Tag, an dem das Gesetz erfüllt werden soll und an dem die Schöpfung vollendet werden soll. In Jesus Christus ist diese neue Schöpfung mitten unter uns und die zerstörerischen Kräfte einer der Sünde und dem Tod verfallenen Welt müssen weichen.

MITWIRKEN AN EINER NEUEN SCHÖPFUNG

Natürlich stellt sich auch in diesem Zusammenhang die uralte Frage: Warum hat Gott in Jesus Christus die Welt noch nicht im ganzen Umfang, mit einem Schlag gewissermaßen, vollendet? Warum musste Jesus selbst am Kreuz den Todesmächten ausgeliefert werden? Warum ist der Kampf, obwohl der Ausgang schon feststeht, immer noch nicht zu Ende? Man könnte doch auch heute schier verzweifeln angesichts all des Unheils in der Welt. Die zerstörerischen Kräfte im Menschen treiben weiter ihr Unwesen. Ehrlich gesagt, die letzte und endgültige Antwort auf diese brennenden Fragen liegt verborgen im Geheimnis Gottes. Wir können Gott nicht restlos begreifen. Aber wir ahnen, dass es unsere Aufgabe ist, mitzuwirken an diesem Kampf gegen das Dämonische - um dadurch Sinn zu verwirklichen gegen den Un-Sinn der Welt. Bedenken wir dabei: Um Böses zu tun, um Leben zu vernichten und Chaos zu produzieren, braucht es erschreckend wenig Phantasie und nur die gröbsten Hilfsmittel. Etwas Sprengstoff, ein Feuerzeug, eine Schusswaffe oder auch nur ein Messer genügen. Um Leben zu verbreiten, gar um eine Ahnung eines „Lebens in Fülle" zu verbreiten, dazu bedarf es Behutsamkeit und Kreativität, Geduld und Ausdauer und vor allem viel Liebe. Und oft, gerade bei Rückschlägen, die feste Hoffnung, dass unsere Welt im Kern schon geheilt ist, dass die bösen Dämonen auf dem Rückzug sind. Dabei gilt es zu berücksichtigen, dass niemand unter uns Menschen schon vollkommen rein ist. Das war allein Jesus Christus. Durch uns selbst geht noch dieser Riss, ein Bruch, der uns daran hindert, schon hier und jetzt in Fülle zu leben. Wir neigen dazu, uns an diesen Zustand zu gewöhnen. Als Jesus die unreinen Geister austrieb, fingen die Anwesenden nicht etwa an zu jubeln, im Gegenteil, sie erschraken. Das Durchbrechen einer alten Ordnung löst selbst dann, wenn diese Ordnung eigentlich schlecht ist, erst einmal Schrecken aus. Das ist eine Anfrage an uns selbst: haben wir uns so sehr gewöhnt an das Unwesen dieser Welt, dass wir einen Aufbruch kaum wagen? Dass der Gedanke, es könnte doch alles ganz anders sein, eher erschreckt als befreit? Es gilt, sich dessen immer wieder zu vergewissern – im Gebet und im Gottesdienst, im Gespräch mit unseren Mitchristinnen und -christen, vor allem auch in der praktischen Nächstenliebe: Die Dämonen, die bösen Kräfte dieser Welt, die ihr Unwesen treiben – sie sind eigentlich nur „Nichtse". Und unser Herr Jesus Christus hat ihr Ende eingeleitet. Es steht unumstößlich fest: Heil und Erlösung, neues Leben bricht sich Bahn.

Norbert Klinger

Solche und solche Worte

Evangelium: Mk 1,21–28

Liebe Kinder, liebe Gemeinde, das Gefühl, dass ein Wort mich verletzen kann, kennen wir alle.

Jedes Wort, das wir sprechen, hören Menschen, auch Menschen, die ein schlechtes Gehör haben. Denn Worte klingen nicht nur in den Ohren, sondern auch in den Herzen.

Das können wir besonders dann gut verstehen, wenn uns jemand etwas Unschönes, etwas Böses sagt. Das tut weh, richtig weh. Du bist blöd, du bist doof, du bist hässlich. Wer solche Worte zu hören bekommt, spürt diese Worte wie Steine, die man auf jemanden wirft. Das Gesicht wird traurig, von innen her traurig und bedrückt.

Gute Worte, Worte, die das Leben schön machen, dringen auch tief in uns hinein. Sie gelangen in unser Herz und unsere Seele freut sich darüber. Menschen, denen gute Worte zugesprochen werden, lächeln. Sie strahlen von innen heraus vor Freude.

Machtworte können Wörter sein, die zeigen, dass der andere stärker ist und mehr Macht hat als man selber. Das sind Momente, wo man keine Chance hat, etwas zu erklären. Machtworte sind in manchen Situationen dennoch wichtig. Kinder streiten sich und die Eltern sprechen ein Machtwort, damit der Streit nicht noch größer wird. Machtworte benutzen auch Lehrer und Lehrerinnen, wenn trotz mehrmaligem Ermahnen die Schüler nicht ihre Aufgaben erledigen. Machtworte können also im guten Sinne dabei helfen, dass ein Miteinander wieder möglich ist, dass Frieden wird und Gemeinschaft wachsen kann. Ihr seht, wenn man sich einige Gedanken zu Wörtern macht, stellt man fest, dass Wörter gut und schlecht eingesetzt werden können. Manchmal kommt es darauf an, wie wir etwas sagen oder auch schreiben. Für uns hat der Evangelist Markus aufgeschrieben, was Jesus Menschen gesagt hat. Im Evangelium haben wir dies eben gehört.

JESUS SPRICHT EIN MACHTWORT

Jesus spricht dir und mir immer wieder Worte des Lebens zu. Unwiderruflich! Diese Worte können uns ganz nahe sein. Eigentlich müssten wir jedem, der an Gott und Jesus Christus glaubt, ansehen, dass er tiefe Freude in sich spürt. Im heutigen Evangelium geht es um ein anderes Wort. Jesu spricht ein Machtwort. „Schweig und verlass ihn!", spricht er zu dem „unreinen Geist", der einen armen Menschen plagt. Dieses Machtwort schüchtert den Dämon ein und es wirkt. Jesu Machtwort ist ein Vollmachtwort, wie sich herausstellt, und das ist das Besondere an unserer Geschichte: „Und die Menschen waren voll Staunen über seine Lehre, denn er lehrte sie wie einer, der Vollmacht hat, nicht wie die Schriftgelehrten".

Hinter Jesu Worten steckt viel mehr, als die Zuhörer damals ahnen konnten. Jesu Wort und seine Worte sind etwas ganz Besonderes, lassen den Himmel durchscheinen, sie stammen aus göttlichem Mund. Gott selber hat durch Jesus gesprochen.

Liebe Kinder, liebe Gemeinde, erinnert ihr euch daran, wie Gott die Welt erschaffen hat? Ganz am Anfang, als es noch keine Welt gab, schuf Gott alles, was wir heute sehen, fühlen, hören, schmecken und wahrnehmen. Alles! Gott sprach z. B.: Es werde Licht. Es wurde Licht. Gott sprach: Es wimmle das Wasser von lebendigem Getier und Vögel sollen fliegen auf Erden unter der Feste des Himmels usw. Gottes Wort hat die Macht, alles zu erschaffen und auch zu verändern. Gottes Wort hat Macht und Jesu Wort hat Macht. Das haben die Leute damals ganz schnell verstanden. Jesus ist Gottes Sohn und darum hat er eine Vollmacht direkt vom Himmel.

NUR EIN WORT

Wenn wir gleich – die Kommunionkinder lernen dies gerade – die Eucharistie empfangen, sagen wir vorher gemeinsam „... aber sprich nur ein Wort, so wird meine Seele gesund". Genau das hat der Mann, der von einem bösen Geist, von bösen Gedanken besessen war, erlebt. Jesus droht diesem Bösen: „... Schweig und verlasse ihn." Der Mann war, bis Jesus kam, blockiert, nicht im Reinen mit sich und seinem Glauben. Doch er spürte die Kraft und Stärke, die Jesus versprühte.

Wer sein Wort hält, der handelt auch danach. Der tut, was er sagt. Der tut das, wovon sein Herz voll ist. Denn das gute und heilende Wort stammt immer aus dem Herzen. Wer sich begeistern und anstecken lässt von der Liebe Gottes und von jedem Wort, das Jesus zu uns sagt, lebt und handelt danach. Wer überzeugt und aus ganzem Herzen Jesus nachfolgt, weiß, was er zu tun hat. Dieser Mensch ist glaubwürdig, zuverlässig und lügt nicht, um sich selber einen Vorteil zu verschaffen.

Alles, was uns besetzt, blockiert, aus der Bahn wirft, hin- und herzerrt, nennen wir unreinen Geist, weil er uns nicht im Reinen sein lässt mit uns und unserer Umwelt. Was auch uns immer wieder an Geist und Seele gefangen hält, böse Gedanken, Gedanken an Rache, Neid, Missgunst: Wir können uns von Jesus davon befreien lassen. Er schenkt uns durch das heutige Evangelium Mut. Und so erbitten wir uns auch in dieser Messfeier sein Machtwort: „... aber sprich nur ein Wort, so wird meine Seele gesund." Denn eine Seele, die immer mit schlechten Dingen beschäftigt ist, findet keine Ruhe, keinen Frieden. Sie spürt die Liebe Gottes nicht.

Gottes Wort und Jesu Wort möchten uns anstecken. Ich stelle mir gerade vor, dass sich alle Christen auf der ganzen Welt zulächeln. Wer sich begeistern und anstecken lässt von der Liebe Gottes und von jedem Wort, das Jesus zu uns spricht, lebt und handelt danach, schafft Versöhnung und Frieden.

Brigitte Goßmann

Darstellung des Herrn

LIEDVORSCHLÄGE

Gesänge zur Eucharistiefeier

Eröffnungsgesang: Volk Gottes, zünde Lichter an (GL 374); *Antwortgesang:* Hebt euch, ihr Tore, hebt euch (GL 633,3) mit den Psalmversen *oder* Macht hoch die Tür (GL 218,1+5); *Ruf vor dem Evangelium:* Halleluja (GL 244) mit dem Vers; *Danklied:* Nun lässest du, o Herr (GL 500); *zur Entlassung:* Tochter Zion (GL 228).

Gesänge zur Wort-Gottes-Feier

Lichtruf: Im Namen unseres Herrn (GL 659,1); *zur Entzündung der Kerzen:* Meine Hoffnung und meine Freude, meine Stärke (GL 365).

ERÖFFNUNG

Liturgischer Gruß

Unser Herr Jesus Christus, das Licht der Welt, er sei mit euch / ist mit uns allen.

Einführung

Äußerlich geschieht zunächst gar nichts Besonderes. Die Eltern bringen den kleinen Jesus in den Tempel, so wie es vorgeschrieben und üblich war und es viele andere ebenso taten. Dort begegnen sie Simeon und Hanna, die beide nicht mehr die Jüngsten sind. Es könnte eine alltägliche und unspektakuläre Begegnung sein. Doch die beiden haben ein offenes Herz für Gott und sein Wirken und darum erkennen sie, dass hier etwas wirklich Besonderes geschieht, sie erkennen, dass es Gottes Sohn ist, dem sie hier begegnen. Der Glaube hat seinen Platz in unserem Alltag; was wir hier miteinander feiern, soll unser Herz öffnen, damit wir sein Wirken in der Welt erkennen.

Kyrie-Litanei

Herr Jesus, du bist das Licht zur Erleuchtung aller Menschen. Kyrie, eleison.
Herr Christus, du wirst uns Menschen gleich. Christe, eleison.
Herr Jesus, du bringst uns Heil und Erlösung. Kyrie, eleison.

Tagesgebet

Allmächtiger, ewiger Gott, dein eingeborener Sohn
hat unsere menschliche Natur angenommen
und wurde am heutigen Tag im Tempel dargestellt.
Läutere unser Leben und Denken,
damit wir mit reinem Herzen vor dein Antlitz treten.
Darum bitten wir durch Jesus Christus.

1. Lesung: Mal 3,1–4
Gott wird kommen, um in der Mitte seines Volkes zu sein, so verheißt der Prophet. Darum ruft er Volk und Priester zur Umkehr auf.

2. Lesung: Hebr 2,11–12.13c–18
Der Sohn Gottes bringt uns Menschen das Heil, indem er wird wie wir, sogar im Leid und der Versuchung. Durch ihn sind wir Kinder Gottes und einander Geschwister.

Evangelium: Lk 2,22–40
In Jesus erfüllt sich die Verheißung: Gott kommt in den Tempel, in die Mitte seines Volkes. Simeon und Hanna haben ein offenes Herz und erkennen: Er bringt Heil für alle Menschen.

FÜRBITTEN

Gott kommt uns Menschen nah, weil er sich um uns Menschen sorgt. Im Leben Jesu wird das besonders deutlich. Er selbst ist das Licht. Ihm halten wir alles hin, was von seinem Licht erleuchtet werden soll:

- Für alle, die in den Sorgen und Nöten ihres Lebens nicht mehr weiter wissen, die sich alleingelassen fühlen und deren Leben dunkel ist.
- Für alle Familien, besonders für diejenigen, die sich schwer tun miteinander, die zerstritten sind und die keinen Weg zur Versöhnung sehen.
- Für die alten Menschen, für diejenigen, die einsam sind, für diejenigen, die sich nutzlos fühlen, für diejenigen, die sich nach Nähe sehnen.
- Für alle, die nach Orientierung suchen, für diejenigen, die auf der Suche nach ihrer Berufung sind und für diejenigen, die andere begleiten.
- Für diejenigen, die sich mit dem Gedanken tragen, in eine Ordensgemeinschaft einzutreten, und für alle Menschen, die ihr Leben Gott geweiht haben.

Du, Herr, bringst uns Licht, Leben, Hoffnung und Freude. Dir vertrauen wir uns an. Dir sei Lobpreis und Ehre, jetzt und in Ewigkeit.

ELEMENTE FÜR DIE EUCHARISTIEFEIER

Zum Vaterunser
Jesus hat sich zum Bruder aller Menschen gemacht, darum sind wir in ihm neu zu Kindern Gottes geworden. Beten wir gemeinsam zu unserem Vater.

Zur Kommunion
So spricht der Herr: Ich bin das Licht der Welt. Wer mir nachfolgt, wird nicht in der Finsternis umhergehen, sondern wird das Licht des Lebens haben (Joh 8,12).

Luzernar und Prozession

Wo es möglich ist, versammeln sich alle Gottesdienstteilnehmer außerhalb der Kirche oder in ihrem Eingangsbereich. Alle tragen Kerzen in der Hand.

Der Leiter / Die Leiterin eröffnet die Feier mit dem Lichtruf (GL 659,1).
L: Im Namen unseres Herrn Jesus Christus: Licht und Frieden.
A: Dank sei Gott.

Der Leiter / Die Leiterin spricht ein Gebet über die Kerzen.
L: Gott, unser Vater,
du hast uns deinen Sohn gesandt,
damit sein Licht unser Leben erleuchtet.
Gib, dass diese Kerzen uns immer daran erinnern und
stärke unser Vertrauen auf deine Gegenwart
auch in den Dunkelheiten unseres Lebens.
Erleuchte unsere Herzen und führe uns zum unvergänglichen Licht.
Darum bitten wir durch Christus, unseren Herrn.

Die Kerzen werden entzündet. Währenddessen singen alle:
Meine Hoffnung und meine Freude (GL 365).

Es folgt die Lichtdanksagung. Der Leiter / Die Leiterin singt oder spricht:
L: Wir preisen dich, Herr Jesus Christus.
Du bist das wahre Licht, das in der Welt erschienen ist
und unser Leben erleuchtet. Du bist unser Erlöser und Heiland.
Durch deine Menschwerdung bringst du das Licht in die Welt.
Auf den Armen deiner Mutter kommst du in deinen Tempel.
Simeon und Hanna schenkst du Erleuchtung, dass sie dich erkennen,
und du erfüllst sie mit Freude über deine Gegenwart.
Heute erleuchtest du unsere Herzen und unsere Augen,
dass auch wir deine Gegenwart erkennen und dich voll Freude preisen.
Du lässt dein Licht leuchten in der Welt
und du lässt es sich ausbreiten und wachsen,
bis die ganze Schöpfung vollendet wird bei Gott.
Dafür danken wir dir uns preisen dich,
der du mit dem Vater und dem Heiligen Geist
lebst und herrschest in Ewigkeit.
A: Amen.

Alle ziehen in Prozession in die Kirche ein. Währenddessen wird der Gesang zur Eröffnung gesungen. Es folgt die Verkündigung des Wortes Gottes.

Die Eucharistiefeier kann ebenso mit Luzernar und Prozession eröffnet werden. Andernfalls nimmt man die entsprechenden Texte aus dem Messbuch.

Jens Watteroth

Hanna

Zwei Gedanken zum heutigen Festtag:
Die Liturgie der Kirche sieht vor, zwischen der Langfassung des Evangeliums, die wir ganz bewusst vorgetragen haben, und einer Kurzfassung wählen zu können. Warum? Vielleicht, weil den Verantwortlichen die Langfassung möglicherweise zu lang vorkam, die man deshalb den Mitfeiernden nicht zumuten wollte. Einen anderen Grund kann ich mir nicht vorstellen, oder doch? Könnte es vielleicht etwas mit der Rolle der Frau in der Kirche zu tun haben? Was geschieht denn, wenn der Pfarrer oder der Kaplan erlaubterweise die Kurzfassung wählt? Dann fehlt ein gewichtiges Stück des heutigen Evangeliums, nämlich das Zeugnis einer Frau, das Zeugnis der Prophetin Hanna! Erstaunlich ist diese Frau schon: Sie ist eine der wenigen Frauen, die im Evangelium mit Namen genannt werden, dazu eine Prophetin, die einzige, die im Neuen Testament erwähnt wird. Für den Evangelisten Lukas ist es ein Kennzeichen gegenüber den anderen Evangelisten, dass er die Rolle der Frauen betont. Wenn er Jesus ein Gleichnis erzählen lässt, dann kommen darin immer eine Frau und ein Mann vor, z. B. in der Gleichnisreihe vom Verlorenen im 15. Kapitel: da wird von einem Hirten erzählt, der dem einen entlaufenen Schaf nachgeht, und von einer Frau, die ihre Drachme sucht. Es ist also nicht richtig, wenn die Liturgie der Kirche die Möglichkeit lässt, die Prophetin Hanna außer Acht zu lassen, sie zu verschweigen. Für Lukas war sie wichtig, sonst hätte er sie nicht erwähnt. Simeon und das Kind wurden in der Kunst oft dargestellt. Aber Hanna und das Kind? Erst bei einer Suche im Internet habe ich das eine oder andere Bild von Rembrandt und anderen Künstlern entdeckt, in dem Hanna vorkommt. Aber auch da steht Hanna immer im Hintergrund, nicht im Licht, nicht in der Mitte wie Simeon. Ein Bild auch für die Rolle der Frauen in der Kirche – bis heute?
Ein zweiter Gedanke: Welch ein Kontrast: Die Liturgie der Kirche bringt als erste Lesung einen Abschnitt aus dem Propheten Maleachi zu Gehör und setzt sie in Beziehung zum erzählten Geschehen in Jerusalem. Der Herr kommt zu seinem Tempel: Einen gewaltigen Auftritt schildert Maleachi. Er sei wie das Feuer im Schmelzofen und wie die Lauge im Waschtrog, kaum zu ertragen. Was aber geschieht? Hier wird ein neugeborenes Kind von seinen Eltern in den Tempel gebracht, ein Kind wie tausend andere. Kein Feuer, keine ätzende Lauge. Nur zwei alte, gottesfürchtige Menschen erkennen, wer da kommt. Simeon nimmt das Kind auf seine Arme und Hanna preist Gott. Schade, dass Lukas ihr keine Worte in den Mund gelegt hat wie dem Simeon. Was wir sehen und verstehen: So ist Gott: Er kommt ganz anders, als wir denken und es uns ausmalen. Nur mit wachen Augen und einem Gott zugewandten Herzen ist er zu erkennen, mitten in dieser Welt. Damals wie heute.

Hermann Kast

Vorboten der Gottesherrschaft

Viele Ältere unter uns werden sich noch daran erinnern: Der heutige Festtag galt als der endgültige Abschluss der Weihnachtszeit. Die Krippe wurde abgebaut und auch der Christbaum hatte seine Schuldigkeit getan. Man nannte das Fest damals auch noch nicht „Darstellung des Herrn", sondern „Mariä Lichtmess". Streng theologisch gesehen ergibt diese Bezeichnung wenig Sinn. Wenn wir uns aber ein wenig auf die alte Volksfrömmigkeit einlassen, vermag uns dieser Ausdruck einiges zu sagen. Er spielt darauf an, dass die morgendliche Feier der hl. Messe wieder bei Tageslicht stattfinden konnte. Auch beim Abendessen im Familienkreis hatte man wieder genug natürliches Licht und auch das Tagwerk konnte man weitgehend vollbringen, ohne auf Kienspäne, Ölfunzeln oder Petroleumlampen angewiesen zu sein. Was für eine Erleichterung! Von den Alltagserfahrungen her ergab sich der Bezug zum Sinngehalt dieses Festes: Tief verborgen, kaum wahrnehmbar war das Licht, nun zeigt es sich; es stellt sich der Welt dar und erleuchtet sie.

IM KREISLAUF DES LEBENS

Das alljährliche Schwinden des Lichts bis zum Tiefpunkt der Wintersonnenwende löste in den Menschen früherer Zeiten Ängste aus. Wird es wirklich wiederkommen mit seiner lebensspendenden Kraft? Oder fällt die Welt wieder in totale Finsternis zurück? In der Zeit Anfang Februar, vierzig Tage nach dem winterlichen Minimum, konnte man sich sicher sein: Die Sonne kommt zurück. Der Kreislauf des Lebens geht weiter. Denn als einen ewigen Kreislauf, so stellte man sich früher den Gang der Welt vor. Das äußerte sich auch in einem Phänomen, das in der heutigen Schriftstelle aus dem Lukas-Evangelium eine gewisse Rolle spielt: auch die Erstgeburt eines – nach damaliger Denkweise männlichen – Nachkommens war ein wichtiger Garant dafür, dass der Kreislauf des Lebens weitergeht. Deshalb wurde der Erstgeborene überall im alten Orient in besonderer Weise Gott oder für gewöhnlich den Göttern geweiht. Auch Israel war da keine Ausnahme. Allerdings gibt es hier auch wesentliche Unterschiede zu den anderen Kulturen. Das Volk des Ersten Bundes hat diesen Brauch der Erstgeborenen-Weihe verbunden mit dem Sinngehalt des Pessach-Festes. Wahrscheinlich wurde dieser alte Brauch sogar von Israel aus seinem Umfeld übernommen. An Pessach feiert man bekanntlich den Auszug aus Ägypten, das Ende der Sklaverei und die Verheißung eines „Gelobten Landes". Bezeichnend auch dieses furchtbare Geschehen der Tötung der Erstgeborenen in Ägypten. Das äußerlich so grausame Geschehen soll vor allem sagen: Dieses alte Modell, die ewige Wiederkehr des Gleichen, das wird nicht bestehen bleiben. An Israel zeigt sich erstmals: die Geschichte der Menschheit ist ein dynamisches und zielgerichtetes Geschehen, das Menschen mit der Hilfe eines befreienden Gottes sinnvoll mitgestalten können. Trotzdem, der Kreislauf der Zeiten ging eben auch weiter, Licht und Finsternis wechselten einander ab und man harrte der Ankunft des endzeitlichen Retters, des Messias.

DIE BOTSCHAFT DER HOCHBETAGTEN

Auch Maria und Josef stehen unter dem Gesetz und sie wollen es erfüllen. So bringen sie ihren Erstgeborenen in den Tempel, um die Reinigungsriten zu vollziehen, um ihn Gott zu weihen und ein Opfer darzubringen. Dabei begegnen sie zwei hochbetagten Menschen, die über dieses Kind eine entscheidende Botschaft zu sagen haben: Mit ihm wird etwas ganz entscheidend Neues beginnen. Es soll mehr geben als diesen ewigen Kreislauf, in dem Tod und Leben, Licht und Finsternis einander abwechseln, und zu dem Krieg, Seuchen und Naturkatastrophen wie selbstverständlich dazugehören. Mit ihm soll etwas grundsätzlich Neues beginnen. Er ist nicht einer von vielen Erstgeborenen, mit dem die ewige Wiederkehr des im Prinzip Unveränderlichen beginnt. Er ist vielmehr der Erstgeborene einer ganz neuen Schöpfung. In ihm soll sich die ursprünglich an Israel gegebene Zusage erfüllen, ja mehr als das: Es soll nicht nur ein neues Land, es soll vielmehr ein ganz neues Leben geben! Simeon und Hanna, die beiden Hochbetagten, werden zu Propheten dieser Zeitenwende. Aufgrund ihres Alters haben sie eigentlich nichts mehr zu erwarten als den Tod. Sie leben im Tempel und nicht im Kreis ihrer Familie, wie man eigentlich erwarten sollte. Es scheint fast, als hätten sie keine Kinder, die damals übliche Garantie dafür, dass das Leben irgendwie weitergeht. Möglich, dass sie gerade deshalb, weil sie im Rahmen des Üblichen nichts mehr zu erwarten haben, offen sind für das radikal Neue, das sich in diesem neugeborenen Kind anbahnt. Sie können darin zum Beispiel werden für das, was wir vom Leben erwarten können.

AUF DEM WEG ZUR GOTTESHERRSCHAFT

Ja, was erwarten wir eigentlich vom Leben? Dass auch im Falle eines so gravierenden Störfalls wie der Corona-Pandemie möglichst alles im alten und gewohnten Trott weitergeht? Sind wir offen dafür, dass wirklich Neues geschieht? Dass viele und vieles zu Fall kommen und die Welt neu aufgerichtet wird? Dass wir als wirklich erlöste Menschen leben können? So vieles kann sich wandeln, wenn wir fest in der Verheißung stehen, die uns Simeon und Hanna als erste Zeugen einer neuen Zeit verkündet haben. Gewiss, das Alte wirkt noch machtvoll nach, und auch Maria soll es nicht erspart bleiben, dass ein „Schwert durch ihre Seele dringt". Aber der Gang der Geschichte ist unumkehrbar; der alte Kreislauf ist durchbrochen und die Zukunft, Gottes Herrschaft und Reich, ist sicher. Und es ist unsere Gabe und unsere Aufgabe, es in unserem Leben und Handeln schon hier und jetzt zum Vorschein kommen zu lassen. So können wir auch den Wandel der Jahreszeiten, dieses Wechselspiel von Licht und Finsternis, in einer neuen Weise deuten: Es soll nicht mehr stehen für einen endlosen Kreislauf, sondern das wachsende Licht soll uns Zeichen sein, dass die ganze Schöpfung sicher und unumkehrbar auf dieses eine große ewige Licht zugehen wird: Auf Jesus Christus, unseren Herrn.

Norbert Klinger

Fünfter Sonntag (B)

LIEDVORSCHLÄGE

Gesänge zur Eucharistiefeier

Eröffnungsgesang: Wer unterm Schutz des Höchsten steht (GL 423,1+3); *Antwortgesang:* Jerusalem rühme den Herrn (GL 78,1) mit den Psalmversen; *Ruf vor dem Evangelium:* Halleluja (GL 174,4) mit dem Vers; *zur Gabenbereitung:* O Jesu, all mein Leben bist du (GL 377,1–2); *Danklied:* Kündet allen in der Not (GL 472,1–4); *zur Entlassung:* Nun saget Dank und lobt den Herren (GL 275,1–2).

Gesänge zur Wort-Gottes-Feier

Antwortgesang: Ich lobe meinen Gott, der aus der Tiefe mich holt (GL 383,1–3).

ERÖFFNUNG

Liturgischer Gruß

Der Herr, der Heilung und Heil schenkt, sei mit euch / ist mit uns allen.

Einführung

Wir haben uns versammelt, um uns Zeit zu nehmen und bewusst innezuhalten. Wir treten etwas aus dem Alltagsgeschehen heraus und schauen auf unser Leben. Wir bringen vor Gott unseren Dank für das Schöne und die guten Fügungen, wir halten ihm aber auch all das entgegen, was uns bedrückt, was uns Sorgen bereitet und Angst macht. Es ist gut zu wissen, dass es da eine Quelle gibt, wo wir zur Ruhe kommen und uns stärken können.

Kyrie-Litanei

Herr Jesus, du Sohn des lebendigen Gottes. Kyrie, eleison.
Herr Jesus, du weist uns den Weg zum Leben. Christe, …
Herr Jesus, du sendest uns als deine Boten. Kyrie, …

Tagesgebet der Eucharistiefeier

Gott, unser Vater,
wir sind dein Eigentum
und setzen unsere Hoffnung
allein auf deine Gnade.
Bleibe uns nahe in jeder Not und Gefahr
und schütze uns.
Darum bitten wir durch Jesus Christus.

Perikopengebet der Wort-Gottes-Feier

Gott, unser Retter, dein Sohn richtet auf,
was darniederliegt, und heilt, was verwundet ist.
Wir bitten dich:
Gib Mut und Trost und Kraft den Leidenden,
tröste alle, die trauern, und bewahre alle
in Jesus Christus, deinem Sohn,
unserem Bruder und Herrn,
der in der Einheit des Heiligen Geistes
mit dir lebt und wirkt jetzt und in Ewigkeit.

ZU DEN SCHRIFTLESUNGEN

1. Lesung: Ijob 7,1–4.6–7
Ijob, ein Mensch, vom Schicksal schwer geschlagen, denkt vor Gott über das Leben nach. Kein Wunder, dass es dabei auch zu Klagen kommt.

2. Lesung: 1 Kor 9,16–19.22–23
Das Evangelium verkünden ist mehr als ein Job! Was Paulus seiner Gemeinde schreibt, ist auch für uns heute eine Herausforderung.

Evangelium: Mk 1,29–39
Aktiv sein und Einsatz bringen, und dann wieder Rückzug und Kraft schöpfen – zwei Seiten des Lebens, die zusammengehören. Jesus hat das vorgelebt.

FÜRBITTEN

Jesus Christus lebte in tiefer Gemeinschaft mit dem Vater und war zugleich uns Menschen nah. Zu ihm lasst uns beten:

- Für die Christen: um einen gesunden Ausgleich zwischen Aktivität und Engagement und einem Rückzug, der Besinnung, Ruhe und neue Kraft gewährt.
  Christus, höre uns – Christus, erhöre uns.
- Für Menschen, die in Pflegeberufen arbeiten, und für alle, die sich um kranke Angehörige kümmern: um die Gabe des Zuhörens und Aufrichtens. ...
- Für Menschen, die verzweifelt sind, die nicht mehr an sich, an ihre Mitmenschen und an das Leben glauben: um Trost und einen Weg aus ihrer Not ...
- Für alle, die sich engagieren: Gib ihrem Einsatz zum Wohl aller Gelingen ...
- Um Trost und Kraft für alle, die um einen lieben Menschen trauern ...

Herr Jesus Christus, du hast unsere Leiden auf dich genommen und unsere Krankheiten getragen. Stärke uns im Hier und Jetzt und lass uns dereinst geheilt und heil leben in deiner Fülle. Dir sei Dank und Ehre, jetzt und alle Tage unseres Lebens.

Zum Vaterunser

Handeln zum eigenen Wohl und dem Wohl anderer ist nicht immer leicht. Bitten wir Gott um seinen Beistand mit dem Gebet, das er uns durch Jesus geschenkt hat: Vater unser ...

Kommunionvers

Er heilt die gebrochenen Herzen und verbindet die schmerzenden Wunden (vgl. Ps 147,3). – Kommt und empfangt das Brot des Lebens!

Zur Besinnung

Gott, bei dir ist der Ruheplatz am Wasser.
Zu dir kann ich kommen,
wenn ich gehetzt, ruhelos und überfordert bin.
Bewahre mich davor, in dunklen Momenten
das Leben und die Welt zu verfluchen.
Schenke mir einen Blick
für all das, was gut läuft und sich gut fügt.
Lass mich mit Dankbarkeit erkennen,
wo Menschen mein Leiden sehen,
mich an der Hand fassen und aufrichten.
Und gib auch mir die Kraft,
anderen zur Quelle des Trostes und der Hilfe zu werden.

ELEMENTE FÜR DIE WORT-GOTTES-FEIER

Zum Friedenszeichen

Offen sein für die Nöte der Menschen, Leidende an der Hand fassen und aufrichten – so hat Jesus Heilung und Frieden gebracht. Wünschen auch wir einander unseren Frieden und den Frieden Gottes, der alles übersteigt.

Segensbitte

Die Gemeinde antwortet nach jeder Bitte mit „Amen".

L: Der Vater, der Ursprung und Spender allen Lebens, sei in eurer Mitte.
L: Der Sohn, der Weg zur Quelle des Lebens, sei stets vor euch.
L: Der göttliche Geist, der Leben schenkt und lebendig macht, entfache in euch seine Kraft und mache euch zu Zeichen Gottes in dieser Welt.
L: Und der Segen des allmächtigen Gottes,
des Vaters, des Sohnes und des Heiligen Geistes,
komme auf uns herab und bleibe bei uns allezeit.
L: Amen

Marlies Lehnertz-Lütticken

Ein österlicher Mensch

Eben haben wir gehört, wie Jesus die Schwiegermutter des Petrus heilt. Es ist wohl die kürzeste Heilungsgeschichte im Neuen Testament. Und doch: Sie erzählt von Jesus und von einem österlichen Menschen. Diese geheilte Frau – ein österlicher Mensch? In der deutschen Übersetzung ist es nicht zu erkennen. Die Leser des griechischen Markus-Evangeliums konnten es sofort verstehen. So wird die Heilung beschrieben: „Jesus ging zu ihr, fasste sie an der Hand und richtete sie auf." Er richtete sie auf. Mit demselben Wort wird am Ende des Evangeliums die Auferweckung Jesu beschrieben: Er wurde aufgerichtet, auferweckt. Auferweckt von Gott. Die Heilung der Frau ist wie eine Auferstehung. Jesus erweckt, richtet auf zu neuem Leben. Wem Jesus begegnet, der und die wird aufgerichtet, ermuntert zu neuem Leben! Das will Markus sagen, wenn er von der Begegnung der Schwiegermutter des Petrus mit Jesus berichtet. Ich habe mich schon manches Mal an der Notiz gestört: „Und er sorgte für sie." Markus will damit nicht einfach zur Tagesordnung übergehen. Er will damit viel mehr erzählen: Diese Frau ist Jesus begegnet, der von sich sagt: „Ich bin nicht gekommen, mich bedienen zu lassen, sondern um zu dienen" (Mk 10,45). Die Frau begegnet Jesus und tritt in seine Nachfolge. Wer Jesus begegnet, wird leben wie er. Wer seiner Leben schaffenden Macht begegnet, wird dem Leben dienen wie er, auch und gerade im Alltag, im alltäglichen Sorgen füreinander. Aufgeweckt, aufgerichtet, befreit von ihrem Fieber Jesus die Schwiegermutter des Petrus. Von Befreiung ist in diesem Evangelium noch öfter die Rede. Markus erzählt: Am Abend heilt Jesus Kranke und treibt Dämonen aus. Wer sind sie? Es sind dunkle Mächte, die den Menschen schädigen. Es gibt wohl keinen Zweifel, dass es solche dunklen Mächte gibt. In neutestamentlicher Zeit hat man sie als Dämonen bezeichnet. Es gibt sie auch heute noch in ganz unterschiedlicher Gestalt und Wirkungsweise. Wir haben heute andere Bezeichnungen dafür. Aber, dass es Kräfte, dunkle Mächte gibt, die Menschen in ihrem Leben schädigen, dafür gibt es vielfältige Erfahrungen. Ich kenne solche Mächte aus eigener Erfahrung. Es sind z.B. Stimmen, die aus früher Kindheit kommen und sagen: Das musst du machen; du musst perfekt sein; du darfst keine Fehler machen; du darfst nicht zornig sein, du darfst dir nichts gönnen. Es sind Stimmen, die das eigene Leben schwer machen und behindern, die, wenn wir sie lange genug gehört und befolgt haben, uns enttäuscht feststellen lassen: Ich bin zu kurz gekommen in meinem Leben. Was hab' ich davon gehabt? Es sind Stimmen, die uns die Freude am Leben stehlen. Solche Dämonen beherrschen auch das öffentliche Leben mit ihren bedrohenden Maximen, die wir nur zu gut kennen: Zeit ist Geld. Hast du was, dann bist du wer. Oder einfach: Wachstum.

Demnächst beginnen wir mit der Vorbereitung auf das Osterfest. Da feiern wir: Gott ist stärker als alle schädigenden und todbringenden Mächte. Im auferstandenen Herrn begegnet uns neues Leben, das dunkle Mächte nicht fürchtet. Aufgerichtet von ihm dürfen wir uns dankbar unseres Lebens freuen.

Hermann Kast

Die Lichtblicke des Lebens deuten die Zukunft

Viele Menschen sind der Meinung: Mein Alltag ist grau und eintönig. Aufstehen, duschen, Frühstück, Arbeit, einkaufen, Hobby, Abendessen, TV, Gespräche in der Familie, schlafen. Und am anderen Tag geht es genauso weiter. Tag für Tag, nur unterbrochen durch den Sonntag oder Urlaub oder ein paar freie Tage.

WENN ALLE TAGE GRAU SIND

Ein Zeichentrickfilm dauert nur sieben Minuten. Aber in dieser Zeit wird in aller Kürze die ganze Lebensgeschichte eines Menschen dargestellt: von der Geburt bis zum Tod. Ein Krankenwagen, gezeichnet als Kiste auf Rädern, rast auf ein kastenartiges Wohnhaus zu, holt zwei Menschen ab und fährt zu einem weiteren großen Kasten, der sich durch ein rotes Kreuz als Krankenhaus entpuppt. Kindergeschrei signalisiert eine Geburt. Mit dem Kind steigt das Paar in ein Taxi und steuert auf die nächste Schachtel zu – auf eine Kirche, in der das Kind getauft wird. In einem Wohnblock wächst das Kind auf, bald pendelt es zwischen diesem Haus und einem weiteren Kasten, der Schule, hin und her. Kastenförmig ist die Universität, in die der junge Mann später geht: das Tanzlokal, in das er seine Freundin ausführt; das Theater, das sie besuchen; die Kirche, in der sie heiraten; das Haus, in das sie einziehen. Schließlich pendelt der Mann nur noch zwischen zwei großen grauen Schachteln hin und her – zwischen Wohnhaus und Fabrik. Die Bewegung beschleunigt sich dabei ständig, und die beiden Gebäude rücken immer enger zusammen, bis sie den gehetzten Mann in die Zange nehmen. Er versucht noch, mit beiden Armen und mit letzter Kraft die Blöcke auseinander zu halten. Dabei nimmt er die Gestalt eines Gekreuzigten an. Sie können sich vorstellen, wie der letzte kleine Kasten aussieht, in dem wir ihn sehen – umgeben von einer Trauergemeinde .... .
Ähnlich ergeht es Hiob in der heutigen Lesung, wobei man die ganze Lebensgeschichte des Hiob im Kopf haben muss, denn die Lesung zeigt ja nur einen kleinen Ausschnitt aus seinem Leben. Niedergedrückt von Krieg und Elend; eingespannt in harte Arbeit ohne gerechten Lohn; verstrickt in Enttäuschungen; gefangen in Unrast und im Gefühl, die Zeit würde immer schneller dahinrasen; eingezwängt in diese kurze, glücklose Spanne zwischen Geburt und unausweichlichem Tod.
Manche können sich in diesem Hiob wiederfinden, wenn sie an ihr eigenes Leben denken. Der Zeichentrickfilm heißt: „Ein Leben in der Schachtel". So könnte man auch das Leben von Hiob überschreiben oder mancher denkt: So fühle ich mich manchmal auch.
Aber ist das wirklich alles, was wir über unser Leben sagen können? Ich schreibe diese Zeilen mitten in der Coronakrise (Mai 2020!). Vieles ist in unserer Gesellschaft zwangsweise zum Stillstand gekommen. Geschäfte und Lokale, Kindergärten und Schulen wurden geschlossen. Manche Grundrechte

wurden eingeschränkt. Es gab Ausgangsbeschränkungen usw. So schrecklich die Pandemie auch ist und war, sie hat auch eine gute Seite. Der Mensch wurde zur Entschleunigung gezwungen. Es kamen Fragen auf und manch einer wurde sehr nachdenklich. Soll es wirklich immer so weitergehen: immer weiter, schneller und höher? Drei Urlaube im Jahr genießen. Hin- und Rückweg natürlich wie immer mit dem Flugzeug. Alle zwei Wochen treffen wir uns mit Freunden in einem Lokal. Viele Selbstverständlichkeiten fielen mit einem Schlag weg und wurden auch in Frage gestellt. Was gehört wirklich zum Leben? Was macht das Leben aus? Es kann so nicht weitergehen, wenn wir alle noch ein wenig auf dieser Erde leben wollen. Es wird kein Zurück mehr in die Zeit vor der Coronakrise mehr geben. Es gibt nur eine neue verantwortbare Normalität. Die Coronakrise ist hoffentlich überwunden, wenn Sie diese Zeilen lesen.

WENN DAS LICHT INS LEBEN FÄLLT

Ein paar Szenen aus dem oben beschriebenen Zeichentrickfilm habe ich Ihnen bisher vorenthalten. Da verschwinden für kurze Zeit die strengen Linien und rechteckigen Formen und es erscheint eine farbenprächtige, blühende Landschaft. Da brechen die aufdringlichen Geräusche ab und eine wunderschöne, wohltuende Musik setzt ein. Da endet das hektische Rennen, die Bewegungen werden langsam und eine heilsame Ruhe breitet sich aus: zum ersten Mal, als das Schulkind einen kleinen Schmetterling sieht und zu lächeln beginnt; dann, als der junge Mann seine Freundin umarmt; später, als die beiden ihr erstes Kind bekommen.
Es gibt sie also doch – die Momente des Glücks und der Freude; die Erfahrungen der Freiheit und der Zufriedenheit; die Augenblicke, in denen man spürt, dass das Leben schön und wertvoll sein kann. Mit solchen farbigen Bildern und mit harmonischer Musik klingt der kurze Film aus und will so andeuten, dass in den Glücksmomenten unseres Lebens schon eine ganz andere Welt aufleuchtet, die wir in unserer irdischen Existenz erahnen können. In diesem Zusammenhang habe ich vor einiger Zeit den Titel eines Buches gelesen, der zu dieser Thematik passt. Der Buchtitel heißt: „Wunder geschehen nicht nur sonntags. Erfahrungen mit dem Alltag." Der Autor beschreibt den Alltag und weist die Leser darauf hin, aufmerksam und wachsam durch den Alltag zu gehen und die kleinen Wunder einer blühenden Blume oder eines Regenbogens nicht zu übersehen und sie wahrzunehmen und sich an ihnen zu freuen. Es gibt natürlich den grauen Alltag, der oft auch eintönig sein mag. Dann dürfen wir klagen und unserer Enttäuschung Luft machen. Es gibt aber in unserem Leben auch die Erfahrung von Freude, Freiheit, Ruhe und Farbe und wohltuender Musik. Sehen wir genau hin und spüren wir nach, wie sich das im Alltag anfühlt.

Hans-Werner Günther

Fragen an das Leben stellen – Antworten im Leben finden

„Und warum?" – Im Alter von etwa drei Jahren beginnen Kinder den Dingen um sie herum auf den Grund zu gehen. Keine Antwort stellt sie zufrieden, jede Antwort bringt ein neues Warum hervor. Es kann schwierig sein, da auszusteigen. Wenn Kinder erst einmal entdeckt haben, dass alles einen Grund hat, lassen sie für gewöhnlich nicht locker. Manche Antworten fallen uns da leichter, manche sind eine echte Herausforderung, weil sich große Fragen dahinter verbergen. „Warum muss der Opa erst tot sein, damit er Gott begegnet?", so fragt eine Vierjährige am Rande der Beerdigung ihre Mutter, nachdem sie dem Pfarrer bei der Predigt aufmerksam zugehört hat. Gar nicht so einfach, hier eine passende Antwort zu geben!
„Warum bin ich auf der Welt?" Noch so eine große Frage – die nach dem Grund unseres Daseins. Die ist vielleicht zunächst einmal gar nicht so schwierig zu beantworten. Weil Mama und Papa dich liebhaben, bist du entstanden und weil Gott dich immer schon liebgehabt hat und alles Leben schenkt. „Warum bin ich auf der Welt" bringt jedoch erwachsene Menschen manchmal eher zum Grübeln. Warum bin ich eigentlich auf der Welt? Oder wie Hiob sich in der Lesung heute gefragt hat: Vergeht mein Leben nicht wie ein Hauch? Eilen meine Tage nicht wie ein Weberschiffchen dahin? Ist nicht ein Tag wie der andere? Warum bin ich auf der Welt. Menschen, die so fragen, fragen sich nach dem Sinn ihres Daseins.

DIE EIGENE BESTIMMUNG FINDEN

Vielleicht ist es passender zu fragen: Wozu bin ich auf der Welt? Das ist eine Frage, die sich viel schwieriger theoretisch beantworten lässt. Es ist eine Frage, die sich nur durch das Leben selbst beantworten lässt. Diese Frage lädt mich ein, ihr durch mein Leben eine Antwort zu geben, oder die Antwort in meinem Leben zu suchen und zu finden. Die Antwort hierauf ist so bunt und so vielfältig, wie es die Menschen sind, denn jeder Mensch ist mit einer ganz einzigartigen Bestimmung auf die Welt gekommen. Wozu bin ich auf der Welt? Jedem und jeder von uns ist hierauf im Leben eine ganz eigene Antwort mitgegeben.

DIE BESTIMMUNG JESU

Ohne dass diese Frage explizit gestellt würde, gibt Jesus im heutigen Evangelium seine ganz eigene Antwort darauf: Unterwegs zu den Menschen sein, Nähe zeigen, heilen, Dämonen austreiben, predigen und beten, dazu bin ich gekommen, sagt er am Ende des Evangeliums.
All das verwirklicht Jesus in seinem Leben. Er grübelt nicht über das Warum, sondern er lebt das Wozu und ist dabei im Reinen mit sich. Ganz anschaulich nimmt uns der Evangelist mit in das Leben Jesu, so dass wir zu Zeugen und

Zeuginnen seiner einzigartigen Bestimmung werden können. Wir hören von der Schwiegermutter des Petrus, sie ist krank. Sie hat Fieber, damals eine Situation, die schnell hätte tödlich enden können. Das Fieber wird, wie jede Krankheit, als eine Macht wahrgenommen, als etwas, das vom Menschen Besitz ergreift, etwas, das den Menschen im Leben behindert. Aber Jesus geht ohne Angst auf die kranke Frau zu, er nähert sich ihr, berührt sie sogar, fasst sie an der Hand und richtet sie auf. Die Wirkung ist: Das Fieber weicht von ihr und sie kann wieder für Jesus und die Jünger sorgen. Sie kann wieder ihrer Lebensaufgabe nachkommen. Man mag über die damalige Rollenzuweisung denken, wie man will. Jesus hat sie vom Fieber befreit und sie dazu befähigt, ihre Bestimmung, ihre Antwort auf die Frage „Wozu bin ich auf der Welt?" wieder leben zu können.

JESUS MACHT DIE MENSCHEN FREI FÜR DAS LEBEN

Und vielleicht spricht es für die Sehnsucht der Menschen, dass nach diesem Ereignis so viele zu Jesus kommen. Die Sehnsucht danach, auch frei zu werden und die ganz eigene Bestimmung im Leben suchen und finden zu können, sie leben zu können. Am Abend – so heißt es – ist die ganze Stadt vor der Haustür des Petrus versammelt. Und Jesus befreit die Menschen von allen möglichen Krankheiten und auch von Dämonen. Es ist spannend, dass der Evangelist die Dämonen sogar zu Zeugen für die einzigartige Bestimmung Jesu macht, indem Jesus sie zum Schweigen verpflichtet, „denn sie wussten, wer er war".

Um seine Bestimmung leben zu können, muss Jesus sich immer wieder zurückziehen, an einen einsamen Ort gehen und beten.

Aber beten ist nicht grübeln, es ist in Kontakt mit Gott gehen und Kraft schöpfen, um anschließend wieder gestärkt der eigenen Lebensaufgabe nachgehen zu können, sie erfüllen zu können.

Das heutige Evangelium macht Mut. Mut und Lust, das eigene Leben anzuschauen, Fragen an das Leben zu stellen und Antworten darin zu finden.

Wozu bin ich auf der Welt? Bei dem Versuch, darauf eine Lebensantwort zu geben, dürfen wir uns von Jesus begleitet und an die Hand genommen wissen – wie die Schwiegermutter des Petrus möchte er jeden und jede von uns frei machen, damit wir unsere ganz eigene Bestimmung finden und leben können.

Stephanie Rieth

Fieber

ZUR VERKÜNDIGUNG

Evangelium: Mk 1,29–39

Die Schwiegermutter des Petrus ist krank. Sie hat Fieber. Habt ihr schon mal Fieber gehabt? Beschreibt mal, wie das war! (–) Fieber ist wahrlich keine schöne Erfahrung. Von einem Schüttelfrost über Alpträume bis hin zu Schweißausbrüchen ist es sehr unangenehm. Während und nach einem Fieber sind wir erschöpft, lustlos, können nur noch im Bett liegen. Jesus heilt das Fieber. Die Schwiegermutter zeigt keinerlei Anzeichen einer Krankheit mehr, kann ein Essen zubereiten und sich um Jesus und seine Gäste kümmern.
Wir verwenden den Begriff des Fiebers nicht nur dann, wenn wir krank sind, sondern auch, wenn wir einer Sache oder einem Ereignis entgegenfiebern. Wir sind manchmal so „heiß" auf etwas, dass es sich anfühlt wie ein echtes Fieber. Wer schon auf den bevorstehenden Urlaub, den eigenen Geburtstag oder auf Weihnachten sehnsüchtig gewartet hat, der weiß, von was ich spreche. Wir werden innerlich unruhig, können nicht schlafen, vernachlässigen andere Dinge. Das kann unser Leben spannend machen, aber wenn diese Art Fieber überhandnimmt, dann wird es wie ein echtes Fieber zur Krankheit. In diesem Sinne können wir das heutige Evangelium auf unser aller Leben anwenden. Wir sind im Fieberwahn, rennen unwichtigen Dingen hinterher, verbringen Stunden mit unseren Smartphones und anderen Spielzeugen und vergessen dabei das, was wirklich wichtig ist.

JESUS DIENEN

Was wie eine Nebensache klingt, ist eigentlich die Hauptsache. Klar, irgendjemand muss sich um die Gäste kümmern. Jesus hat immer viele Leute dabei und Petrus hat den Wanderprediger mit ins Haus gebracht. Es geht aber bei dem Bedienen der Gäste nicht nur um eine Äußerlichkeit. Für die Juden damals war Gastfreundschaft noch viel wichtiger als für uns heute. Abraham wurde deshalb von Gott auserwählt, weil er die drei Männer, die ihn besuchten, mit Gastfreundschaft überschüttete. Bedienen ist hier gewissermaßen ein anderes Wort für Liebe schenken. Wenn uns also Jesus heilt von diesem Fieber des immer mehr Haben-Wollens und dem Fieber des immer mehr Erleben-Wollens, dann macht er uns frei für das, was wirklich zählt: die Liebe.
Das erinnert mich an einen Mann namens Augustinus. Der war auch wie in einem Fieberwahn. Alles hatte er ausprobiert in diesem Leben. Er suchte nach Erfüllung, wollte glücklich werden in den verschiedenen Erfahrungen dieses Lebens. Doch seine innere Unruhe ließ ihn nicht los. Bis er endlich Jesus fand. Mit einem Schlag war er von seinem Fieber geheilt. Von ihm stammt der

schöne Satz: Unruhig ist unser Herz, bis es Ruhe findet in Gott. Ab diesem Zeitpunkt war er ein Diener Gottes. Es reicht nicht, dass wir getauft sind. Es reicht nicht, dass wir in die Kirche gehen. Es reicht nicht, dass wir gute Menschen sein wollen. Als Christen müssen wir vom Fieber Geheilte sein, der Heiland Jesus Christus muss uns berührt haben, so sehr, dass wir nicht mehr den vergänglichen Dingen entgegenfiebern, sondern allein Gott dienen. Dabei geht es nicht darum, dass wir zwanghaft versuchen, irdische Dinge zu meiden. Nein, wir dürfen ruhig alles nutzen, aber unser Herz hängt nicht mehr daran, wir werden nicht mehr krank und abhängig, weil unser Herz erfüllt ist mit dem Größten, was es gibt, mit Gott. Darum geht es letztlich, wenn wir Gottesdienst feiern. Das Wort Gottes und die heilige Kommunion sind sozusagen die Medizin gegen das Fieber des Egoismus und der Selbstsucht. Wenn wir uns hier von Jesus berühren lassen, seine Liebe in uns aufnehmen, macht uns das frei für die Liebe zu Gott und den Menschen.

Eine kleine Nebenstory im heutigen Evangelium zeigt uns also heute auf, wie sich unser ganzes Leben verändern kann. Fieber ist während einer Krankheit eigentlich etwas Gutes, denn es zeigt, dass der Körper sich wehrt. Das Fieber beschleunigt die Heilung, da die Krankheitserreger bei solchen Temperaturen besser bekämpft werden können. Ähnlich ist es mit dem Fieber, das uns alle einmal befällt. Die Sehnsucht nach immer mehr ist ja letztlich nur ein Hilfeschrei, etwas, das Gott sogar in unsere Seele gelegt hat. So wie Augustinus kann uns also dieses Fieber zu dem führen, der unsere Seele heilt und ganz ausfüllt. Wann immer wir also in Zukunft etwas entgegenfiebern, können wir uns sagen: Eigentlich suche ich nach dir, Gott. Denn du allein genügst, dir allein will ich dienen.

FÜRBITTEN

Jesus heilt uns von dem Fieberwahn der Ichsucht. Deshalb bitten wir ihn:

- Schenke der Kirche mehr geheilte Menschen, die wahrhaft Diener sind und sich nicht in Äußerlichkeiten selber wichtigmachen.
- Lass Politiker zum Wohl der Gesamtheit wirken und nicht dem Fieberwahn von Lobbyisten und der eigenen Eitelkeit dienen.
- Hilf uns allen, in rechter Weise mit den Dingen umzugehen, bewahre uns davor, zu sehr unser Herz an Nebensächliches zu verlieren.
- Gib uns immer wieder Gelegenheit dazu, von dir berührt zu werden, sei es im Gottesdienst oder im Umgang mit anderen Menschen.
- Lass alle Verstorbenen nach einem erfüllten Leben die Freude erfahren, nach der sie ihr Leben lang gesucht haben.

Jesus, du bist unser Heiland. Heile auch uns, damit wir dir mit ganzem Herzen dienen in Gott, der uns erfüllt in alle Ewigkeit.

Michael Roos

Sechster Sonntag (B)

LIEDVORSCHLÄGE

Gesänge zur Eucharistiefeier

Eröffnungsgesang: Herr, deine Güt ist unbegrenzt (GL 427,1+2) *Gloria:* Gloria, gloria in excelis Deo! (GL 168,1–2); *Antwortgesang:* Der Herr vergibt die Schuld (GL 517) mit den Psalmversen; *Ruf vor dem Evangelium:* Halleluja (GL 176,2) mit dem Vers;. *zur Gabenbereitung:* Wenn wir das Leben teilen wie das täglich Brot (GL 474,1–3); *Danklied:* Hoch sei gepriesen unser Gott (GL 384,1–3); *zur Entlassung:* Der Herr wird dich mit seiner Güte segnen (GL 452,1+7).

Gesänge zur Wort-Gottes-Feier

Eröffnungsgesang: Herr wir hören auf dein Wort (GL 449); *zur Tauferneuerung:* Ich bin getauft und Gott geweiht (GL 491,1+2).

ERÖFFNUNG

Liturgischer Gruß

Gnade und Friede in der heiligen Versammlung der Kirche Gottes sei allezeit mit euch / ist mit uns allen.

Einführung

In den Texten des heutigen Sonntags wird der Fokus auf die Reinheit gelegt. Oberflächlich betrachtet erkennen wir, ob ein Mensch nicht sauber ist, dreckige Kleidung trägt. Doch aus christlicher Sicht, spielt sich „Rein-Sein" im Inneren des Menschen ab. Es geht darum, ob ich Gottes Liebe im Herzen trage und so handele, dass Jesu Botschaft, Jesu Lebensvorbild für andere Menschen sichtbar ist.

Kyrie-Litanei

Herr Jesus Christus, du schaust auf das Herz des Menschen. Herr, erbarme dich.
Urteilsfrei liebst du alle Menschen gleich. Christus, erbarme dich.
Du rettest, die die deine Hilfe brauchen. Herr, erbarme dich.

Tagesgebet der Eucharistiefeier

Gott, du liebst deine Geschöpfe,
und es ist deine Freude,
bei den Menschen zu wohnen.
Gib uns ein neues und reines Herz,
das bereit ist, dich aufzunehmen.
Darum bitten wir durch Jesus Christus.

Perikopengebet der Wort-Gottes-Feier

Gott, du wendest dich den Menschen zu
und sendest deinen Sohn als Heiland der Welt.
Mache deine Kirche zu einem Ort,
an dem alle Menschen als Brüder und Schwestern leben können.
Darum bitten wir durch ihn, Jesus Christus, deinen Sohn,
der in der Einheit des Heiligen Geistes
mit dir lebt jetzt und in Ewigkeit.

ZU DEN SCHRIFTLESUNGEN

1. Lesung: Lev 13,1–2.43ac.44ab.45–46

Die Voraussetzung zur Teilnahme an einem Gottesdienst im alten Bund war die Reinheit. Unreine, also kranke Menschen schloss man aus der Gemeinschaft aus, damit nicht auch andere krank wurden. Das Aussehen soll darauf hinweisen.

2. Lesung: 1 Kor 10,31–11,1

Es geht nicht darum, ob ein christlicher Korinther das Fleisch essen darf, das den heidnischen Göttern zuvor als Opfer dargebracht wurde. Vielmehr gilt es, sich seiner eigenen Freiheit bewusst zu sein und so zu handeln, dass es seinem eigenen Gewissen entspricht.

Evangelium: Mk 1,40–45

Jesus ist zugleich Gott, aber auch wirklicher Mensch. Das Leid eines Menschen berührt ihn. Aussätzige und Benachteiligte sind im übertragenen Sinne die Fußnoten Jesu. Seine heilsamen Zeichen an ihnen verweisen auf die angebrochene Gottesherrschaft inmitten dieser Welt.

FÜRBITTEN

Jesus Christus, dessen Kraft die Welt zum Guten hin verändert, dürfen wir vertrauensvoll unsere Bitten vortragen.
V: Erhöre uns, Christus. *A:* Wir bitten dich, erhöre uns.

- Für alle Menschen, die unter Krankheit leiden und keine Hoffnung mehr haben. *V:* Erhöre uns, ...
- Für alle Menschen, die dazu beitragen, dass deine angebrochene Gottesherrschaft wirklich erfahrbar ist. ...
- Für alle Menschen, die durch Armut ein menschenunwürdiges Leben führen müssen und von ihren Mitmenschen Ausgrenzung erfahren. ...
- Für unsere lieben Verstorbenen, die auf dich gehofft haben. ...

Wir sagen dir Dank, guter Gott, für deine Liebe und Zuwendung, durch deinen Sohn Jesus Christus, der im Heiligen Geist lebt und wirkt, heute und alle Tage unseres Lebens.

Zum Vaterunser

Auch wenn unser Leben brüchig ist, wir nicht die Kraft haben, viele Gebete zu sprechen, so haben wir von Jesus ein Gebet an die Hand bekommen, das unser Leben ins Wort bringen kann. So beten wir dieses Gebet voll Vertrauen.

Kommunionvers

Gott hat die Welt so geliebt, dass er seinen einzigen Sohn hingab, damit jeder, der an ihn glaubt, nicht zugrunde geht, sondern das ewige Leben hat.

Zur Besinnung

So klein das Brot des Lebens auch für unsere Augen erscheint, so groß und unfassbar ist die Liebe Jesu zu uns Menschen. Er schaut nicht auf das Aussehen, sondern in das Innere des Menschen. Er blickt in mein Leben, so wie es ist. Die hellen Seiten macht er noch heller und die dunklen Stellen beleuchtet er. Die Kraft seiner Gegenwart verändert mich. Manchmal mehr, manchmal weniger. Es kommt darauf an, wie ich bereit bin, ihn aufzunehmen.

ELEMENTE FÜR DIE WORT-GOTTES-FEIER

Zum Schuldbekenntnis

Bekennen wir, dass wir uns von Gott und unseren Mitmenschen abgewandt haben. Dort, wo wir nicht dem Gebot der Liebe entsprochen haben, bitten wir:

Zum Friedenszeichen

Wir kennen die Zerrissenheit unseres Lebens. Nicht nur in fernen Ländern, sondern oftmals herrscht mitten unter uns Unfriede und Streit. So bitten wir:

Dominik Schmitt

Vernunft kann helfen

Für uns aufgeklärte Menschen des 21. Jahrhunderts ist es wahrscheinlich nicht leicht zu akzeptieren, wie im Alten Bund mit Menschen, die an Krankheiten wie etwa dem Aussatz litten, umgegangen wurde. Das Buch Levitikus spricht an dieser Stelle von „unreinen" Menschen, die ausgesondert, ja regelrecht gekennzeichnet und in der Folge aus der Gesellschaft und aus den gottesdienstlichen Feiern ausgestoßen werden sollten. Das kommt uns heute eher grausam und unmenschlich vor. Auf den ersten Blick mag es hier nur um äußere Vorschriften gegangen sein. Aber das ist viel zu kurz gegriffen. Gesetze und Vorschriften betrafen ja immer auch den inneren Menschen. Solche Verhaltensregeln, Ausgrenzungen und Marginalisierungen „machen" etwas mit den Betroffenen. Das muss man alles erst einmal verkraften.

Mich hat das stark an behördliche Maßnahmen erinnert, die im März 2020 eingeführt wurden, nachdem Covid-19, also die Corona-Krise, unser Land erreicht hatte. Sehr streng und konsequent – für manche Uneinsichtigen völlig übertrieben – wurden Hygienevorschriften und Verhaltensweisen, Schutzkonzepte und Verbote eingeführt, damit sich das Virus nicht explosionsartig ausbreiten und unzählige Menschen in tödliche Gefahr bringen konnte. Denn die Gefahr der Ansteckung sollte möglichst gering gehalten werden – auch um das Gesundheitssystem nicht zu überfordern. Nicht jeder Bürger hat das verstanden und nach einigen Wochen schon gab es erste Proteste, bis schließlich Verschwörungstheorien die Runde machten, die der Regierung unterstellten, das Volk unterdrücken und bevormunden zu wollen.

Die Vorschriften, die für an Aussatz erkrankte Menschen im Gesetzbuch des Levitikus damals bestimmt und festgelegt wurden, hatten natürlich auch eine medizinische, ja eine gesundheitsvorsorgende Bedeutung. Es war damals sehr schwierig, den eigentlichen Aussatz, die Lepra, von anderen Krankheiten zu unterscheiden, die ganz ähnliche Symptome aufwiesen. Deshalb wurden „Fachleute", also Priester, beauftragt, sich die Erkrankten anzuschauen, um zu diagnostizieren, ob sie nun an Lepra erkrankt seien oder nicht. Im Fall von Covid-19 erinnert mich das an die Schwierigkeiten eines medizinischen Laien, die Krankheit „Corona" von einer im Vergleich doch wohl eher „harmlosen" Grippe unterscheiden zu können.

Eines jedoch gilt damals wie heute: Es gibt Krankheiten, denen man ziemlich hilflos ausgeliefert ist. Da hilft nur, sich selbst und den anderen bestmöglich zu schützen und einer Ansteckung vorzubeugen. Das Gebet kann zwar auch helfen – gar keine Frage. Aber noch viel wichtiger – und vor allem auch vernünftiger – ist es, den gesunden Menschenverstand einzuschalten, vorsichtig zu sein und alles zu tun, um Menschen vor Krankheit und Tod zu bewahren, auch wenn es nicht immer leicht ist, mit den Konsequenzen zu leben.

Siegfried Modenbach

Aussatz – eine Krankheit mit zwei Seiten

Wer die (erste) Lesung und das Evangelium aufmerksam vernommen hat, wird schnell die innere Verbindung erkennen, die zwischen diesen beiden Texten aus der Heiligen Schrift besteht, die uns soeben als lebendiges Wort Gottes verkündigt worden sind. In beiden Situationen geht es um einen Aussatz, also eine Art Hauterkrankung, die sich äußerlich zeigt, die aber offensichtlich zugleich als Anzeichen einer Haltung im Inneren des Menschen gedeutet wird.

GESETZLICHE MASSGABE UND KONKRETER MENSCH

So bilden die Aussagen aus dem alttestamentlichen Buch Levitikus sozusagen den verfahrensrechtlichen Hintergrund für das, was dann im Evangelium von der Heilung des Aussätzigen durch unseren Herrn Jesus Christus berichtet wird. Gemäß dem jüdischen Gesetz, das Gott dem Mose und Aaron für das Volk anvertraut hatte, wurde jeder Angehörige des Volkes verpflichtet, einen Menschen, bei dem sich ein Hautausschlag zeigte, zur Überprüfung zu Aaron oder einem seiner Priester zu bringen. Beurteilte der Priester diesen Ausschlag als ansteckenden Aussatz, wurde der Kranke für unrein – und das heißt vor allem als nicht mehr zur Teilnahme am Gottesdienst berechtigt – erklärt. Durch entsprechende Verhaltensweisen in Wort und Tat hatte sich der Aussätzige bis zur Genesung von der Gemeinschaft fernzuhalten, um eine Übertragung der Krankheit zu vermeiden. Eine mögliche Heilung musste dann ebenfalls durch den Priester bestätigt werden, so dass der bisher Ausgeschlossene wieder zum gemeinsamen Gottesdienst zugelassen werden konnte. Der Hilflosigkeit einer Erkrankung gegenüber versuchte man durch äußere Maßnahmen Herr zu werden, die zumindest einer Ansteckung entgegenwirken sollten. Ein tieferer Blick in die Situation des Betroffenen scheint hier nicht möglich, aber auch nicht gewollt zu sein. Nun heilt Jesus im Evangelium einen solchen Menschen. Er geht über das gesetzlich Vorgeschriebene hinaus. Indem er ihm einen wunderbaren Neuanfang schenkt, befiehlt er dem Geheilten zugleich, kein Aufhebens davon zu machen, um die Sensationslust der Menschen nach Außerordentlichem nicht zu schüren. Vielmehr scheint es Jesus auf das anzukommen, was im Inneren des Menschen neu geworden ist und das aus ihm in einem veränderten Verhalten erkennbar herausstrahlen soll. Genau hier stellt sich dann die Frage nach der Bedeutung dieses Wortes Gottes für uns. Vermag es mehr zu sein als ein Kranken- und Heilungsbericht, wie wir ihn vielleicht aus einer Krankenakte herauslesen können? Verbirgt sich in diesen Worten auch Gottes Wort an uns und für mich persönlich?

HEIL ALS BERÜHRUNG MIT CHRISTUS

Danach fragend, fällt uns vielleicht ein erster Aspekt recht schnell ins Auge. Entgegen der gesetzlichen Maßgabe streckt Jesus dem Kranken nicht nur die

Hand entgegen, vielmehr berührt er ihn als Zeichen seiner Nähe und legt in diese Berührung seinen Willen zum Heil und zur Heilung hinein: „Ich will es – werde rein!" Es ist diese Berührung mit Christus, die offensichtlich entscheidend ist. Jetzt, in diesem Moment, als der Kranke zu ihm hintritt. Aber jedes Mal neu, wenn wir, ja, wenn ich zu Christus hintrete und mich von ihm berühren lasse. Die Berührung mit ihm, das stets neue Eintreten in die lebendige Gemeinschaft mit dem Sohn Gottes, der sich uns in seinem Wort und in den Sakramenten der Kirche schenkt, macht heil. Wichtig erscheint es, dass wir, wie der Kranke im Evangelium, die Nähe zu Jesus suchen, vor allem im Hören und Bewahren seines Wortes, im Feiern und Empfangen der Eucharistie, im Bekennen der Sünden und im Empfangen der barmherzigen Liebe Jesu durch den Dienst des Priesters im Sakrament der Beichte, im Ratschlag eines geistlichen Menschen im Blick auf eine Frage, die mein Leben gerade ausmacht – und vielem anderen mehr!

Die Berührung mit Christus schenkt mir Heil und Heilung. Papst Benedikt XVI. bemerkt einmal zu dieser Stelle, „dass die Liebe Gottes stärker ist als alles Böse, auch das ansteckendste und schrecklichste. Jesus hat unsere Gebrechen auf sich genommen, er ist zum „Aussätzigen" geworden, damit wir gereinigt werden". Der Mut des Aussätzigen im Evangelium, diesen Schritt auf Jesus hin zu wagen, beeindruckt sehr. Er lädt mich zur Nachahmung ein.

DIE INNERE SEITE DER HEILUNG

Auf einen anderen Aspekt dieser Szene verweist der hl. Franziskus von Assisi zu Beginn seines Testamentes. Dort heißt es: „So hat der Herr mir, dem Bruder Franziskus, gegeben, das Leben der Buße zu beginnen: Denn als ich in Sünden war, kam es mir sehr bitter vor, Aussätzige zu sehen. Und der Herr selbst hat mich unter sie geführt, und ich habe ihnen Barmherzigkeit erwiesen. Und da ich fortging von ihnen, wurde mir das, was mir bitter vorkam, in Süßigkeit der Seele und des Leibes verwandelt. Und danach hielt ich eine Weile inne und verließ die Welt" (Fontes Franciscani, 110). Franziskus traf demnach vor seiner Bekehrung auf die Aussätzigen dieser Welt, vor denen er sich ekelte. Als er begann, in ihnen Christus zu sehen und sie zu umarmen, wurde er selbst von seinem inneren Aussatz geheilt – dem Aussatz des Stolzes und des Hochmutes, der Eitelkeit und der Kaltherzigkeit. Die aufrichtige Begegnung mit dem Kranken schenkt uns Menschen einen veränderten Blick. Er wird da zu einem Blick der Aufmerksamkeit und Liebe, wo ich im Kranken Christus selbst, aber auch mich sehe, der ich, trotz meiner äußerlichen Gesundheit, doch immer auf die Umarmung Gottes und sein Heil verwiesen bin. Ohne die Gnade und Huld des Herrn vermag ich innerlich nicht zu leben. Lasse ich mich so auf den bedürftigen Nächsten ein, siegt der Herr in mir mit seiner Liebe, die stärker ist als der Tod. Dann werde ich neu und nehme teil an seinem ewigen Leben.

Im Ganzen ist die Botschaft der beiden Schrifttexte also eigentlich einfach: Lass dich von Christus berühren und erweise dich barmherzig gegenüber deinem Bruder und deiner Schwester. Bin ich bereit, diese Einladung anzunehmen?

Christoph Ohly

Jesus und die Restposten

Kennen Sie das, „Restposten" zu sein? Ich verbinde meine schlimmsten Erinnerungen an den Schulsport damit und meine das Phänomen, bei der Mannschaftswahl der letzte zu Wählende, eben der „Restposten", zu sein. Es ist nicht angenehm zu hören: „Wenn der zu uns kommt, dann verlieren wir bestimmt". Das Schlimmste dabei war für mich, dass die Klassenkameraden (fast) immer recht behalten sollten! In einer solchen Situation besteht ein Bedürfnis, im Mauseloch zu verschwinden und einfach weg zu sein. Oder umgekehrt die Sehnsucht, dass ein Starker aus der Mannschaft zu mir sagt: „Komm zu uns. Du bist willkommen". „Restposten" ist gleich: Außenseiter warten darauf, integriert zu werden. Sie sehnen sich nach einem Ort, an dem sie willkommen und angenommen sind, aber gerade nicht zu „herabgesetzten Preisen", d. h. aus Mitleid, sondern als vollwertiges und anerkanntes Mitglied der Gemeinschaft.

DISTANZ ALS SCHUTZ

Ich denke, dass sich von hier aus das Wirken Jesu gut verstehen lässt. Jesus hatte nämlich eine ganz große Stärke, sich um „Restposten" zu kümmern und sich der Außenseiter anzunehmen. Er hatte offene Augen, Ohren und das Herz für solche Mitglieder seiner Gesellschaft, mit denen „man" nichts zu tun haben sollte und wollte. Es gab viele davon. Man denke an die Armen, die Sünder und Zöllner, die von ihrem Lebenswandel her unrein und deshalb außen vor waren. Schließlich auch die Kranken, die als unrein galten, weil ihr Körper nicht unbeschädigt war, Lahme, Blinde, Taube. Ganz besonders müssen wir hier an die Aussätzigen denken. Sie standen ganz unten in der Rangfolge der „Restposten". Denn im Unterschied zu Blinden, Tauben und Lahmen war ihre Krankheit, die Lepra, ansteckend. Aussätzige waren eine wirkliche Gefahr für ihre Mitmenschen. Deshalb mussten diese Kranken von sich aus Distanz zu den anderen schaffen. Wir haben in der ersten Lesung gehört, was die Tora dazu vorschreibt. Die Kranken mussten eingerissene Kleider tragen, den Bart verhüllen und durften sich das Kopfhaar nicht pflegen. Ihr äußeres Erscheinungsbild war durch eine bewusst herbeigeführte Verwahrlosung geprägt, die sofort für alle die Krankheit ins Sichtfeld rücken sollte. Aber damit nicht genug. Wenn die Kranken jemandem begegneten, hatten sie laut „Unrein! Unrein!" zu rufen, damit ihnen ja keiner zu nahekam und Berührung und Nähe (im echten und übertragenen Sinn) unmöglich wurden (Lev 13,45). Sicher können wir im Zeitalter der Coronapandemie diese drastischen Maßnahmen nachvollziehen und verstehen, warum Distanz manchmal der wichtigste Schutz ist. Aber wir verstehen auch besser, mit welch seelischer Grausamkeit dieser Schutz der anderen bei den Betroffenen erkauft war. Wer sich 14 Tage lang in Quarantäne begeben musste, ahnt wohl etwas davon.

Aussätzige waren ganz und gar „Restposten", Außenseiter, ausgestoßen und von allen gemieden. Von hier aus fällt ein besonderes Schlaglicht auf das Handeln Jesu. Er spürt die Verzweiflung des Kranken, der in dem Halbsatz: „Wenn du willst ..." seinen letzten Strohhalm benennt, an den er sich klammert. Jesus ist angerührt und bewegt. Was er dann tut, ist ein unglaublicher Tabubruch. Er streckt die Hand aus und berührt den Kranken. Jesus setzt sich damit der Gefahr der Ansteckung aus. Das scheint ihn nicht zu stören. Genauso wenig stört ihn die Tatsache, dass nach der damaligen Vorstellung die religiöse Unreinheit sich mit der Berührung auf ihn überträgt. Mit der ausgestreckten, berührenden Hand sagt Jesus das erlösende Wort: „Ich will – werde rein!". Jesus berührt den Unberührbaren und schenkt ihm so seine Menschenwürde zurück. Das macht den Mann heil und rein.

Jesus berührt den unreinen und kranken Menschen. Im übertragenen Sinn macht er später genau das Gleiche mit den Zöllnern und Sündern, mit denen er sich an einen Tisch setzt, was in der Antike nur den engsten und besten Freunden vorbehalten war. Jesus zeigt den Menschen so, wie sehr Gott sie liebt, und gibt ihnen damit die Gewissheit, vollwertige Menschen und keine „Restposten" zu sein. In dieser Kraft können sie neu anfangen. Es ist bezeichnend, dass er in diesem Zusammenhang einmal von sich als Arzt spricht (Mt 9,12).

JESUS DER ERLÖSENDE RESTPOSTEN

Jesus identifiziert sich mit den „Restposten"/Außenseitern so sehr, dass er selbst einer von ihnen wird. Markus erwähnt, dass sich Jesus in keiner Stadt mehr zeigen kann. Nur außerhalb der Städte, an einsamen Orten, kann er sich aufhalten. Dort wird er schließlich als Außenseiter sterben. Der Hebräerbrief betont, dass Jesus „außerhalb des (Stadt-)Tores" gelitten habe (Hebr 13,12). Dadurch aber hat er in seinem Tod unseren menschlichen Aussatz am tiefsten berührt und unseren schwersten Makel überwunden: Sünde und Tod. Jesus ist auferstanden. Weil er nicht an seinem Schicksal zerbrochen ist, kann er uns retten. Es gibt auch für uns Auferstehung und neues Leben. Wir können in dieser Heilung des Aussätzigen das gesamte Leben und Schicksal Jesu in Kurzfassung vorgezeichnet finden.

Jesus heilt durch seine Berührung. Sie wird für uns zur wortlosen, aber sehr laut sprechenden Predigt. Es gibt zu denken, dass die Kirche ihre Diener und Amtsträger seit Jahrhunderten nach einer in die heidnische Antike zurückreichenden Tradition „Pontifex" nennt, Brückenbauer. Sie sind Menschen, die in Berührung bringen – zuerst mit Gott, dann aber auch untereinander in der kirchlichen Gemeinschaft. Die Handlung Jesu lässt uns auch verstehen, was Papst Franziskus meint, wenn er davon spricht, dass die Kirche an die Ränder der Gesellschaft gehen soll, d. h. zu denen, die heute „Restposten" sind. Wir sollen im Namen Jesu den Aussatz unserer Tage berühren, Distanzen überwinden und die Wirklichkeit im Namen Jesu heilend verändern. Dann werden wir wirklich seine Boten sein.

Markus Lerchl

Jesus nimmt jeden auf in seine Gemeinschaft

ZUR ERÖFFNUNG

Herzlich willkommen, liebe Kinder und liebe Erwachsene, zu unserem Gottesdienst. Es ist schön, dass wir gemeinsam die heilige Messe feiern können. Als letztes Jahr die Kirchen wegen Covid-19 geschlossen waren, war es ganz schön einsam hier. Aber auch jetzt sehen wir uns vor. Wir nehmen Rücksicht, halten die Regeln der Regierung ein, sorgen dafür, dass wir einander nicht anstecken. *(Aussagen aktualisieren!)* Wir umarmen keine Menschen, die krank sein könnten. Das tun wir nicht, weil wir sie nicht mögen – wir tun es, um uns nicht anzustecken. Und wenn wir selbst krank sind oder sein könnten, auch dann halten wir Abstand – um zu vermeiden, dass wir andere anstecken.
In der Lesung und dem Evangelium, die wir nachher hören, geht es auch um Ansteckungsgefahr. Auch die Menschen zu Jesu Zeiten taten einiges, um sich und andere zu schützen. Nun aber lasst uns ruhig werden und die Erlebnisse der vergangenen Woche vor Gott tragen.

ZUR VERKÜNDIGUNG

Lesung: Lev 13,1–2.43ac.44ab.45–46; *(später verkündigen)*
Evangelium: Mk 1,40–45 *(später verkündigen)*

Die Menschen zur Zeit Jesus wussten wie wir: Wir können einander mit Krankheiten anstecken. Natürlich wollten die Menschen ebenso wie wir heute wissen, welche Krankheiten ansteckend sind und welche nicht.
Wir wissen heute, dass Masern, Mumps, Erkältungskrankheiten, das Coronavirus und vieles mehr von Mensch zu Mensch übertragen werden können. Anstecken mit blöden Krankheiten will sich natürlich niemand! Das wollten auch die Menschen zur Zeit Jesu nicht. *(Lesung verkündigen)*
Da geht es um eine schlimme Hautkrankheit, die ansteckend sein kann. „Aussatz", nannte man sie damals. „Lepra" – unter diesem Namen kennen wir die Erkrankung. Bei uns kommt sie nicht mehr vor. In tropischen Ländern gibt es Lepra noch, aber heute haben wir Medikamente, die Lepra heilen können. Zur Zeit Jesu gab es die noch nicht. Wer Lepra bekam, wurde oft immer kränker, viele Erkrankte starben schließlich daran.
Klar, dass niemand diese schreckliche Krankheit bekommen wollte. Also wurden die Kranken weggeschickt. Sie wurden ausgestoßen aus der Gemeinschaft. Sie mussten sich als „Aussätzige" zu erkennen geben. Die Armen! Aber wer will sich mit dieser tödlichen Krankheit schon anstecken ...
So genau wussten die Menschen nicht, wie Lepra aussieht. Deshalb konnten sie nicht einfach jemanden, der eine komische oder eklige Haut hatte, aus dem Dorf werfen. Dazu musste der Priester, der sich besser auskannte, erst mal genau hinschauen, ob derjenige auch wirklich Lepra hatte und nicht etwa nur

eine Hautverletzung, einen Sonnenbrand oder etwas anderes. Das ist schon eine sinnvolle Sache! Wer weiß, ob sonst vielleicht jemand einfach ausgeschlossen worden wäre, der keine Lepra hatte. Oder sogar jemand, den die Leute einfach nicht mochten. Dann hätte jeder, der sich unbeliebt gemacht hatte, mal eben aus der Gemeinschaft ausgeschlossen werden können.

JESUS HOLT DEN KRANKEN ZURÜCK IN DIE GEMEINSCHAFT

Nun hört, was Jesus tat, als ein Leprakranker zu ihm kam.
(Evangelium verkündigen)
Oh – da kam ein Aussätziger zu Jesus! Wie kam der Leprakranke? Rief er „Unrein! Unrein!", wie es Vorschrift war, und sorgte dafür, dass Jesu schnell weggehen konnte? (–) Oh nein, das tat er nicht. Wie konnte er Jesus so in Gefahr bringen ...? Wisst ihr noch, was der Kranke tat? (–) Er fiel vor Jesus auf die Knie und sagte: Wenn du willst, kannst du machen, dass ich rein werde.
Na, das ist ja etwas ganz Besonderes. Wir heute wissen natürlich längst, dass Jesus Gottes Sohn war. Aber damals, als er als Mensch auf der Welt war, konnte das eigentlich niemand wissen, oder? (–) Woher mag der Aussätzige dieses Vertrauen gehabt haben? (–) Wirklich wissen können wir das nicht. Aber wir sehen im Evangelium: Dieser Mann mit dem Aussatz wusste, dass Jesus von Gott kam. Und er vertraute ihm. Er traute sich, zu Jesus zu kommen, obwohl ihn sonst alle Menschen wegjagten und sich vor ihm in Sicherheit brachten. Und sein Vertrauen wurde belohnt. Was tat Jesus nun? (–) Jesus heilte ihn von seinem Aussatz. Für damalige Zeiten ein Wunder! Damit konnte der ehemals Aussätzige wieder zurück in die Gemeinschaft kommen. Das ist eine wichtige Botschaft für uns: Jesus nahm den, der voll Vertrauen zu ihm kam, wieder auf in die Gemeinschaft. Tja; wir können keine Kranken heilen, wir sind ja keine Ärzte. Trotzdem können auch wir etwas aus dieser Geschichte lernen. Was könnte das sein, liebe Kinder? Habt ihr eine Idee? (–)

VON JESUS LERNEN

Auch wir können andere in unsere Gemeinschaft aufnehmen. Jesus hat sich bewegen lassen vom Schicksal des Menschen. Auch wir können uns bewegen lassen. Dann schicken wir nicht einfach jemanden weg, der doof aussieht oder eine eklige Krankheit hat. Oder der vielleicht anders riecht als die meisten von uns. Wenn wir es nicht wie Jesus machen, dann sagen wir: Iiih, du schon wieder, geh bloß weg, du stinkst. Wenn wir es wie Jesus machen, dann lassen wir unsere Seele berühren. Dann haben wir Mitgefühl, wir sehen, wie es dem anderen geht. Dann reichen wir ihm die Hand. Vielleicht bekommt der andere sogar so viel Vertrauen, dass er fragen kann: Wieso will keiner mit mir spielen? Und dann können wir sagen: Ich spiele mit dir! Wir merken einen anderen Geruch an dir, als wir ihn selbst haben. Vermutlich wird es leichter für dich, wenn du dich öfter wäschst und deine Klamotten wechselst. Wenn wir das voller Freundschaft, ohne Verurteilung sagen, dann können wir ihm mehr helfen, als wir vorher geahnt haben.

Elisabeth Hardt

Über das Reich Gottes

Im Glaubensbekenntnis fehlt ein Satz. Dieser Satz ist nie entfernt worden. Er ist leider gar nicht erst eingefügt worden. Das hat von der Geschichte des Glaubensbekenntnisses her sicher seine guten Gründe. Trotzdem fehlt dem Text eine wichtige Aussage.

Im Credo bekennen wir Jesus als Gottessohn, seine Geburt – und dann geht es gleich mit dem Leiden und Tod weiter. Nichts wird gesagt von seinem Leben und Verkünden. Dabei hat er doch 33 Jahre als Mensch bei uns Menschen gelebt und etwa drei Jahre gepredigt und gewirkt. Doch davon und vor allem von seinem wichtigsten Anliegen ist im Glaubensbekenntnis nicht die Rede.

Was war denn Jesu großes Thema? … Wenn Sie jetzt auf „Liebe" tippen, ist das die richtige Richtung. Jesus hat das große Gebot der Gottes- und Nächstenliebe für das wichtigste Gebot gehalten. Diese Grundhaltung durchzieht sein ganzes Wirken. Dennoch war das Thema seiner Predigten und seiner Wunder ein anderes …

Jesus wollte Gottes Reich verkünden. Der Evangelist Markus fasst das gleich zu Beginn seines Evangeliums gut zusammen: „Nachdem Johannes ausgeliefert worden war, ging Jesus nach Galiläa; er verkündete das Evangelium Gottes und sprach (und jetzt zitiert der Evangelist, was Jesus gesagt hat): ‚Die Zeit ist erfüllt, das Reich Gottes ist nahe. Kehrt um und glaubt an das Evangelium!'" (Mk 1,14f). Das Reich Gottes ankündigen und in Machttaten bezeugen – darum ging es Jesus. Entsprechend könnte der im Credo fehlende Satz lauten: „Er verkündete das Reich Gottes, besonders den Armen und Kranken, den Ausgestoßenen und Sündern".

KEINE MACHT DEN DÄMONEN

„Reich Gottes" – was ist das? Wie der Name sagt: Es hat etwas mit Gott und mit Gottes Macht zu tun. „Reich Gottes": Das ist der „Bereich", in dem Gott das Sagen hat; in dem geschieht, was Gott will und was ihm entspricht. Die Gleichnisse und die Machttaten Jesu machen das mal auf diese, mal auf jene Weise deutlich. An erster Stelle dieser Wunder stehen die Dämonenaustreibungen. Das klingt für uns vernünftige Menschen natürlich überholt. Denn nach rationalistischer Auffassung gibt es keine Dämonen, allenfalls Engel, deren Hilfe man gern in Anspruch nimmt. Vielleicht waren manche der von Jesus Geheilten tatsächlich krank. Aber wenn wir die Dämonenaustreibungen im Rahmen der damaligen Denkweise verstehen, dann waren sie nach dem Zeugnis der Evangelisten ein unübersehbarer Hinweis auf Jesu göttliche Macht, die stärker ist als die Macht des Bösen. Selbst Jesu Gegner leugnen diese Kraft Jesu nicht. Sie erklären sie nur mit einer gemeinen Unterstellung: „Nur mit Hilfe von Beelzebul, dem Herrscher der Dämonen, treibt er die Dämonen aus" (Mt 12,24). Wenn wir „Dämonen" im übertragenen Sinn verstehen: sind wir in unserer Zeit ganz frei davon? Sind wir frei vom Dämon der Gier, vor allem der Gier nach Geld und Macht und eigener Großartigkeit? Sind wir frei vom Dämon der eigenen Überlegenheit, mit dem wir andere in Worten heruntermachen oder durch Mobbing schädigen? Gibt es bei uns im Internet nicht unbeschreiblichen Hass auf andere und Andersdenkende, Beschimpfungen übelster Art? – Von Menschen, die sich im normalen Leben vor solchen Äußerungen hüten würden? So kann „Reich Gottes" heute heißen: all das in der Kraft Jesu überwinden.

„Reich Gottes" bedeutet auch, dass Gott für jeden Menschen einen neuen Anfang ermöglichen kann. Gottes Liebe ruft den Menschen in die Unmittelbarkeit und Freiheit mit sich. So ist der Mensch nicht mehr festgelegt, nicht auf seine Herkunft und Vergangenheit, nicht auf seine Krankheit oder gar seine früheren Verbrechen. Damit erweist sich das Christentum als eine Religion, die Leben und wahre Freiheit ermöglicht.

EIN REICH OHNE GRENZEN

Alle Wunder Jesu und die Gleichnisse lassen sich als Hinweise auf das Reich Gottes deuten. –

Dieses Reich Gottes, dieser Bereich, in dem Gott zur Geltung kommt und sein Wille geschieht, ist deutlich zu erkennen:

an der Liebe zu Gott und zum Nächsten;

an der Bereitschaft, zu vergeben;

an der Entscheidung, auch dem Feind das Lebensrecht zuzubilligen;

an dem Willen, über den bei uns Menschen üblichen „Tauschhandel" hinauszuwachsen und auf Gottes grenzenlose Güte mit Güte auch da zu antworten, wo vielleicht nicht einmal ein „Dankeschön" zu erwarten ist.

Dazu sagt Jesus: „Wenn ihr die liebt, die euch lieben, welchen Dank erwartet ihr dafür? Denn auch die Sünder lieben die, von denen sie geliebt werden. Und wenn ihr denen Gutes tut, die euch Gutes tun, welchen Dank erwartet ihr dafür? Das tun auch die Sünder. [...] Doch ihr sollt eure Feinde lieben und Gutes tun und leihen, wo ihr nichts zurück erhoffen könnt. Dann wird euer Lohn groß sein und ihr werdet Söhne (und Töchter) des Höchsten sein; denn auch er ist gütig gegen die Undankbaren und Bösen. Seid barmherzig, wie auch euer Vater barmherzig ist" (Lk 6,32–36).

All diese Punkte entfalten die Evangelien und waren ja immer wieder auch Inhalt der Predigten.

Wie wichtig Jesus das Reich Gottes war, zeigt er auch in dem Gebet, das er die Seinen gelehrt hat: „Vater unser im Himmel, geheiligt werde dein Name (d. h.: Du, Vater, sollst groß sein und alles gelten), Dein Reich komme (da haben wir die Formulierung „Reich Gottes" sogar wörtlich!), Dein Wille geschehe (und zwar auch dadurch, dass wir ihn tun).

„Jesus verkündete das Reich Gottes, besonders den Armen und Kranken, den Ausgestoßenen und Sündern".

Martin Birk

Das Tagesgebet

„Lasset uns beten." Diese Aufforderung ist ernst gemeint. Die Gemeinde ist zum Beten eingeladen. Dafür sollte sie auch Zeit bekommen. Das heißt, der Aufforderung „Lasset uns beten" hat eine deutliche Stille zu folgen, damit jede/jeder in der Gemeinde in seinem Herzen und aus seinem Herzen sich an Gott wenden kann. Der Priester fasst diese persönlichen Gebete in einem laut gesprochenen Gebet zusammen, das auch auf den Sonntag oder Festtag Bezug nimmt. Im Allgemeinen richtet sich dieses Gebet an Gott, den Vater. So hat ja Jesus uns beten gelehrt: „Vater unser". Er hat auch gesagt: „Niemand kommt zum Vater außer durch mich" (Joh 14,6). Er ist also unser Mittler zum Vater hin. So beten wir durch Jesus zum Vater im Heiligen Geist. Entsprechend lautet im Normalfall der Schluss des Tagesgebetes: „Durch unseren Herrn Jesus Christus, deinen Sohn, der mit dir lebt und herrscht in der Einheit des Heiligen Geistes, Gott, von Ewigkeit zu Ewigkeit". Dieser Schluss bekennt den Dreieinen Gott.

So mancher stößt sich an dem Wort „herrscht". Das klingt einigen zu gewalttätig. Ihnen wäre es etwas sanfter lieber, z. B. „der mit dir lebt und wirkt" oder „der mit dir lebt und uns liebt" in Ewigkeit. Das ist verständlich. Gottes Macht ist nur eine seiner Eigenschaften. Es gibt keine Notwendigkeit, allein die Macht zu betonen. Doch damit ist das Thema „Gottes Macht" nur freundlich umschrieben, eben sanfter ausgedrückt, nicht gelöst.

ES GIBT KEINEN MACHTFREIEN RAUM

Aber, ob es uns passt oder nicht: Einer/eine herrscht immer. Es gibt kein Machtvakuum. Es gibt nirgendwo einen machtfreien Raum. Der existiert nicht im gesamten Universum, wo die Größe der Galaxien und das Gewicht der Himmelskörper ihre Macht bezeichnen; auch nicht bei den Lebewesen, vom kleinsten angefangen bis zum größten. Jedes will leben, beansprucht Platz und Nahrung. Bei aller Harmonie und allem Zusammenleben gibt es auch den Kampf, fressen oft genug die Größeren die Kleineren. Machtfreie Räume finden wir auch nicht bei uns Menschen. Bei denjenigen, die uns diese Möglichkeit vorträumen, ist genau hinzusehen, wie das in der Praxis funktioniert. Da kann es gut sein, dass bei den Theoretikern der Machtlosigkeit die stärkere Persönlichkeit dann eben doch den Ton angibt.

Machtlosigkeit gibt es nicht einmal bei Jesus. Er verzichtet nur auf die Anwendung seiner Möglichkeiten. So sagt er bei seiner Gefangennahme, als Petrus das Schwert zieht und ihn verteidigen will: „Glaubst du nicht, mein Vater würde mir sogleich mehr als 12 Legionen Engel schicken, wenn ich ihn darum bitte?" (Mt 26,53). Er hätte die Macht, verzichtet aber darauf. – Bei der Fußwaschung sagt er nichts von Machtlosigkeit, sondern spricht im vollen Bewusstsein seiner Stellung und Überlegenheit von der Überwindung beider durch die Liebe: „Ihr sagt zu mir Meister und Herr und ihr nennt mich mit

Recht so; denn ich bin es. Wenn nun ich, der Herr und Meister, euch die Füße gewaschen habe, dann müsst auch ihr einander die Füße waschen" (Joh 13,13f).

Vielleicht kommt die Allergie gegen das „herrscht" von persönlichen schlechten Erfahrungen mit Macht. Womöglich ist jemand in jungen Jahren gezwungen und in seiner Persönlichkeit nicht geachtet worden. Oder er denkt an die vielen Beispiele für Machtmissbrauch im staatlichen, gesellschaftlichen und kirchlichen Bereich. Er hat also gute Gründe für sein Gefühl. Das ändert aber eben nichts an der Tatsache, dass es kein Machtvakuum gibt, dass immer Macht im Spiel ist.

DIE UR-VERSUCHUNG DES MENSCHEN

Vielleicht steckt auch noch etwas anderes dahinter, nämlich unser menschlicher Stolz. Denn bei vielen kann sich die Ur-Versuchung regen: Sein wollen wie Gott; sich von niemandem etwas sagen zu lassen brauchen; sich vor niemandem beugen zu müssen; selbst die letzte und oberste Instanz sein wollen. Und wer weiß, wie sehr moderne Formulierungen vom „autonomen Menschen", von der „freien Entscheidung", von der „Selbstverwirklichung" nicht auf kaum bemerkte Weise von dieser Ur-Sehnsucht nach absoluter Größe genährt sind und sie unterstützen. Es kann bitterer Erfahrungen, beschämender Einsichten und schmerzlicher Eingeständnisse bedürfen, um festzustellen und sich zuzugeben: „Ich bin doch nicht der/die Größte im Weltall". Nein, kein Mensch ist Gott. Das bedeutet: Von dem Tyrannen abgesehen, vor dem ein ganzes Volk zittert, hat jeder eine größere Autorität über sich. Die allermeisten haben nicht die Wahl, ob jemand mehr Macht hat als das eigene Ich, sondern nur, wer größer sein darf als ich, wen ich als mächtiger anerkenne.

Dazu ein Beispiel aus dem AT: Als König David die Volkszählung veranstaltet hatte, wurden ihm drei Möglichkeiten der Strafe dafür vorgelegt. Seine Antwort ist bezeichnend: „Ich habe große Angst. Wir wollen lieber dem Herrn in die Hände fallen, denn seine Barmherzigkeit ist groß, den Menschen aber möchte ich nicht in die Hände fallen" (2 Sam 24,14). Salopp formuliert: Gott ist immer noch der bessere Chef. Genau das meint Ps 23, wenn es heißt: „Der Herr ist mein Hirt". Dieses Vertrauen wünsche ich uns allen: dass wir uns bei Gott als Herrscher besser aufgehoben wissen als bei jedem menschlichen Machthaber. Und ich wünsche uns, dass unser Gefühl da nachkommt und wir Gott auch die Macht zubilligen können. Seit Jesus wissen wir, dass Gottes Macht eine liebende Macht ist, die durch alle Tiefen und Schwierigkeiten hindurch uns zu unserem wahren Wohl führen möchte. Im Glorialied (170,2) singen wir: „Wir loben, preisen, anbeten dich; für deine Ehr wir danken, dass du, Gott Vater, ewiglich regierst ohne alles Wanken. Ganz ungemessen ist deine Macht, allzeit geschieht, was du bedacht. Wohl uns solch eines Herren!"

Ich wünsche uns, dass wir mit Freude und Stolz „Amen" sagen können zu dem Tagesgebet, das sich an Gott richtet, durch unseren Herrn Jesus Christus – der ganz Liebe für uns ist – und der „in der Einheit des Heiligen Geistes ... lebt und herrscht in alle Ewigkeit".

Martin Birk

Der Sonntag – der Urfeiertag der Christen

Was ist der Ur-Feiertag, das wichtigste Fest der Christen? – Wer das öffentliche Leben in unserem Land wahrnimmt und beobachtet, für welches christliche Fest der größte Aufwand betrieben wird, der wird wohl sagen: Weihnachten natürlich. Jedoch: Das Weihnachtsfest gibt es erst seit dem vierten Jahrhundert. Gut 300 Jahre lang ist die Christenheit ohne ein eigenes Geburtsfest Jesu ausgekommen, ohne dass ihr damit etwas abgegangen wäre. Das kann man sich heute kaum noch vorstellen.

Wer theologisch etwas mehr bewandert ist, wird vielleicht antworten: Das wichtigste christliche Fest ist selbstverständlich Ostern. Denn ohne die Auferstehung Jesu Christi gäbe es gar keine christliche Kirche. Doch auch da ist Vorsicht geboten. Denn ein jährliches Osterfest entwickelt sich in der Liturgiegeschichte erst ab dem zweiten Jahrhundert allmählich.

Aber selbstverständlich haben die Christen auch davor schon Liturgie gefeiert, kannten sie christliche Feiertage. Nur: Welche waren das dann, wenn nicht Weihnachten und Ostern? – Die Sonntage waren es! Der Sonntag als wöchentliches Gedenken an Leiden, Tod und Auferstehung Jesu Christi; er ist der Ur-Feiertag der Christen.

Das Zweite Vatikanische Konzil hat dies wieder in Erinnerung gerufen, wenn es in der Liturgiekonstitution schreibt: „Aus apostolischer Überlieferung, die ihren Ursprung auf den Auferstehungstag Christi zurückführt, feiert die Kirche Christi das Pascha-Mysterium jeweils am achten Tag, der deshalb mit Recht Tag des Herrn oder Herrentag genannt wird. ... Deshalb ist der Herrentag der Ur-Feiertag, den man der Frömmigkeit der Gläubigen eindringlich vor Augen stellen soll" (SC 106). Ich möchte deshalb heuer die vier Adventssonntage nutzen, um in einer Predigtreihe mit Ihnen ein wenig intensiver über unseren christlichen Sonntag nachzudenken: seine Herkunft und Entwicklung, seine Bedeutung für uns und wie eine christliche Sonntagskultur heutzutage aussehen kann.

Der Sonntag ist jener Tag, mit dem der Bibel zufolge die Schöpfung begann; der Sonntag ist daher Schöpfungstag. Dieses Motiv gehört wesentlich zum Sonntag. Mit dem Sonntag hebt die Schöpfung an; und auch die Neuschöpfung der Welt, Gottes neue Schöpfung, der neue Himmel und die neue Erde. Der Sonntag, der erste Tag. Am siebten Tag, dem Sabbat, ruhte Gott.

Am Tag nach dem Sabbat, an einem Sonntag also, ist Christus von den Toten auferstanden. Der Sonntag ist deshalb unser wöchentliches Osterfest: der Auferstehungstag Christi. Die Osterberichte des Neuen Testaments nehmen immer wieder ausdrücklich Bezug auf diesen ersten Tag der Woche. Bei Markus heißt es von den Frauen am Grab: „Als der Sabbat vorüber war, kauften Maria aus Magdala, Maria, die Mutter des Jakobus und Salome wohlriechende Öle, um damit zum Grab zu gehen und Jesus zu salben. Am ersten Tag der Woche kamen sie in aller Frühe zum Grab" (Mk 16,1–2a). Dem Johannesevangelium zufolge tritt der Auferstandene am ersten Tag der Woche in die

Mitte seiner Jünger und gibt sich ihnen als lebendig zu erkennen. Eine Woche darauf darf schließlich auch Thomas es erfahren, der am Sonntag davor in der Versammlung der Jünger gefehlt hatte (vgl. Joh 20,19–26). Auch den beiden Emmausjüngern erscheint der Auferstandene am Abend des ersten Tages der Woche (vgl. Lk 24,13–35).

Der Sonntag ist der Tag der Auferstehung Jesu. Im Russischen hat er von dorther seinen Namen bezogen. Woskresenje heißt er dort – Auferstehungstag. Und schon in der Bibel – in der Offenbarung des Johannes – wird der Sonntag daher schlicht als „Tag des Herrn" (Offb 1,10) bezeichnet; oder – wie in der frühen Christenheit – als „Herrentag". In den romanischen Sprachen heißt unser Sonntag bis heute so. In Italien: domenica; französisch: dimanche; domingo auf Spanisch. Alles abgeleitet vom lateinischen „dies dominica", dem „Herrentag". Im Einflussbereich der germanischen Sprachen hat er hingegen die alte Bezeichnung aus der griechisch-römischen Planetenwoche behalten: der Tag der Sonne: der Sonntag, der sunday, der zondag. Aber auch das lässt sich ja gut christlich interpretieren, wird doch Christus auch als die wahre Sonne unseres Heils bezeichnet, als die „Sonne der Gerechtigkeit" (Mal 3,20).

Der Sonntag ist also der Tag der Auferstehung, unser wöchentliches Osterfest. Von Anfang an haben sich die Christen an diesem Tag zur Feier der Eucharistie versammelt, zum Mahl mit dem auferstandenen Christus – Woche für Woche. Schon die biblischen Ostererzählungen deuten dies an. Der Sonntag als unser christlicher Ur-Feiertag ist eine Erfindung der frühen Christenheit. Der Sonntag mit der Versammlung zur Feier der Eucharistie im Sieben-Tage-Rhythmus, das ist sozusagen die Grundfolie des ganzen christlichen Kirchenjahrs. Die Hochfeste und Feiertage – Weihnachten und Ostern –, die Vorbereitungs- und Festzeiten – Advent oder Fastenzeit, Weihnachts- und Osterzeit – sie legen sich auf diese Folie drüber. Aber unser Ur-Feiertag bleibt der Sonntag. In seinem Grundrhythmus – alle sieben Tage - gehen wir der Wiederkunft Christi und der Vollendung der Zeit entgegen.

Darum wird der Sonntag manchmal auch als der „achte Tag" bezeichnet, weil er schon über diese unsere Erdenzeit mit seiner Sieben-Tage-Woche hinausweist auf die Vollendung und Überschreitung der Zeit in der Ewigkeit, wenn Christus wiederkommt und alles vollenden wird. Auch diese eschatologische Dimension ist unserem Sonntag eigen.

Von Anfang der Christenheit an – ich habe es schon erwähnt – ist der Sonntag für uns Christen der Tag der Versammlung zur Feier der Eucharistie. Nur am Sonntag wurde in der frühen Kirche die Eucharistie gefeiert. An den Werktagen traf man sich zum Tagzeitengebet. Der Sonntag jedoch ist Tag der Eucharistie. Weil man in ihr dem auferstandenen Herrn begegnen darf. Was die biblischen Osterberichte erzählen – dass die Jünger am ersten Tag der Woche Christus als Auferstandenen erfahren –, das gilt bis heute. Wenn wir Eucharistie feiern, dann erinnern wir uns nicht bloß an Jesus, denken wir nicht nur an ihn oder stellen ihn uns geistig vor Augen, sondern im Mahl mit dem auferstandenen Herrn begegnen wir auf sakramentale Weise ihm selbst, dürfen wir ihn in den Gestalten von Brot und Wein leibhaft berühren so wie Thomas, reicht er selbst uns das Brot des Lebens so wie den Emmausjüngern am Abend beim Brotbrechen.

Deshalb ist der Sonntag mit der Feier der Eucharistie für uns Christen auch nicht verhandelbar und niemals aufgebbar. Daran werden auch sinkende Kirchenbesucherzahlen nichts ändern. Was – nebenbei bemerkt - schon zu biblischen Zeiten einsetzt, als die als nahe erwartete Wiederkunft Christi ausgeblieben ist, und der Autor des Hebräerbriefs seine Adressaten deshalb ermahnen muss: „Lasst uns nicht unseren Zusammenkünften fernbleiben, wie es einigen zur Gewohnheit geworden ist" (Hebr 10,25).

Kirche lebt von der Feier des Sonntags. Aus den Märtyrerakten von Karthago gibt es dafür ein eindrucksvolles literarisches Zeugnis. In den Christenverfolgungen unter Kaiser Diokletian Anfang des vierten Jahrhunderts hatte man den Christen dort verboten, sich am Sonntag zur Eucharistie zu versammeln. Doch die Christen hielten sich nicht an das Verbot und wurden deshalb verhaftet. Im Verhör nach ihren Gründen befragt, gaben sie zu ihrer Verteidigung an: „Wir können ohne dominicum nicht sein!" – ohne sonntägliche Eucharistie also – und sind dafür als Märtyrer in den Tod gegangen.

Ich denke, das Glaubenszeugnis dieser frühen Christen sagt eigentlich alles aus, was der Sonntag für uns Christen bedeutet; und müsste alle beschämen, die der sonntäglichen Eucharistiefeier Woche für Woche fernbleiben, dem Ur-Feiertag der Christen.

Dominik Daschner

Der Sonntag als erster Tag der Woche

Haben Sie nicht auch schon mal am Sonntag beim Hochgebet gestutzt, wenn der Priester da kurz nach dem Sanctus-Lied als Einschub betet: „Darum kommen wir vor dein Angesicht und feiern in Gemeinschaft mit der ganzen Kirche den ersten Tag der Woche als den Tag, an dem Christus von den Toten erstanden ist"? Oder haben vielleicht sogar innerlich moniert: wieso „erster Tag der Woche"? Die Woche fängt doch mit dem Montag an! Der Sonntag ist doch Teil des Wochenendes, der letzte in der Reihe der Wochentage! So findet er sich in unseren Kalendern: ganz rechts am Ende der Zeile oder ganz unten auf der Seite; der Sonntag als der siebte und letzte Tag der Woche.

Der Bibel zufolge, mit ihrer Schöpfungserzählung, ist der siebte Tag der Sabbat, an dem Gott geruht und so sein Schöpfungswerk vollendet hat, unser Samstag. Der darauffolgende Sonntag ist also der erste Tag der neuen Woche. Der erste Schöpfungstag war demnach ein Sonntag. In jüdischer Zählung ist der Sonntag der erste Tag der Woche. So war das schon immer. So galt es auch der Reihung in der griechisch-römischen Planetenwoche nach. Und so haben wir Christen es aus unserem jüdischen Erbe übernommen: der Sonntag als der erste Tag der Woche.

Geändert hat sich das erst im 20. Jahrhundert. Um wirtschaftlichen Abläufen besser zu entsprechen, hat die Internationale Organisation für Standardisierung empfohlen, ab dem 1. Januar 1976 den Sonntag im wirtschaftlich-technischen Leben und damit im ganzen öffentlichen Bereich als letzten Tag der Woche zu betrachten. Der Deutsche Normenausschuss hat diese Empfehlung aufgegriffen und als DIN-Norm 1355 für Deutschland so eingeführt. Seither gilt der Sonntag als siebter und letzter Tag der Woche, als Teil des Wochenendes, an dem man von der Arbeit ausruht, um dann mit dem Montag die Arbeit der neuen Woche zu beginnen.

Seit dieser Entscheidung klaffen öffentlicher und kirchlicher Kalender eklatant auseinander. Denn für uns Christen bleibt der Sonntag als erster Schöpfungstag und als Tag der Auferstehung Christi weiterhin der erste Tag der Woche. Wir haben den Advent selbstverständlich mit dem 1. Adventssonntag begonnen, nicht mit dem Montag der 1. Adventswoche. Wenn man dem öffentlichen Kalender folgt, würde der 1. Adventssonntag ja noch gar nicht zum Advent dazugehören – als erster Tag des neuen Kirchenjahrs –, sondern als siebter Tag der letzten Woche im Jahreskreis noch zum alten Kirchenjahr. Das zeigt: Man kann eine über Jahrtausende gewachsene Menschheitstradition nicht einfach per Verwaltungsakt vom Tisch wischen. Aber nun müssen wir eben mit dieser Festlegung leben, dass der Sonntag als siebter und letzter Tag der Woche gezählt wird.

Nun kann man natürlich fragen: erster Tag, letzter Tag – ist das so entscheidend? Die Zeit ist doch ein ewig nach vorne fließender Strom: Minute um Minute, Stunde um Stunde, Tag um Tag. Wo man da die Zäsuren setzt, wo man Anfang und Ende der Woche einträgt, ist doch letztlich etwas Willkürliches.

Die Zeit schreitet doch unaufhörlich und gleichmäßig voran. Und doch, so meine ich, macht es einen Unterschied, welchen Charakter der Sonntag – noch dazu als wöchentlicher Ruhetag – erhält, ob man ihn als den ersten oder den letzten Tag der Woche ansieht. Das sagt viel über unser Verständnis vom Menschsein aus.

Als letzter Tag der Woche gerät der Sonntag unter das Primat der Wirtschaftlichkeit und der Arbeitsleistung des Menschen. Das war ja auch der Anlass für diese Umstellung. Am Sonntag darf sich der Mensch von der Arbeit ausruhen und erholen. Aber wozu? Damit er wieder fit ist für die Arbeit der neuen Woche. Im Vordergrund steht somit die wirtschaftliche Leistungsfähigkeit des Menschen. Dem hat sich alles andere unterzuordnen. Der Sonntag wird zum Rest des Wochenendes, in den schon die neue Arbeitswoche hereindrängt und dadurch den Festcharakter dieses Tages trübt. Der Sonntag sinkt so in seiner Bedeutung herab zum letzten Rest, zum Ende einer freien Zeit; eben zum Wochenende.

Zählt der Sonntag indes als erster Tag der Woche, dann fangen wir die Woche nicht mit einem Arbeitstag an, sondern mit einem Feiertag. Heißt also: Noch bevor wir etwas geleistet haben, dürfen wir es uns erlauben, zu feiern. Das sagt viel aus, wie wir unser Menschsein verstehen dürfen.

Als Gottes Ebenbilder, von ihm geschaffen und berufen zum Dialog und zur Gemeinschaft mit ihm, leben wir nicht, um zu arbeiten; wir arbeiten, um zu leben. Den Vorrang hat das Leben. Das Leben ist mehr als Arbeit. Wir leben im Letzten nicht von unserer Arbeit, sondern aus Gottes Gnade. Da wird der Geschenkcharakter unserer christlichen Existenz deutlich. Wir können es uns leisten, nicht nur zu arbeiten, können einen Tag auf Erwerbsarbeit verzichten und leben doch. Denn Gott sorgt für uns. Da ist etwas von der Fülle des Lebens zu spüren, die Christus uns verheißen hat. Der Sonntag als arbeitsfreier erster Tag der Woche unterstreicht: Das unverzweckte Dasein – Muße, geistliche Erhebung und mitmenschliche Begegnung, für welche der Sonntag frei von Arbeit gehalten werden soll –, sie haben Vorrang vor dem Schaffenmüssen. Der Mensch hat vor Gott eine Würde und gilt etwas, noch bevor und nicht nur dann, wenn er etwas leistet.

Der Sonntag als Auferstehungstag zum Auftakt der Woche, er setzt ein Vorzeichen an den Anfang der Zeile im Kalender und verleiht der ganzen Woche ihren Charakter, so wie die Vorzeichen auf dem Notenblatt einem Musikstück seine besondere Färbung geben. Nämlich: Wir leben als von Christus Erlöste. Seine Auferstehung qualifiziert und prägt unser Alltagsleben. Der Sonntag als festlicher Auftakt der Woche macht uns das bewusst.

Es ist also doch nicht ganz gleichgültig, ob wir den Sonntag als den ersten oder den letzten Tag der Woche erachten. Freilich soll man die neue Festlegung auf den Sonntag als letzten Tag auch nicht rundum verteufeln. Denn jede Woche ist ja auch ein Abbild jener hohen Woche im Jahreslauf: der Karwoche. Und die strebt über den Freitag, als dem Tag des Leidens und Sterbens Christi am Kreuz, und dem Samstag, als dem Tag seiner Grabesruhe, natürlich dem Sonntag zu. Der Ostersonntag als Tag der Auferstehung ist Ziel- und Höhepunkt. So kann man das auch für jede Woche sehen, ist doch der Sonntag unser wöchentliches Osterfest, der Ur-Feiertag der Christen.

Und als achter Tag, als welcher der Sonntag auch manchmal bezeichnet wird, durchbricht er sogar unsere Erdenzeit. Die Auferstehung Christi, die wir am Sonntag feiern, hebt uns über diese irdische Existenz hinaus. So wird der Sonntag zum Zeichen der ewigen Vollendung, auf die wir mit unserem Leben zugehen, wenn sich unser persönlicher Advent und einmal der große Weltenadvent erfüllen wird, von dem die Schrifttexte in diesen adventlichen Wochen sprechen. Wenn Gott uns um seinen Thron versammeln wird zur Feier des ewigen Sonntags in der himmlischen Herrlichkeit seiner neuen Schöpfung.

Dominik Daschner

Der Sonntag als Ruhetag

Ich weiß nicht, ob Sie schon einmal im Heiligen Land waren, in Jerusalem, oder zumindest im Fernsehen gesehen haben, was dort in den orthodoxen Judenvierteln geschieht, wenn der Sabbat beginnt. Die jüdischen Viertel werden dann von der Außenwelt abgeriegelt. Die orthodoxen Juden klinken sich vom Leben der restlichen Welt für einen Tag regelrecht aus. Denn es ist Sabbat, ihr wöchentlicher Ruhetag, an dem man dem mosaischen Gesetz zufolge keine Arbeit verrichten darf.

Und die ultraorthodoxen Juden legen dieses Sabbatgesetz ganz streng aus. Man darf am Sabbat außerhalb des eigenen Hauses nur eine kurze Strecke zu Fuß gehen, nur einen Sabbatweg weit (vgl. Apg 1,12); das sind ca. 1000 Meter. Und am Sabbat darf kein Feuer angezündet werden, denn auch das wäre ja Arbeit. Deshalb brennen in den Judenvierteln in Jerusalem am Sabbat keine Straßenlaternen. Auch Strom zählt zum Feuer. Deshalb kann am Sabbat nicht gekocht werden; alle Speisen müssen schon vorher zubereitet sein und werden dann in speziellen Behältnissen warmgehalten. Autos - weil die ja mit einem Verbrennungsmotor fahren – dürfen am Sabbat ebenfalls nicht bewegt werden. Aus dem gleichen Grund fliegt die ELAI, die israelische Fluggesellschaft, am Samstag nicht.

Dies alles aus dem einen Grund: weil der Sabbat Ruhetag ist. Da steht für die Juden das Leben still. Dieser Tag ist ausgespart für Gott, für das Dasein vor ihm, den Gottesdienst und das Zusammensein in der Familie.

Dass der Sabbat als Ruhetag zu halten ist, das rührt aus der Schöpfungserzählung der Bibel her. Nach dem Sechs-Tage-Werk der Erschaffung der Welt, so erzählt es das Buch Genesis, ruhte Gott am siebten Tag, dem Sabbat. So vollendete Gott sein Schöpfungswerk und „segnete den siebten Tag und heiligte ihn" (Gen 2,3a), wie es dort heißt.

Dieses Ruhen Gottes am siebten Tag ist nach dem Bericht der Bibel kein langweiliges Nichtstun, sondern auch dies ist Teil seines Schöpfungshandelns, eine schöpferische Ruhe. Von daher muss man übrigens auch die Bitte beim Gebet für unsere Verstorbenen richtig verstehen, wenn wir da immer wieder beten: „Herr, gib ihnen die ewige Ruhe." Ewige Ruhe, damit ist nichts tödlich Langweiliges gemeint, wo sich nichts mehr tut und ereignet – was man ja auch niemandem ehrlicherweise wünschen möchte. Sondern damit ist die Teilhabe an eben dieser Schöpferruhe Gottes gemeint: nach getaner Arbeit zufrieden, erfüllt und dankbar auf das vollendete Werk zurückschauen können und es genießen dürfen.

Der Sabbat als wöchentlicher Ruhetag, an dem der Mensch an dieser erfüllten Ruhe Gottes teilhaben darf, das ist eine einzigartige kulturelle Errungenschaft der jüdischen Religion. Die griechisch-römische Antike und die ganze restliche Welt ringsum kannte Vergleichbares nicht. Dort gab es keinen wöchentlich wiederkehrenden arbeitsfreien Tag; das gab es nur bei den Juden. Ansonsten kannte man nur einzelne heilige Tage im Verlauf des Jahres, die arbeitsfrei waren.

Die Christen der Urkirche, die ja aus dem Judentum herausgewachsen waren, sie haben zunächst weiterhin den Sabbat gehalten – als arbeitsfreien Ruhetag, mit der Teilnahme am Synagogengottesdienst. Und am Tag danach, am Sonntag, dem Auferstehungstag ihres Herrn Jesus Christus, trafen sie sich in ihren Häusern zur Feier der Eucharistie.

Nur war der Sonntag eben normaler Werktag. Deshalb mussten sie das entweder am Abend nach getaner Arbeit tun. So erzählt es zum Beispiel der Apostel Paulus in seinem ersten Brief an die Gemeinde in Korinth, wenn er die Christen dort dafür rügt, dass bei ihren Versammlungen die Reichen, die schon eher da sind, bereits mit dem gemeinsamen Essen beginnen – damals war mit der Eucharistiefeier noch ein Sättigungsmahl verbunden –, und dann alles weggegessen haben und schon betrunken sind, bis auch die Armen der Gemeinde, die Sklaven vor allem, dazustoßen können, die noch in der Arbeit gebunden waren. Eine Versammlung am Abend also.

Oder – so die spätere Entwicklung – man traf sich am frühen Sonntagmorgen zur Eucharistiefeier, bevor man die Arbeit des Tages in Angriff genommen hat. So berichtet es der hl. Justin um das Jahr 150 aus Rom in einer Schrift, worin er die sonntägliche Messe der Christen beschreibt.

Der Sonntag, ihr wöchentlicher Feiertag, war also für die Christen der ersten Jahrhunderte normaler Arbeitstag. Und für Christen, die als Minderheit in buddhistisch oder muslimisch geprägten Ländern leben, wo zum Beispiel der Freitag staatlich geschützter, wöchentlicher Feiertag ist, ist das bis heute so geblieben.

Erst im Zuge der öffentlichen Anerkennung des Christentums im vierten Jahrhundert unter Kaiser Konstantin hat sich das geändert. In verschiedenen Erlassen ordnet der Kaiser für den Sonntag Arbeitsruhe an. Zunächst aber nur für bestimmte Berufsgruppen. Die Richter, die Stadtbevölkerung und Gewerbetreibende sollen sonntags die Arbeit ruhen lassen. Die Bauern dürfen indes ihre Felder bestellen, um günstiges Wetter dafür nicht zu verpassen. Auch die christlichen Soldaten und Sklaven sollen am Sonntag frei bekommen, um ihrer Religionsausübung nachgehen zu können.

Allerdings erhalten sie nicht den ganzen Tag frei, sondern nur – wie Konstantin schreibt – „solange, bis sie ihre Gebete verrichtet haben." Heißt also: Für den Besuch des Gottesdienstes sind sie freigestellt; danach müssen sie in ihren Dienst zurückkehren. Diese Regelung zeigt schon: Es geht also nicht - wie beim Sabbat - darum, einen völligen Ruhetag einzuhalten. Nicht die Arbeitsruhe als solche ist das Motiv, um das es geht. Im Vordergrund steht: Die Christen sollen entsprechenden Freiraum erhalten, damit sie, befreit von Alltagssorgen, am Sonntag die Eucharistie feiern können, ohne das – wie bisher – im Verborgenen tun zu müssen und an den Rändern eines gewöhnlichen Arbeitstages.

Erst im Verlauf des sechsten Jahrhunderts wird der Sonntag dann komplett zum arbeitsfreien wöchentlichen Feiertag erhoben. Und der Sonntag gleicht sich mehr und mehr dem Sabbat als einem Tag der öffentlichen Arbeitsruhe an. Erstaunlich jedoch, wie lange sich Kirchenväter und Konzilien gegen die Übernahme einer völligen Arbeitsenthaltung vom jüdischen Sabbat auf den christlichen Sonntag wehren. Das erscheint ihnen als Müßiggang, vor dem sie warnen; als typisch jüdische Praxis, von der man sich abheben will; oder sogar als Zeichen des Antichrists. Es trifft also historisch nicht zu, wenn manchmal behauptet wird, unser christlicher Sonntag als wöchentlich wiederkehrender, arbeitsfreier Tag sei eine direkte Übernahme des jüdischen Sabbats; der Sonntag habe den Sabbat beerbt und ihn abgelöst.

Natürlich: Wir dürfen dankbar sein, dass der Sonntag als unser christlicher Ur-Feiertag, unser wöchentliches Osterfest, bei uns arbeitsfrei ist, so dass wir an diesem Tag frei sind für religiöse Beschäftigung, und entspannt am Gottesdienst teilnehmen können. Der Sonntag als ein Tag der Muße, zur Erhebung für Geist und Seele, zum Ausspannen und zur Erholung, für den Dialog mit Gott und zur Begegnung mit unseren Mitmenschen in der Familie und im Freundeskreis – so ist der Sonntag gedacht. Ein Tag, an dem wir uns als freie und erlöste Menschen erleben dürfen.

So ist der christliche Sonntag ein ganz hochrangiges Kulturgut, das wir schätzen und schützen sollten.

Dominik Daschner

Christliche Sonntagskultur

Ich weiß nicht, ob Ihnen die Band „Torfrock" ein Begriff ist. In den 70er- und 80er-Jahren war sie mit ihren witzigen, hintersinnigen Liedtexten in den Hitparaden; für die „Werner"-Zeichentrickfilme hat sie die Filmmusik geliefert. Von dieser Band gibt es ein Lied, das die Sonntagsgestaltung in einem typisch ostfriesischen Dorf besingt und aufs Korn nimmt. Im Refrain heißt es dort:
„Sonntags in uns're Gemeinde tut man nach uraltem Brauch
sich Kaffee und Kuchen in 'n Bauch und mittags Gemüse mit Schweine."
Da klingt so manches an, was für die Menschen dort den Sonntag zum Sonntag macht, was ihn vom Rest der Woche abhebt. Der Sonntagsbraten wird da genannt, Kaffee und Kuchen.

Wenn ich Sie jetzt fragen würde: Was macht für Sie den Sonntag zum Festtag? Wodurch ragt er in der Art, wie Sie diesen Tag verbringen und gestalten, unter den übrigen Tagen der Woche heraus? Vermutlich würden viele – wie in dem Lied auch – das besondere Essen am Sonntag erwähnen. Zum Frühstück Kuchen statt Semmeln und Brot wie die Woche über. So kenne ich es selber von klein auf; und so halte ich es bis heute.

Mittags ein festliches Menü daheim oder das Essen im Gasthaus, so würden wohl einige antworten. Das gemeinsame Mahl mit der Familie, wo man zusammensitzt, gemeinsam speist und sich austauscht. Nicht so wie werktags, wo – auch in Familien – oft jeder nach Kantinenart isst, wann man gerade heimkommt und Zeit hat. Eher als bloße Nahrungsaufnahme denn als bewusstes Genießen der Speisen. Oder gar nur noch im Vorübergehen am Schnellimbiss, Essen to go, buchstäblich von der Tüte in den Mund, unterwegs durch die Fußgängerzone. Zumindest am Sonntag soll das anders sein, so empfinden es viele.

Manche kennen noch das Sonntagsgewand, dass man sich am wöchentlichen Feiertag, zum Kirchgang, festlicher kleidet als werktags. Auch das ein Stück Sonntagskultur. Oder auch, dass es sonntags insgesamt ruhiger zugeht, man es entspannter angehen lassen kann, nicht nach der Uhr leben muss wie an Arbeits- oder Schultagen, wo der Terminkalender den Takt vorgibt, sondern vielleicht länger ausschlafen mag, Zeit füreinander hat; dass man gemeinsame Zeit mit der Familie oder mit Freunden verbringt, etwas zusammen unternimmt. Alles das hebt den Sonntag vom Rest der Woche ab. Und natürlich, dass der Sonntag arbeitsfrei ist, wovon letzten Sonntag schon ausführlich die Rede war.

Alles das zusammen bildet unsere christliche Sonntagskultur, die über Jahrhunderte geworden ist, die den Sonntag über die anderen Tage der Woche hinaushebt und auf diese Weise in uns bewusst hält, dass der Sonntag unser christlicher Ur-Feiertag ist, unser wöchentliches Osterfest. Leider geht diese christlich geprägte Sonntagskultur immer mehr verloren, wird der Sonntag mehr und mehr eingeebnet ins Wochenende und unter die restlichen Tage der Woche.

So nimmt – trotz gesetzlich geschützter Arbeitsruhe am Sonntag – die Sonntagsarbeit stetig zu. In einer Erhebung aus dem Jahr 2014 kam zu Tage, dass in Deutschland mittlerweile 14 Prozent der Arbeitnehmer ständig oder regelmäßig sonntags arbeiten – jeder siebte also. Bei den Selbstständigen ist der Prozentsatz noch deutlich höher. 20 Jahre zuvor waren es nur zehn Prozent. Natürlich gibt es Dienste, die in unserer Gesellschaft rund um die Uhr gebraucht werden und abrufbar sein müssen, sieben Tage die Woche – Polizei, Feuerwehr, Krankenhäuser, Ärzte, Pflegedienste, Servicekräfte –, weshalb jene, die in solchen Berufen tätig sind, immer wieder auch sonntags arbeiten müssen. Da geht es nicht anders.

Aber müssen tatsächlich Bäckereifilialen am Sonntagvormittag offen haben? In Zeiten von Tiefkühltruhe und Mikrowelle kann man die Semmeln für das Sonntagsfrühstück doch auch daheim auftauen und aufbacken; und der Sonntagskuchen wird bis dahin auch nicht schlecht, wenn man ihn schon am Samstag kauft. Und müssen Möbel oder Autos ausgerechnet sonntags ausgesucht und gekauft werden? Geht das nicht an den anderen Tagen des freien Wochenendes, das für nicht wenige heutzutage spätestens am Freitagmittag anfängt?

Die verkaufsoffenen Sonntage werden auch immer mehr. Schauen Sie mal in die Zeitung! Es vergeht kaum ein Wochenende, an dem nicht irgendwo im engeren Umkreis verkaufsoffener Sonntag ist. Ich denke mir manchmal dabei: Wenn der Mensch unserer Tage schon mal frei hat, fällt ihm dann nichts anderes mehr ein, als wieder Kaufen und Konsumieren? Zählt der Mensch nur noch als Wirtschaftsfaktor? Der Sonntag will den Kreislauf von Arbeit und Konsum gezielt unterbrechen, damit uns bewusst bleibt: Der Mensch lebt nicht nur von dem, was sich rechnet. Der Grundsatz „Zeit ist Geld" soll nicht alle Tage unseres Lebens beherrschen. Das Sonntag und das, wofür er steht, ist unbezahlbar.

Natürlich erhalten all die, die am Sonntag arbeiten müssen, dafür irgendwann anders während der Woche einen freien Tag. Aber da müssen dann eben all die anderen arbeiten und haben keine Zeit, um sich mit mir zu treffen oder gemeinsam etwas zu unternehmen. Ein verbindlicher gemeinsamer freier Tag für weitgehend alle, das hat doch eine ganz andere, viel höhere Qualität - für jeden Einzelnen und für unsere Gesellschaft als Ganze.

Bis vor einigen Jahren gab es in Deutschland zudem die Übereinkunft zwischen Sportverbänden und Kirchen, dass der Sonntagvormittag von Jugendspielen freigehalten wird, um den Kindern und Jugendlichen die Teilnahme am Sonntagsgottesdienst nicht zu verbauen. Das ist von den Sportverbänden irgendwann stillschweigend aufgekündigt worden.

So geht unser christlicher Sonntag mit seiner speziellen Sonntagskultur immer mehr verloren, wird der Sonntag nach und nach eingeebnet zu einem Tag wie jeder andere. Vermutlich wird es sein wie so oft: Der Mensch merkt erst dann, was er verloren hat, wenn es zu spät ist. Erst wenn der christliche Sonntag mit seiner Arbeitsruhe endgültig passé ist, werden wir gewahr werden, welch hohes Gut wir da ohne Not aufgegeben haben. Ohne christlichen Sonntag gibt es nur mehr Werktage!

Darum sollten wir als Christen dieser Tendenz so gut es geht entgegensteuern und persönlich alles tun für eine gelebte Sonntagskultur, damit der Sonntag für uns jener besondere Tag der Woche bleibt, unser wöchentlicher Feiertag:

als ein Tag, der uns aufatmen lässt,
ein Tag, der zum Fest wird,
ein Tag, der uns Orientierung gibt,
ein Tag, der uns Lebenssinn erschließt,
ein Tag, der uns zusammenführt,
ein Tag, der uns aus dem Alltagstrott befreit,
ein Tag, der unsere Sinne öffnet,
ein Tag, der uns zu Gott führt.

Übrigens gibt es nicht nur von der ostfriesischen Band „Torfrock" ein Lied über gelebte Sonntagskultur. Auch in unser neues Gotteslob hat man ein eigenes Sonntagslied aufgenommen. Unter der Nummer 103 ist es zu finden. Es fasst in drei Strophen knapp zusammen, was der Sonntag für uns Christen ist, warum wir diesen Tag hochhalten sollten:

Dieser Tag ist Christus eigen,
und das erste Morgenlicht
will von seinem Leben zeugen,
das die Todesnacht durchbricht.

Wenn wir sein Gedächtnis feiern,
Untergang und Auferstehn,
wird sich unsre Zeit erneuern,
wird er menschlich mit uns gehn.

Segne, Herr, den Tag der Tage,
dass die Welt dein Kommen spürt.
Löse Mühsal, Streit und Plage,
dass für alle Sonntag wird.

Dominik Daschner

„Die Hoffnung kann lesen"

*Vorbemerkung: Der Gottesdienst ist für Schüler und Schülerinnen einer Berufs-
bildenden Schule geeignet.*

Gesänge zur Eucharistiefeier

Einzug: Orgel; *Eröffnungsgesang:* Herr, send herab uns deinen Sohn (GL 222,1+6+9);
Kyrie: Taizé (GL 156); *Gloria:* Engel auf den Feldern singen (GL 250); *Zwischengesang:*
Zeige uns den Weg (GL 822); *zur Gabenbereitung:* Was uns die Erde (GL 186); *zum
Sanctus:* Heilig, heilig von Schubert (GL 388); *Friedenslied:* Da wohnt ein Sehnen tief
in uns (GL 823); *zur Kommunion:* Die Nacht ist vorgedrungen (GL 220); *Schlusslied:*
Kündet allen in der Not (GL 221).

ERÖFFNUNG

Einführung (P):

Im Namen des Vaters, des Sohnes und des Heiligen Geistes.
Ich begrüße herzlich Ihre Schulgemeinschaft zum adventlichen Gottesdienst
unter Ihrem Leitwort „Die Hoffnung kann lesen".

Hinführung:

Sprecherin 1:
Geh an die Krippe und lass das Wunder in dich ein, dass all deine Hoffnungen
noch lange nicht ausgeträumt sind (Christa Spilling-Nöker).
Sprecherin 2:
„Die Hoffnung kann lesen" - wie lernt man hoffen?
Im Augenblick wird die Frage nach der Hoffnung an vielen Orten gestellt. Sie
irritiert mich, denn sie wird oft lamentös und vor jedem Handeln gestellt. Erst
will man in der Aussicht versichert sein, dass alles gut geht, allenfalls dann
wird man handeln und seinen Teil zum guten Ausgang beitragen. Vielleicht
sollten wir die Frage nach dem guten Ausgang vergessen, denn sie ist nicht be-
antwortbar. Vielleicht war die Geschichte mit dem Regenbogen nach der Sintflut, die die Bibel erzählt, doch anders gemeint. Es waren wohl nicht der einfache Fortbestand der Welt gemeint, der Fortschritt und die Garantie des
guten Ausgangs. Vielleicht heißt Hoffnung gar nicht der Glaube an den guten
Ausgang der Welt und an die Vermeidung ihrer Zerstörung. Es garantiert uns
keiner, dass das Leben auf der Erde in absehbarer Zeit nicht kollabiert, auch
kein Regenbogen. Aber wir können tun, als hofften wir. Hoffen lernt man auch
dadurch, dass man handelt, als sei Rettung möglich. Hoffnung garantiert keinen guten Ausgang der Dinge. Hoffen heißt darauf vertrauen, dass es sinnvoll
ist, was wir tun. Hoffnung ist der Widerstand gegen Resignation, Mutlosigkeit und Zynismus.

Die Hoffnung kann lesen. Sie vermutet in den kleinen Vorzeichen das ganze Gelingen. Sie stellt nicht nur fest, was ist. Sie ist eine wundervolle untreue Buchhalterin, die die Bilanzen fälscht und einen guten Ausgang des Lebens behauptet, wo dieser noch nicht abzusehen ist. Sie ist vielleicht die stärkste der Tugenden, weil in ihr die Liebe wohnt, die nichts aufgibt, und der Glaube, der den Tag schon in der Morgenröte sieht (Fulbert Steffensky).

Sprecherin 1:
Wir geben während des Kyriegesangs eine Krippe durch die Reihen und laden alle ein, sie in die Hand zu nehmen und weiter zu geben. In der Krippe befindet sich heute noch kein Kind, wir bewegen uns noch auf die Heilige Nacht zu, versuchen uns vorzubereiten. Auf dem Weg zur Weihnacht können wir berühren und uns berühren lassen von dem Impuls, der in der Krippe liegt: Dass all deine Hoffnungen noch lange nicht ausgeträumt sind. Was heißt das für mich?

Kyriegesang

Tagesgebet der Eucharistiefeier
Herr, unser Gott, lass uns dafür sorgen, dass in diesem Advent jeder Tag ein wenig heller wird, mit jeder Kerze, die wir entzünden und mit jedem guten Gedanken. Lass uns Licht in diese Welt bringen. Darum bitten wir durch Christus, unseren Herrn. Amen.

ZU DEN SCHRIFTLESUNGEN

Lesung: Jes 9,1–6 „Licht ins Dunkel"

Einführung – Sprecherin 3:
Die Lesung ist dem Buch Jesaja entnommen. Der Prophet Jesaja lebte in der zweiten Hälfte des 8. Jahrhunderts vor Christus. Wir hören von Jesajas Traum vom Frieden, der kein Ende nimmt. Das Volk Israel zur Zeit des Jesaja kennt die harte Realität von kriegerischen Auseinandersetzungen. Dem Dunkel dieser Gegenwart wird das Licht gegenübergestellt, die Hoffnung auf Leben.

Evangelium: Lk 1,26–38 „Für Gott ist nichts unmöglich"

Predigt:
An Ihrem Thema habe ich mich zunächst etwas gerieben. Was soll das denn heißen „Die Hoffnung kann lesen"? Hoffen in einer Zeit wie der unsrigen? Wo Weihnachtsmärkte vor Terrorangriffen gesichert werden müssen, wo unberechenbare Gestalten die Welt regieren von den USA über Nordkorea, Großbritannien bis nach Russland, wo der Schutz des Lebens in Deutschland unterminiert wird, wo der Klimaschutz stagniert und Verbesserungen in weite Ferne rücken, wo der Unmut-Pegel steigt, wo unsere Gesundheit und unser Wohlstand bedroht sind?
„Der größte Wahnsinn ist die Hoffnung!" Dieses Wort des französischen Existenzphilosophen Jean-Paul Sartre war für mich immer schon eine Provokation. Welche Antwort kann ich darauf als Mensch, als Christ geben?

Wir Christen sind zur Hoffnung eingeladen durch den, den Paulus in seinem Brief an die Gemeinde in Rom als Gott der Hoffnung bezeichnet. Christen sind Menschen, deren Leben von Hoffnung bestimmt ist. Für Sartre und für viele Menschen heute ist die Welt in einer hoffnungslosen Situation. Sich an Hoffnung zu klammern angesichts der Absurdität des Schreckens, der die Geschichte der Menschen bis in unsere Tage durchzieht, ist eigentlich ein Wahnsinn. Viele von uns tragen Zweifel in sich, Zweifel angesichts entsetzlicher Naturkatastrophen, Zweifel angesichts der großen, von Menschen verursachten klimatischen Katastrophen der letzten Jahre – wie die furchtbaren Brände in Australien – Zweifel angesichts der entsetzlichen Kriege im Nahen Osten, die Hunderttausende das Leben kosteten und Millionen in die Flucht schlugen, wie soll man angesichts solcher Ereignisse hoffen? Und worauf hoffen? Wir glauben an einen Gott, der in dieser Welt wirkt. Der uns in den Geschichten der Bibel, in den Worten der Propheten, vor allem in den Worten Jesu seine Nähe zugesagt hat. Aber wo ist er? Wo erfahren wir diese Nähe? Ist er nicht häufig schrecklich fern? Er macht uns den Glauben nicht leicht. Er macht uns die Hoffnung nicht leicht, besonders dann, wenn wir persönlich betroffen sind - durch den Tod eines lieben Menschen, durch Schicksalsschläge, durch eine schwere Krankheit. Es gibt die großen und unüberbrückbaren Widersprüche zwischen den Versprechungen Gottes und dem Zustand dieser Welt. Wenn wir Christen von Hoffnung sprechen, darf man uns nicht vorwerfen können, wir seien Leute, die nicht so genau hinschauen; Naivlinge, die nur noch nicht gemerkt haben, was alles gegen die Hoffnung spricht. Vielleicht müssen wir Hoffnung täglich neu lernen, und die Illusionen, mit denen wir die Wirklichkeit in ihrer Härte verdrängen wollen, verlernen. Vielleicht müssen wir auch die Illusionen über Gott verlieren. Die alten Fragen des Advents: Wo bleibst du Gott? Wann kommst du? Diese Fragen geben wir, trotz aller Untergänge, Schrecken und Enttäuschungen auch mit unserer Kirche, nicht auf. Wo bleibst du? Wann kommst du? Damit geben wir den letzten Grund des Glaubens nicht auf: denn Gott kommt. Er wird das Leben nicht der Vernichtung überlassen. Ich sage es angesichts der vielen Erschütterungen und Unglücke der letzten Zeit. Ich sage es gegen alle Gefahren, die uns und unsere Nachfahren bedrohen: Einmal wird Er alles in allem sein, und einmal werden alle Tränen getrocknet. Das ist seine Verheißung. Das ist der Grund unseres Glaubens. Der Grund unserer Hoffnung. Mit dieser Hoffnung haben Menschen gelebt, sind Menschen gestorben und sterben Menschen auch noch heute. Die Hoffnung ist nicht dasselbe wie der Glaube. Sie macht einen Schritt über den Glauben hinaus, ohne dass sie ihn verlässt. Das macht den Hoffenden zu einem Menschen des offenen Wartens und der zuversichtlichen Geduld. Zu einem adventlichen Menschen, für den diese Welt nicht alles ist. Diese adventliche Haltung der Hoffnung ist verbunden mit der Freude. Wo keine Hoffnung ist, da ist Traurigkeit. „Freut euch in Hoffnung", ruft Paulus den Römern im Römerbrief zu. „Der Gott der Hoffnung... erfülle euch mit aller Freude und Frieden im Glauben, auf dass ihr überströmt von Hoffnung in der Kraft des Heiligen Geistes." Die Hoffnung kann lesen - den tieferen Sinn der Wirklichkeit herauslesen.

P: Im Vertrauen auf Gott kommen wir mit unseren Bitten zu ihm:

- Halten wir unsere Hoffnung wach auf eine Welt, in der alle Geschöpfe miteinander leben können, in der wir Menschen Sorge tragen für einen verantwortlichen Verbrauch unserer täglichen Güter.
- Halten wir unsere Hoffnung wach in den Situationen unseres Lebens, wo Ängste uns am Weitergehen unseres Weges hindern wollen.
- Halten wir unsere Hoffnung wach auf eine Zukunft, der wir erwartungsvoll entgegengehen, gerade durch Krisen und Leid hindurch.
- Halten wir unsere Hoffnung wach auf eine Gemeinschaft, in der Fremde zu Freunden werden, in der wir Ausgrenzung und Gewalt mutig widerstehen.

P: Schenke uns das Vertrauen, dass unsere Bitten bei dir aufgehoben sind. Begleite unsere Wege durch die kommenden Tage, in denen wir dein Kommen in unsere Welt erinnernd feiern.

ELEMENTE FÜR DIE EUCHARISTIEFEIER

Schlussgebet (P und Schulseelsorgerin im Wechsel)

P: Gott lasse Sie alle ein gesegnetes Weihnachtsfest erleben.
S: Gott schenke Ihnen die nötige Ruhe, damit Sie sich auf Weihnachten und die Frohe Botschaft einlassen können.
P: Gott nehme Sorgen und Ängste von Ihnen und schenke Ihnen neue Hoffnung.
S: Gott gewähre Ihnen den Raum, den Sie brauchen, an dem Sie so sein können, wie Sie sind.
P: Gott schenke Ihnen die Fähigkeit zum Staunen über das Wunder der Geburt im Stall von Bethlehem.
S: Gott bleibe bei Ihnen mit dem Licht der Heiligen Nacht, wenn dunkle Tage kommen.
P: Gott segne Sie alle und schenke Ihnen seinen Frieden.

Sprecherin 3:
Unsere Krippe wartet noch auf Weihnachten, sie ist noch nicht komplett. Zu Beginn hielten Sie die noch leere Krippe in den Händen. Sie können nach dem Gottesdienst nach vorne zur Krippe kommen und aus einem Korb einen Strohhalm in sie hineinlegen, mit Ihren persönlichen Gedanken und Hoffnungen.

Segen

Dazu segne euch der allmächtige und gütige Gott, der in der Weihnacht uns ganz nahe kommen wird, der Vater, der Sohn und der Heilige Geist. Amen.

Daniel Hörnemann

Seid wachsam!

Vorbereitung: Nach Möglichkeit werden vor dem Altar Gesellschaftsspiele aufgebaut, idealerweise das Spiel: „Spitz pass auf!".

ERÖFFNUNG

Eingangslied: „Mache dich auf und werde licht" (GL 219).

Einführung

Heute feiern wir den ersten Advent. Schaut euch mal den Adventskranz an, es ist ein prächtiger Kreis, geschmückt mit viel Tannengrün. Ein Kreis hat keinen Anfang und kein Ende. Die Form des Kranzes soll uns daran erinnern, wie lieb Gott uns hat. Diese Liebe ist ewig, das heißt, sie hat keinen Anfang und kein Ende, er hat uns schon immer geliebt und wird uns immer lieben. Als besonderes Zeichen dieser Liebe hat er uns seinen Sohn Jesus geschickt. Auf seine Ankunft warten wir im Advent, die vier Kerzen verkürzen uns die Wartezeit, jeden Sonntag werden wir nun eine neue Kerze entzünden.

Segnung des Adventskranzes

Guter Gott, segne mit deiner Herrlichkeit unseren Adventskranz. Jedes Mal, wenn wir ihn entzünden, soll dein Licht unser Herz erleuchten und der Wunsch, Jesus einen Platz in unserem Leben zu bereiten, soll immer mehr in uns wachsen. Darum bitten wir durch ihn, Christus unseren Herrn.

Lied beim Entzünden der ersten Kerze: „Wir sagen euch an"(GL 223,1).

Kyrie-Litanei

Manchmal sind wir unaufmerksam für unsere Mitmenschen, dann vergessen wir die Nächstenliebe. Herr, mach uns wachsam. (Kyrie-Ruf GL 157)
Manchmal suchen wir nur unseren eigenen Vorteil, dann vergessen wir die Gemeinschaft. Herr, mach uns wachsam. (Kyrie-Ruf GL 157)
Manchmal gehen wir den bequemen Weg und vergessen dabei die Menschen, denen es schlecht geht. Herr, mach uns wachsam. (Kyrie-Ruf GL 157)

Gebet

Guter ewiger Gott,
du hast uns Jesus, deinen Sohn, geschenkt,
auf den wir in der Adventszeit mit Spannung warten.
Gib, dass unser Herz hell wird und wir mit deinem Licht erkennen können,
wie wir unser Leben am besten nach deinem Willen leben,
damit unsere Mitmenschen deine Güte und Liebe erfahren.
Darum bitten wir durch Jesus Christus, unseren Herrn.

Hinführung zur Lesung

„Reiß doch den Himmel auf und komm herab", das wünscht sich der Prophet Jesaja von Gott in der Lesung, die wir nun hören. Die Menschen hatten damals einen schlechten Weg gewählt und sich von Gott entfernt. Das ging nicht gut. Darum wünschen sie sich sehnlichst, dass Gott einen Weg bereitet und Rettung bringt.

Lesung: Jes 63,16b–17.19b; 64,3–7

Zwischengesang: „Da wohnt ein Sehnen tief in uns" (Diözesananhang).

Hinführung zum Evangelium:

Jetzt, im Advent, warten wir auf die Ankunft Jesu. Man könnte sagen: Es ist einfach, am Heiligen Abend wird er kommen! Aber das ist nicht gemeint. Jesus sagt uns, wir sollen jeden Tag wachsam sein, denn wir kennen eben nicht die genaue Zeit seiner Ankunft.

Evangelium: Mk 13,33–37

Ansprache

Hier vorne vor dem Altar haben wird verschiedene Gesellschaftsspiele aufgebaut. Wer von euch spielt gerne? (–) Wie heißt euer Lieblingsspiel? (–)
Wer ein Gesellschaftsspiel spielt, muss gut aufpassen, sonst haben die anderen schnell die Nase vorn. Hier haben wir sogar ein Spiel, das den entsprechenden Name dazu hat, es heißt „Spitz pass auf!"
Kennt jemand von euch dieses Spiel und kann es uns erklären? (–) Jeder Spieler hat eine bunte Holzfigur, die an einen langen Faden gebunden ist. Es gibt einen Farbwürfel und wenn deine Farbe gewürfelt wurde, dann musst du schnell am Faden ziehen, damit der „Spitz" dein Holzmännchen nicht mit dem Becher einfängt. Ein Spitz ist ein kleiner wachsamer Hund. Manchmal geht es wild her bei dem Spiel und nicht selten fliegen einem die Figuren um die Ohren. Man muss wirklich gut aufpassen, denn wenn man zu langsam ist und gefangen wird, hat man verloren. Genauso, wenn man vor lauter Aufregung das Holzpüppchen wegzieht, obwohl gar nicht die eigene Farbe gewürfelt wurde.
Ja, man muss wachsam sein! Der Spitz ist ein Wachhund, ein aufgeweckter Kerl. Wisst ihr was die Aufgabe von Wachhunden ist? Der Wachhund behütet das Haus. Sobald jemand sich nähert, den der Hund nicht kennt, bellt er wie verrückt und kündigt damit den Hausbewohnern an, es kommt Besuch. Und dem Gast wird ganz deutlich mitgeteilt: Du kannst dich hier nicht einschleichen, ich habe dich gesehen. Das liegt bei den Hunden im Instinkt, sie sind von Natur aus wachsam. Sie haben ein feines Gehör, einen guten Geruchssinn und hören und riechen den Besucher schon von weitem.
Und wir? Bei so einem Spiel können wir unsere Reflexe testen, aufmerksam sein und wachsam. Das lässt sich einüben. Je öfter man spielt, umso besser

wird unsere Reaktion. Aber wir haben auch einen Vorteil, denn wir wissen ganz genau: Jetzt geht das Spiel los, jetzt muss ich aufmerksam sein. Das ist leider nicht immer so. Im Evangelium, welches wir eben gehört haben, da betont Jesus mehrfach: Bleibt wach, denn ihr wisst nicht, wann die Zeit da ist. Er bringt das Beispiel von einem Türhüter, der wachsam sein soll, damit der Hausherr ihn nicht schlafend vorfindet, wenn er von der Reise zurückkommt.

Sehr witzig, wir können ja nicht 24 Stunden ohne Schlaf auskommen, das kann der Wachhund übrigens auch nicht.

Ein bisschen rätselhaft scheint die heutige Botschaft von Jesus zu sein. Der Hausherr ist er übrigens selbst, mit diesem Vergleich sagt er uns, dass er irgendwann wiederkommen wird, aber wann, verrät er nicht. Advent kommt von adventus – Ankunft. Die ganze Adventszeit spricht von nichts anderem als von der Ankunft. Da ist die Ankunft Jesu in Betlehem als Baby, auf die wir warten, aber im Evangelium sagt uns der erwachsene Jesus, dass er nach seiner Himmelfahrt wiederkommt. Damit verbunden ist dann das Ende von allem Bösen und Schlechten in der Welt. Dann wird eine neue Zeit anbrechen. Es ist also die ganz große Verheißung! Aber diese Verheißung vergessen wir immer wieder, weil wir unachtsam werden, vielleicht müde, weil es so lange zu dauern scheint, bis Jesus selbst wieder zu uns kommt.

ADVENTSZEIT IST TRAININGSZEIT

Warum trainieren wir nicht ein bisschen? Die Adventszeit ist eine ganz besondere Zeit, sich wieder in der Wachsamkeit einzuüben, wie bei dem Spiel „Spitz pass auf!" Nein, um euch wach zu halten, müsst ihr nicht 24 Stunden lang Playstation spielen. Ganz im Gegenteil, wachsam sein heißt, gerade mal die gewohnten Dinge, die uns sonst in Anspannung halten, aufzugeben und die Sinne zu schärfen, also wie der Wachhund.

Um zu hören: Was wollen die Texte der Bibel bis Weihnachten sagen? Was gibt es da zu entdecken? Vielleicht könnt ihr mit der Familie zu Hause eine Bibelgeschichte lesen.

Um zu sehen: Das Licht des Adventskranzes, das mein Herz erhellt und mich daran erinnert, offen zu sein für den Nächsten: Wo braucht jemand meine Hilfe?

Um zu riechen: Den leckeren Zimt, die Plätzchen und auch die Orangen, die uns an Gemeinschaft erinnern, an gemütliche Stunden in der Familie. Warum nicht jetzt in der Adventszeit zu Hause einen Spieleabend veranstalten, um gemeinsam bewusst Zeit zu verbringen?

Auf das Wort Gottes hören, die Not des anderen sehen und einen Riecher für meine Mitmenschen zu haben, das könnte eine Anleitung zur Wachsamkeit für Jesu Ankunft sein.

Nutzen wir den Advent, seien wir wachsam und schärfen unsere Sinne für den kommenden Jesus, denn wir kennen weder den Tag noch die Stunde. Aber er soll uns wachend vorfinden, wenn er kommt.

FÜRBITTEN

In der Adventszeit bereiten wir uns auf die Menschwerdung Jesu vor, dabei denken wir nicht nur an uns selbst. So wollen wir Fürbitte halten:

- Guter Gott, für die Menschen, die Verantwortung in der Kirche und in unserem Land tragen, lass sie wachsam sein in ihren Entscheidungen. Wir bitten dich, erhöre uns.
- Guter Gott, für unsere Familien und Freunde, lass sie wachsam sein für deine Gegenwart und Liebe.
- Guter Gott, für die Kranken und Armen, für die, die ohne Hoffnung leben. Schenke ihnen Geduld und Kraft und wachsame Menschen, die sich ihrer annehmen.
- Guter Gott, für jeden einzelnen von uns, dass wir nicht müde werden, dein Wort zu hören, und es in unserem wachsamen Herzen verstehen lernen.

Gott, wir danken dir für deine Gegenwart. Dich loben und preisen wir in Ewigkeit.

Vaterunser

Gebet

Spielend das Leben leben,
das ist nicht immer so einfach.
Es gibt Gutes und Schlechtes in meinem Alltag.
Aber ich darf vertrauen,
dass du der ewig gute Gott bist, der sich um mich kümmert.
Du kennst mich und kannst alles zum Guten wandeln,
auch wenn ich manchmal die Spielregeln des Alltags nicht verstehe.
Danke für deine Ankunft in meinem Leben,
danke, dass du wiederkommst.
Danke, dir Gott Vater, Sohn und Geist,
jetzt und in Ewigkeit.

Segensbitte

Es segne uns der allmächtige Gott, der Vater, der Sohn und der Heilige Geist. Amen.

Schlusslied: „Jetzt ist die Zeit, jetzt ist die Stunde".

Kathrin Vogt

Neuanfang!

ERÖFFNUNG

Eingangslied: „Wir sagen euch an den lieben Advent" (GL 223,1–4).

Einführung
Wir stehen in der Vorbereitungszeit auf Weihnachten. Heute haben wir uns versammelt, um uns Zeit zu nehmen für Besinnung und Buße. Zu Beginn dieser Feier wollen wir beten:

Gebet zur Eröffnung
Gott, unser Vater, wir kommen zu dir,
weil du uns mit liebenden Augen ansiehst.
Du siehst, was gut läuft in unserem Leben
und du siehst, was wir falsch machen, weil du uns kennst.
Vor dir stehen wir
und bitten dich in dieser Feier um Vergebung
und um die Kraft, jeden Tag neu zu beginnen,
der du lebst und herrschst in Ewigkeit.

FEIER DES WORTES GOTTES

Evangelium: Mt 3,1–9

Lied: „Wachet auf, ruft uns die Stimme" (GL 554,1+2).

Ansprache: Durch die Brille Gottes sehen
In dem 2010 herausgegebenen Katechismus für Jugendliche „Youcat" findet sich eine gelungene Definition des Wortes Buße. Dort heißt es unter der Nummer Nr. 230: „[...] Buße wird oft falsch verstanden. Sie hat nichts mit Selbstbeschimpfung und Skrupulantentum zu tun. Buße ist kein Brüten darüber, was ich für ein schlechter Mensch bin. Buße befreit und ermutigt uns, neu anzufangen." Buße bedeutet also Neuanfang. Neuanfang ist auch das Thema des soeben gehörten Textes aus dem Evangelium. Johannes ruft zur Umkehr auf. Wir sollen dem Herrn einen Weg bereiten in der Wüste unseres Daseins. Wir sollen von Neuem beginnen.
Advent bedeutet Ankunft. Gemeint ist zunächst nicht, dass wir selbst etwas tun müssen, sondern im Gegenteil, es bedeutet, dass Gott uns entgegenkommt, dass Gott einen neuen Anfang schaffen möchte. So geht Neuanfang, so geht Buße. Dieser Neuanfang geschieht dort, wo ich Gott, mich selbst und meine Mitmenschen durch die Augen Gottes zu sehen beginne, also gleichsam, bildlich gesprochen, durch die Brille Gottes schaue. Wer durch Gottes Brille sieht, der lernt einen Blick der Barmherzigkeit, einen Blick der Liebe aufzusetzen.

Wenn wir mit diesem Blick der Liebe auf unser eigenes Leben schauen, dann erkennen wir, dass nicht immer alles gut läuft, dass nicht immer alles rosarot ist. Das, was uns von Gott, von unseren Mitmenschen, von uns selbst trennt, das nennen wir Sünde. Mutter Teresa hat einmal gesagt: „Einige Heilige haben sich als schlimme Verbrecher bezeichnet, denn sie sahen Gott, sie sahen sich selbst – und sie sahen den Unterschied."

Wir brauchen Reinigung, wir müssen unsere Brillen saubermachen, um einen neuen Anfang zu wagen. Die Beichte ist sozusagen dieses Brillenputztuch, das uns wieder klarsehen lässt, das uns hilft, wieder mit Gottes Augen, durch seine Brille zu sehen, damit wir jene Frucht der Umkehr hervorbringen, von der Johannes der Täufer spricht.

Diese Versöhnung mit Gott, mit unseren Mitmenschen und mit uns selbst kann in der Beichte gelingen. Sie ist wie eine liebende Umarmung, die Umarmung eines liebenden Vaters, der dich annimmt und in dessen Armen dir bewusstwird, was du nicht gut gemacht hast. In dieser Umarmung Gottes geschieht Heil in deinem Leben, in dieser Umarmung wird es Advent, in dieser Umarmung kannst du neu anfangen, in dieser Umarmung kommt Gott in dein Leben! (*Stille*)

FEIER DES ERBARMEN GOTTES

Gewissenserforschung

Einige Fragen zur Gewissenserforschung sollen uns helfen, unser Leben zu betrachten:

Wie lebe ich mit Gott?
Danke ich ihm für mein Leben?
Bete ich?
Wie lebe ich in meiner Familie?
Wie bin ich zu meinen Eltern, zu meinen Kindern, zu meinen Geschwistern?
Wofür kann ich ihnen dankbar sein?
War ich gegenüber anderen ungerecht oder gemein?
Bin ich neidisch oder eifersüchtig?
Wie lebe ich am Arbeitsplatz oder in der Schule?
Wie bin ich zu meinen Kollegen, zu meinen Mitschülern – fair oder unfair?
Erledige ich meine Aufgaben sorgfältig?
Helfe ich anderen?
Habe ich andere verspottet, ihnen wehgetan oder sie fertiggemacht?
Wie lebe ich in der Freizeit?
Habe ich andere ausgeschlossen, benachteiligt oder ausgetrickst?
Sitze ich zu lange vor dem Computer, dem Fernseher, dem Smartphone?
Wie verhalte ich mich in der digitalen Welt?
Habe ich absichtlich etwas kaputt gemacht?
Gibt es noch etwas, was mich sehr beschäftigt?
Was ist mein größter und häufigster Fehler?
Was nehme ich mir besonders vor?
Was möchte ich besser machen?
Wo brauche ich einen Neuanfang?

Gemeinsames Schuldbekenntnis

L: Nicht immer ist unser Leben gut, nicht immer werden wir uns selber, unseren Mitmenschen und Gott gerecht. Bekennen wir vor Gott und einander unsere Schuld und unser Versagen:
A: Ich bekenne Gott, dem Allmächtigen,
und allen Brüdern und Schwestern,
dass ich Gutes unterlassen und Böses getan habe –
ich habe gesündigt in Gedanken, Worten und Werken –
durch meine Schuld,
durch meine Schuld,
durch meine große Schuld.
Darum bitte ich die selige Jungfrau Maria, alle Engel und Heiligen und euch,
Brüder und Schwestern, für mich zu beten bei Gott, unserem Herrn.
(GL 582,4)

Vergebungsbitte

Der Herr erbarme sich unser,
er nehme von uns Sünde und Schuld,
damit wir mit frohem und freiem Herzen
das Fest der Menschwerdung Gottes erwarten.
Das erbitten wir durch Christus,
unseren Bruder und Herrn.

Lied zum Lobpreis

Tochter Zion (GL 228,1+2)

FÜRBITTEN UND ABSCHLUSS

Z.: Lasst uns beten zu Jesus Christus, der gekommen ist, um uns Menschen einen neuen Anfang zu schenken: *V:* Komm, Herr Jesus. *A:* Komm, Herr Jesus.

- Für alle Menschen, die keine Hoffnung haben.
- Für alle Menschen, die neu anfangen möchten.
- Für alle Menschen, die krank, einsam oder traurig sind.
- Für alle Menschen, denen es schwerfällt, Buße zu tun.
- Für alle Menschen, an die niemand mehr denkt.

Herr Jesus Christus, du lehrst uns, die Welt mit neuen Augen zu sehen. Wir danken dir für deine Nähe und Güte, die du uns immer wieder schenkst. Dir sei Lob und Ehre in Ewigkeit.

Zum Vaterunser

Jesus selbst hat uns gelehrt, wie wir Gott ansprechen dürfen. Wir dürfen ihn Vater nennen, ihm unsere Freuden und Sorgen, unser Gelingen und Versagen bringen. Wir wollen nun beten, wie Jesu seine Jünger zu beten gelehrt hat: Vater unser im Himmel …

Segensgebet
Der Herr sei vor dir,
um dir den rechten Weg zu zeigen.

Der Herr sei neben dir,
um dich in die Arme zu schließen
und dich zu schützen vor Gefahren.

Der Herr sei hinter dir,
um dich zu bewahren
vor der Heimtücke des Bösen.

Der Herr sei unter dir,
um dich aufzufangen, wenn du fällst.

Der Herr sei in dir,
um dich zu trösten, wenn du traurig bist.

Der Herr sei um dich herum,
um dich zu verteidigen,
wenn andere über dich herfallen.

Der Herr sei über dir,
um dich zu segnen.

Schlusslied
„Ein Bote kommt, der Heil verheißt" (GL 528,1–3).

André Kulla

Am Ende des Bußgottesdienstes empfiehlt es sich, auf die Möglichkeit zur Beichte und zum Beichtgespräch hinzuweisen. Wo es möglich ist, könnte direkt im Anschluss an den Gottesdienst eine Beichtgelegenheit angeboten werden.

Zur Krankensalbung · Zu 2 Kor 4,10–18; Mk 16,14a.15–20

Hauptsache: gesund!

Immer mal wieder hört man den Zuspruch: „Hauptsache gesund!" oder den Wunsch „Bleib gesund!", bei Geburtstagen, bei Jubiläen, zu Weihnachten und an Silvester und Neujahr. So oft das auch wiederholt wird, bei ein wenig Besinnung und nüchterner Betrachtung kommt nahezu jeder aber zu der Erkenntnis, dass er selbst gar nicht gesund ist. Also, was soll „gesund bleiben" denn heißen, wenn ich doch eigentlich an Geist, Seele und Leib krank bin, und wenn es nur der leicht verkrümmte Rücken ist, der erhöhte Blutdruck, vielleicht auch nur der gerade dumpfe Kopf, mein Husten oder Schnupfen... Der Wunsch eines Menschen für sein Gegenüber ist sicher sehr gut gemeint und kommt oft aus tiefstem Herzen, aber wird er nicht zur Floskel, wenn die Lebenswirklichkeit so anders aussieht oder zumindest subjektiv empfunden wird? Unsere zwischenmenschliche Kommunikation ist von Floskeln geprägt. Wenn man sich einen guten Morgen oder guten Abend wünscht, gehört das zum Begrüßungsritual – was soll man (!) sonst sagen? –, aber bisweilen lohnt es sich bestimmt, solche Rituale zu hinterfragen. So habe ich einmal mein Gegenüber auf die Frage: „Wie geht es Dir?" mit der Antwort überrascht: „Wenn Du die Wahrheit hören willst und vertragen kannst – „mir geht es momentan nicht sonderlich gut. Neulich war ich noch beim Arzt, und …"

KRANKSEIN IST TEIL DES LEBENS

Wir werden an den sich verfestigenden Gesprächsformen und -floskeln letztlich kaum etwas ändern können. Hier aber, liebe Schwestern und Brüder, wenn wir zur Feier der Eucharistie mit unseren kranken und seelisch und körperlich gefährdeten Mitmenschen versammelt sind, dann ist wohl ein offenes und ehrliches Wort erlaubt. Bei aller nötigen Rücksichtnahme im Umgang mit Krankheit und dass man den Betroffenen mit Einfühlungsvermögen begegnet und ihnen die Wahrheit über ihren Zustand eröffnet: Die grundlegende Einsicht, dass kein einziger sich von Einschränkungen, Behinderungen, von Krankheit und Leid völlig freisprechen kann, ist hilfreich. Manchmal wird die Wahrheit sogar als befreiend erlebt. Keine Krankenkassen- und keine Medikamentenwerbung, kein Besuch auf einer Gesundheits- und Wellness-Homepage vermag Betroffenen die Angst vor einer schweren Operation zu nehmen. Zu wieviel Prozent der operative Eingriff gut ausgeht, was die Medizinstatistik dazu sagt, Angaben dazu, welche Lebenserwartung wir voraussichtlich haben …, das alles vermag nicht wirklich zu beruhigen, Betroffene nicht und Angehörige auch nicht. „Wohin wir auch kommen, immer tragen wir das Todesleiden Jesu an unserem Leib …" (2 Kor, 4,10) teilt Paulus in der heutigen Lesung mit und mutet auch uns als Adressaten in unverblümter Offenheit die Realität zu: „Denn immer werden wir, obgleich wir leben, um Jesu willen dem Tod ausgeliefert …" (V. 11). Mit dieser allzu menschlichen Einsicht führt er uns aber zugleich Jesus vor Augen, der uns als Glaubende „Weg, Wahrheit und Leben" (Joh 14,6a) ist. Das heißt für uns in der Krankheit, dass wir nie alleine sind. Er offenbart sich gerade in schweren Lebenslagen als der, der den Weg zum Himmel gegangen ist, und zwar nicht „hoppla hopp", sondern durch Fragen, Zweifel und die Erfahrung des Unverstandenseins hindurch. Da beeindruckt das persönliche Glaubenszeugnis des Paulus: Wir wissen, dass der, welcher Jesus, den Herrn, auferweckt hat, auch uns mit Jesus auferwecken und uns zusammen mit euch vor sein Angesicht stellen wird" (V. 14). So müssen wir nicht mehr nur auf das Sichtbare starren, sondern dürfen nach dem Unsichtbaren ausblicken, das unvergänglich ist (vgl. V.18).

IM LEBEN UNTERWEGS MIT EINER GROSSARTIGEN VERHEISSUNG

Wo wir persönlich im Augenblick auch stehen, ob Sie ein chronisches Leiden plagt oder Sie kurz vor einer schweren Operation stehen, ob Sie an Leib oder Seele etwas unsäglich belastet, ich lade Sie ein, den Kopf und den Blick zu heben und auf das zu schauen, was uns als wahrhaft frohe Botschaft im Evangelium ansprechen will: „Geht hinaus in die ganze Welt, und verkündet das Evangelium allen Geschöpfen! Wer glaubt und sich taufen lässt, wird gerettet" (Mk 16,15–16a). Dieses Hinausgehen ist nicht daran gebunden, dass wir gut zu Fuß sind; man kann diese Botschaft auch vom Rollstuhl, ja vom Krankenbett aus hinausrufen. Entscheidend ist, dass wir die Einladung zum Glauben an Jesus Christus annehmen und neu von ihm unser Herz ergreifen lassen. „Durch die, die zum Glauben gekommen sind, werden ... Zeichen geschehen: ...die Kranken, denen sie die Hände auflegen, werden gesund werden" (aus V. 17–18).

WELCHE GESUNDHEIT IST GEMEINT?

Liebe Mitchristen, Schlaraffia wird hier nicht versprochen. Krankheit und Leid werden wir trotz der Versprechungen der Gesundheitsindustrie im wahrsten Sinne des Wortes nicht aus der Welt schaffen. Aber eines sollten wir uns von niemandem ausreden lassen, nämlich, dass Jesus unser Leben kennt, bis in die dunkelsten Winkel von Leid, Not und Tod. Er bietet uns sein Weggeleit auch nicht nur zu bestimmten Prozentpunkten an, sondern steht ganz für uns ein, hier in unserer Mitte und im Herzen eines jeden von uns, ob wir uns zu den Fitten zählen oder zu denen, die um Anteilnahme bitten, um Gebet und die Spendung des Sakraments der Krankensalbung. Und so ist diese Eucharistiefeier das Wichtigste und Schönste, was wir für uns und füreinander tun können: „Deinen Tod, o Herr, verkünden wir, und deine Auferstehung preisen wir, bis du kommst in Herrlichkeit" – wie wir alle nach der heiligen Wandlung bekennen. Die Liebe Gottes, die tröstende Nähe unseres Herrn wird gerade dadurch spürbar, dass wir miteinander und füreinander beten, und niemanden in unserer Gemeinde, besonders die, die zuhause an ihr Bett gefesselt sind, wollen wir von diesem Beten ausschließen. Am Ende des Evangeliums heißt es: „Der Herr stand ihnen bei und bekräftigte die Verkündigung durch die Zeichen, die er geschehen ließ" (V. 20b). Ja, es gibt sie noch, die Wunder. Glauben ist unser Part.

Robert Jauch

Mit Gottvertrauen in die Zukunft schauen

Diese Botschaft macht uns froh,
daher heißt sie ja auch so.
Sie bietet allen, Narr, Frau und Mann,
Balsam für die Seele an.

Stammt sie auch aus einer anderen Welt,
sie trotzdem viel Wahres enthält.
Wir müssen uns nur fragen,
was will die Frohe Botschaft uns sagen?

Darum lasst euch heute mal drauf ein,
im Evangelium wurde ein Mann auch rein.
Er ist jedoch nicht zum Waschen gegangen,
ihm ist es viel schlimmer ergangen.

Zur Einsamkeit der Aussatz führte,
die Kranken, die waren Isolierte.
Abstand halten war geboten,
Kontakt zu anderen verboten.

Doch ist der Aussatz in der Bibel noch viel schlimmer,
damit bist du raus, für immer.
In der Gesellschaft ist kein Platz,
dein Leben ist fortan für die Katz.

Aussatz war damals Strafe für eine Schuld,
doch Gott hat mit uns Menschen viel Geduld.
Der Mann sehr mit sich ringt,
er trotzdem zu Jesus ging.

Er wusste, bei Jesus wird auch mein Leben gut,
das macht mir heute Hoffnung und auch Mut.
Wenn wir auf Gott vertrau'n,
dürfen wir frohen Mutes in die Zukunft schau'n.

Denn Jesus fordert keine Abgaben,
er überwindet den Graben.
Er geht mit dem Fremden auf Tuchfühlung
und hat keine Angst vor Berührung.
Ob besessen, krank oder die Gicht,
Jesus setzt die Menschen wieder ins rechte Licht.
Jesus handelt mit Gemeinschaftssinn,
also führt auch ihr andere dazu hin.

Aussatz, fremd, Corona oder all der Mist
ausgrenzen immer schon falsch ist.
Alle, die andere wieso auch immer mobben,
die gilt es gleich zu stoppen.

Ob fremd, beeinträchtigt oder alter Mann,
Ausgrenzung geht uns alle an.
Das muss endlich mal in alle Köpfe,
wir sind alle Gottes Geschöpfe.

Und wer im Internet ungefragt
seine hartherzige und dumme Meinung sagt,
und wer schreit, die gehören hier nicht her,
entreißt ihnen ihr Schandmaulgewehr.

Jesus macht es uns damals schon vor,
verschließt nicht euer inneres Tor.
Eure Herzen macht weit,
dann klappt's mit Gottes Herrlichkeit.

Doch auch Aktuelles steckt in Aussatz drin,
plötzlich ist das normale Leben hin.
Das war für uns weit weg, bis letztes Jahr,
Quarantäne aufgrund von Krankheit, unvorstellbar.

Viele haben Sorgen um Opa und Oma,
schuld ist dieses tückische Corona.
Vorbei mit der freiheitlichen Lässigkeit,
Corona ist und bleibt, eine komische Zeit.

Abstand halten ist weiter eine Bürgerpflicht,
schützt andere und zieht die Masken ins Gesicht.
Viele machen, was sie wollen, trotz der Corona-Pest,
die riskieren die Gesundheit für den Rest.

Auch dieses Jahr gilt: Vorsicht vor den Keimen,
als Erleichterung dafür, diese Predigt in Reimen.
Alle, die sagen, Lachen in der Krise gehöre sich nicht,
die sind doch nicht ganz dicht!
Die haben doch was am Sender,
Humor ist und bleibt Trost und Friedensspender.

Die Botschaft von Jesus macht uns weiter froh,
und das ist auch gut so!

Daniel Bidinger

Herr, segne die Welt

Es ist eine gute, alte Tradition, dass wir in den letzten Tagen eines zu Ende gehenden Jahres die vergangenen zwölf Monate in den Blick nehmen und einer kritischen Bewertung unterziehen. Selbstverständlich schaut da jeder von uns mit seiner eigenen Brille darauf und kommt zu unterschiedlichen Bewertungen. Das ist auch gut so, denn bei einem Austausch darüber kommen viele unterschiedliche Aspekte und Attribute zusammen, die dann ein ungefähr realistisches Bild ergeben.

Ja, wir brauchen neben statistischen Auswertungen und Worten, neben Zahlen und Bilanzen auch ein Bild, das uns hilft, diese Realität, diese Wirklichkeit zu betrachten und zu deuten. Wir brauchen ein Bild für unser Leben, das uns zeigt, wie es ist oder wie es sein kann, um unser ureigenes, persönliches Leben zu verstehen.

Wenn wir in diesen letzten Stunden des Jahres 2020 die vergangenen Monate und Tage Revue passieren lassen, sie aus unterschiedlichen Blickwinkeln betrachten und nach einem Bild suchen, dann tun sich mit Bestimmtheit ganz viele Bilder auf, sicherlich die meisten davon düster und dunkel. Dieser Tage sagte mir eine Frau: „So ein Jahr wie dieses möchte ich nicht wieder durchleben."

CORONA HAT WIE EIN DÄMON LEBEN ZERSTÖRT

Mit großer Freude haben wir 2019 das Weihnachtsfest begangen und uns durch die Feier der Geburt Christi beschenken lassen. Die weihnachtlichen Besuche und die Begegnungen in der Familie, mit Verwandten und Freunden haben unsere Tage bereichert und unsere Herzen weihnachtlich erfreut. Mit Optimismus und guten Vorsätzen haben wir Silvester und Neujahr gefeiert, unser Leben in dem vor uns liegenden Jahr 2020 geplant und hoffnungsvoll hineingeschaut, auf dass es mit Gottes Segen ein gutes und erfülltes Jahr werden möge.

Doch dauerte diese Perspektive nur einige wenige Wochen, bis uns unmittelbar nach Fastnacht ein kleines unscheinbares Virus heimtückisch überfallen und eine weltweite Pandemie ausgelöst hat, an deren Folgen wir auch noch in den kommenden Jahren bitterlich leiden werden. Wuhan in China und Ischgl in Österreich sind Hotspots gewesen, die der Welt den Atem stocken ließen. Plötzlich und unvermutet hat dieses neuartige Corona-Virus das Leben auf unserem Kontinent bestimmt und uns brutal aus der gewohnten Bahn geworfen. Wie ein Blitz aus heiterem Himmel hat sich unser Leben verändert, ist grau und dunkel geworden. Auf einmal gingen Begriffe durch die Medien und die sozialen Netzwerke, die bisher nur wenige kannten: Covid-19, Shutdown, Lockdown. Die große und die kleine Welt haben ihre Orientierung verloren, es fehlten plötzlich die Koordinaten: Kontaktsperren wurden angeordnet, Fabriken, Betriebe und Geschäfte wurden geschlossen, Freizeitparks, Restaurants, Sportveranstaltungen, private Feiern und sogar Gottesdienste waren von einem Tag auf den anderen tabu. Schulen und Kindertagesstätten stellten ihren täglichen Betrieb ein. Mehr als 13 Millionen Menschen starben weltweit, denken wir an die schrecklichen Bilder aus China, Bergamo in Italien, den USA, Brasilien und Spanien, auch bei uns in Deutschland und in sonstigen Ländern, die wir niemals mehr vergessen werden. Millionen von Menschen erkrankten schwer, lagen auf Intensiv- und Beatmungsstationen, auf denen Ärzte und Pflegekräfte Tag und Nacht um deren Leben kämpften und bangten. Ungezählte Menschen haben ihre berufliche Existenz verloren, suchten verzweifelt nach dem Sinn ihres Lebens, und damit verbunden geriet unser gewohntes und komfortables Leben auf schreckliche Weise aus der Balance. Dieses widerliche, menschenverachtende, teuflische Virus hat uns überfallen und herausgefordert und wir waren darauf nicht vorbereitet. Wie ein Dämon hat dieses Covid-19 auf dem Globus gewütet und grausam Leben zerstört. Die Bundes- und Landesregierungen, die WHO, Gesundheitsinstitute und ihre Virologen haben sich bemüht und ungeahnte Hilfen zur Verfügung gestellt, um zu retten, was noch zu retten war. Dennoch traten radikale Parteien, Gruppen und extremistisch Verrückte auf und beschworen den Weltuntergang, streuten Unruhe und vergiftete Parolen unter die Bevölkerung, verbreiteten abstruse Vorstellungen und abscheuliche Bilder, die uns Angst machen sollten, und malten ein Weltbild auf, das verführerische Züge trägt. Und immer noch taumeln diese Agitatoren durch die Städte und säen ihren Irr- und Wahnsinn aus, der abstruse Blüten trägt. Wir mussten bitter erfahren, wie brüchig doch unser Leben und wie zerbrechlich die Welt und Europa geworden sind, wie sensibel die Beziehungen der Staaten untereinander und wie gefährdet doch die Freundschaft benachbarter Länder ist, wie dünnhäutig menschliche Beziehungen sind, an welch seidenen Fäden die politische Zusammenarbeit hängt.

WO WAR UND WO IST GOTT?

Eine der bedrängendsten Fragen in dieser Zeit war: Wo war und wo ist Gott in dieser Zeit? Wo ist Gott bei den verzweifelten und sterbenden Menschen? Warum hat Gott dies alles zugelassen? Diese Fragen sind existenziell und auch berechtigt, weil sie vermutlich jeder von uns in den vergangenen Monaten mehrfach und auch im Rückblick auf dieses verunglückte Jahr gestellt hat. Warum hat Gott uns so massiv auf die Probe gestellt?
Parallel hierzu haben sich ebenfalls nicht wenige die Frage gestellt: Wo war die Kirche in dieser Zeit? Wo waren die Bischöfe, die Priester und Seelsorger? Trotz all dem Leid, der Verzweiflung, den Ängsten und Nöten, dem Tod und sämtlichen materiellen Verlusten kann ich mit Sicherheit sagen: Gott war da, Gott ist da! Gott ist bei jedem Einzelnen gewesen, der ihn in sein Leben gelassen hat. Gott ist mit seiner Nähe und Liebe immer bei uns gewesen und hat uns nicht verlassen. Mit seiner Liebe und Barmherzigkeit hat er nicht von uns abgelassen, weil er uns in seiner Hand halten will. Viele Menschen konnten und können diese verflixte Zeit nur überstehen, weil gerade der Glaube und das Vertrauen an Gott sie getragen und gehalten haben. Ungezählte Menschen

haben Halt und Hilfe auch durch ihre Mitmenschen erfahren, die aus ihrem christlichen Menschenbild und aus christlicher Nächstenliebe heraus ihnen helfend und tröstend zur Seite standen. Hierdurch ist viel Gutes getan und neu erfahren und an Ideen neu erfunden worden. Aus dem Geist Gottes heraus haben sich Christen und Menschen guten Willens nicht durch diesen Teufel in Versuchung führen lassen, sondern haben, wie Jesus im Abendmahlsaal, uneigennützig gedient. Gott bleibt sich selber treu und er lässt in keinem Augenblick von uns Menschen ab. Daran können wir uns festhalten, daran müssen wir glauben und darauf dürfen wir vertrauen, denn sonst verzweifeln wir tatsächlich.

AUCH DIE KIRCHE WAR DA

Wo war die Kirche in dieser Zeit?
Papst Franziskus hat am Abend des 27. März dieses Jahres auf dem leeren und verregneten Petersplatz in Rom einen eindrucksvollen und unvergesslichen Gottesdienst gehalten und die gebrochene und kranke Welt vor Gott gebracht. Sein feierliches Bittgebet für ein Ende der Corona-Pandemie vor einer Marienikone „Salus Populi Romani" und dem römischen Pestkreuz aus dem Jahr 1522 war nicht nur eine außerordentliche Geste und ein historischer Moment, es war möglicherweise die wichtigste Stunde seines Pontifikates. Der Papst hatte sich entschlossen, zu den katholischsten Instrumenten gegen die Pandemie zu greifen, indem er die Gottesmutter anflehte und mit dem im allerheiligsten Sakrament des Altares gegenwärtigen Gottessohn der Stadt und dem Erdkreis den Segen spendete. Mit dem Evangelium vom Sturm auf dem See, das wir gerade gehört haben, sprach der Papst den Menschen weltweit Mut und Hoffnung zu, rief zum gegenseitigen Beistand auf und mit eindringlichen Worten in die Welt hinein, dass wir alle Brüder und Schwestern sind: ‚Warum habt ihr solche Angst? Habt ihr noch keinen Glauben?' Der Anfang des Glaubens ist das Wissen, dass wir erlösungsbedürftig sind. Wir sind nicht unabhängig, allein gehen wir unter. Wir brauchen den Herrn so wie die alten Seefahrer die Sterne. Laden wir Jesus in die Boote unseres Lebens ein. Übergeben wir ihm unsere Ängste, damit er sie überwinde. Wie die Jünger werden wir erleben, dass wir mit ihm an Bord keinen Schiffbruch erleiden. Denn das ist Gottes Stärke: alles, was uns widerfährt, zum Guten zu wenden, auch die schlechten Dinge. Er bringt Ruhe in unsere Stürme, denn mit Gott geht das Leben nie zugrunde. Der Herr fordert uns heraus und inmitten des Sturms lädt er uns ein, Solidarität und Hoffnung zu wecken und zu aktivieren, die diesen Stunden, in denen alles unterzugehen scheint, Festigkeit, Halt und Sinn geben. Der Herr erwacht, um unseren Osterglauben zu wecken und wiederzubeleben. Wir haben einen Anker: Durch sein Kreuz sind wir gerettet. Wir haben ein Ruder: Durch sein Kreuz wurden wir freigekauft. Wir haben Hoffnung: durch sein Kreuz sind wir geheilt und umarmt worden, damit nichts und niemand uns von seiner erlösenden Liebe trennen kann. Inmitten der Isolation, in der wir unter einem Mangel an Zuneigung und Begegnungen leiden und den Mangel an vielen Dingen erleben, lasst uns erneut die Botschaft hören, die uns rettet: Er ist auferstanden und lebt unter uns." Franziskus zeigte

der Welt in demütiger Weise sein Gottvertrauen und betete: „Herr, segne die Welt, schenke Gesundheit den Körpern und den Herzen Trost. Du möchtest, dass wir keine Angst haben; doch unser Glaube ist schwach und wir fürchten uns. Du aber, Herr, überlass uns nicht den Stürmen. Sag zu uns noch einmal: ‚Fürchtet euch nicht‘ (Mt 28,5). Und wir werfen zusammen mit Petrus alle unsere Sorge auf dich, denn du kümmerst dich um uns (vgl. 1 Petr 5,7)."

AUCH DIE KIRCHE IN UNSEREN PFARREIEN WAR DA

Vielen von uns haben über lange Wochen hinweg die Gottesdienste, vor allem die Feier der Eucharistie, schmerzlich gefehlt. Wir haben unsere Gemeinschaft vermisst und aus Sicherheitsgründen haben wir uns untereinander nicht sehen können. Wichtige Feste wie Ostern und Pfingsten, der Weiße Sonntag sowie Fronleichnam konnten wegen des Lockdowns entweder gar nicht stattfinden oder nur mit ganz wenigen Teilnehmern. Ich glaube, dass trotz alldem die Kirche auch hier vor Ort sichtbar präsent gewesen ist etwa durch telefonische Kontakte oder den Hoffnungsbrief, den wir Seelsorger an die Gläubigen geschrieben haben. Zwei Monate lang haben wir täglich ein „Wort zum Tag" gesprochen, wir waren sichtbar durch den Auto-Gottesdienst auf unserem Kirmesplatz, die Live-Übertragungen unserer Gottesdienste aus der Basilika, die Einkaufshilfen durch unsere Räte, die Zeichen der Palmzweige und der Osterkerze, die Eucharistiefeiern in den Kirchen ohne oder mit begrenzter Zahl von Gläubigen. Wir standen an den Sterbe- und an den Totenbetten unserer Pfarrangehörigen und haben das Sakrament der Krankensalbung gespendet. Wir haben unsere Verstorbenen zu Grabe geleitet, für die diese XX Kerzen auf dem Altar brennen, und haben ihren Angehörigen tröstend zur Seite gestanden. XX Kindern haben wir das Sakrament der Taufe gespendet, für die die Taufkerze auf dem Taufstein jetzt brennt. Leider konnten wir situationsbedingt in diesem Jahr nur XX Paaren bei der Eheschließung assistieren. Zwei Erwachsenen durfte ich mit bischöflicher Genehmigung das Sakrament der Firmung spenden, wodurch der Heilige Geist sie mit seinen sieben guten Gaben beschenkte. Was nicht sichtbar nach außen gedrungen ist, möchte ich hier jedoch in aller Bescheidenheit erwähnen: Es verging kein Tag, an dem ich nicht für die Menschen in unserer Pfarreiengemeinschaft im Brevier gebetet habe, vor allem und gerade für die, die von dieser Pandemie gesundheitlich, beruflich, existenziell, familiär und persönlich betroffen waren. Doch, die Kirche und wir Seelsorger waren präsent und sind auch weiterhin immer für die uns anvertrauten Menschen da, wenn wir gebraucht werden.

IN DIESER WÜSTENZEIT AUF JESUS CHRISTUS SCHAUEN

Negativschlagzeilen mögen sicherlich teils berechtigt sein, aber sie gelten nicht allgemein, auch wenn Tausende von Menschen aus der Kirche ausgetreten sind sowie weitere austreten werden und damit der hohe Verlust an Kirchensteuern uns zum Sparen, zur Besinnung auf unsere Kernbotschaft oder zum Schließen von Einrichtungen zwingen wird. Für die XX Personen, die unsere Gemeinden verlassen haben, werden wir in besonderer Weise beten.

Gott ist da und die Kirche ist da! Den vielen ehrenamtlichen Frauen und Männern, allen unseren Angestellten, Mitarbeiterinnen und Mitarbeitern, die gerade während dieser Zeit treu waren und verantwortungsbewusst kirchliches Leben mitgetragen und mitgestaltet haben, danke ich von Herzen. Ich bin richtig stolz auf sie!

Gott und die Kirche waren da und haben diejenigen, die sich an sie gewandt haben, nicht alleine oder gar im Stich gelassen. Jede und jeder von uns hat aufgrund ihrer/seiner persönlichen Erfahrung ihr/sein ureigenes Bild. Es war und ist in der Tat eine Wüstenzeit, in der wir wie Jesus vom Teufel in Versuchung geführt wurden und noch werden. Um all diesem Bösen widerstehen zu können und den Versuchungen standzuhalten, sollten wir auf ihn, Jesus Christus schauen, und wissen, dass wir tatsächlich nicht nur vom Brot allein leben, und dass seine Engel uns behüten und bewahren. Deswegen ist es für den gläubigen Menschen unerlässlich, sich allein vor Gott niederzuknien, ihn anzubeten und ihm zu dienen.

In diesem Sinne können wir unser Leben in allen Situationen, auch und gerade in den schwierigen und ausweglosen Zeiten, bestehen. Eine andere Person sagte mir vor einigen Tagen aber auch: „In diesem Corona-Jahr habe ich viel gelernt und die Welt mit neuen Augen gesehen!"

MEIN BILD FÜR DIESE ZEIT

Mein Bild für diese Zeit ist auch das Boot im Sturm auf dem See. Auch ich habe und hatte Angst und habe beunruhigt nach Gott gerufen. Meine Angst um meine Familie, um die Menschen unserer Gemeinden, meine Verwandten und Freunde, die Einschränkungen meiner Freiheit, die Trennung von den Gottesdienstgemeinden, die Isolation, die Gefahr unterzugehen, hatten auch mich umfangen. Doch dann konnte ich mich neu ausrichten und der Mast des Schiffes, das Kreuz, beruhigte mich in einer ganz besonderen Weise, so dass ich mit diesem neuen Blick auf ihn, Jesus Christus, geschaut und habe mich in seiner Liebe geborgen wusste. Ja, ich brauche den Herrn! Wir alle brauchen den Herrn!

Behalten wir den Kompass in der Hand, hissen wir die Segel und lassen wir unser Lebensschiff vom Wehen des Heiligen Geistes führen. Stellen wir dieses zu Ende gehende Jahr 2020 und das auf uns wartende Jahr 2021 unter seinen Segen: Herr, segne die Welt!

Klaus Leist

Partner im Dienste des Menschen

Sind Religion und Sport Kontrahenten? Sind Glaube und Kirche Konkurrenten? Schließt das Engagement bei dem einem das Mittun beim dem anderen aus? Manchmal kann man ja heutzutage den Eindruck haben, Sport sei die neue Religion des modernen Menschen. Manche Soziologen sagen sogar, Sport sei für nicht wenige Menschen zur Ersatzreligion geworden. Und es ist wirklich erstaunlich, was Menschen an Geld und Zeit in den Sport investieren. Damit sind beileibe nicht nur die Sportler selber gemeint, sondern auch die Fans. Da darf kein Spiel ausgelassen werden, da ist kein Weg zu weit, kein Spiel zu lang, kein Fan-Trikot zu teuer, da singen im Stadion Menschen ganz gegen ihre sonstige Gewohnheit.

Kein Wunder, wenn da mancher Pfarrer denken würde: Wie schön wär's doch, wenn alle Christen kirchlich genauso einsatzbereit wären wie Sportler oder Fans in ihrem Verein! Aber zurück zur Frage nach der Beziehung zwischen Religion, Glaube, Kirche und Sport. Sind sie Gegner oder Verbündete?

SPORT UND KIRCHE KÖNNEN SICH ERGÄNZEN

Wenn uns klar wird, dass alles mit Menschen zu tun hat, kommen wir der Antwort auf die Eingangsfragen schon näher. Es geht sowohl im Sport als auch in der Kirche um die gottgewollte ganzheitliche Entfaltung und Entwicklung des Menschen, also seines Körpers und seiner Seele. Die in Körper und Geist angelegten Talente bedürfen der Entdeckung, Formung und Kräftigung durch Förderung, Übung, Training und menschliche Begleitung. Am besten gelingt das im Verein mit anderen. Genauso, wie das seit 50 Jahren beim SV N.N. gepflegt wird. Für mich ist aus dieser Perspektive die Antwort auf die Frage nach dem Zueinander von Kirche und Sport sonnenklar: Religion, Glaube, Kirche und Sport sind ideale Partner, Partner im Dienste des Menschen, damit diese glücklich und zufrieden leben können. Meiner Meinung nach sollen Sport und Kirche sich ergänzen und deswegen braucht es einen guten Kontakt zwischen den Verantwortlichen auf beiden Seiten, braucht es präzise Absprachen und gegenseitige Rücksichtnahme im Alltagsgeschäft und insbesondere in der Sonntagskultur. Es muss doch möglich sein, dass sich der Sport und die Kirche nicht beim Fußballspiel oder der Gymnastikstunde und beim Sonntagsgottesdienst in die Quere kommen und einen Bereich erschweren oder gar verunmöglichen, wo doch beide Bereiche zusammen wichtig sind. Insbesondere sollten wir Kindern und Jugendlichen dieses Dilemma ersparen, sich für eines entscheiden zu müssen, Kirche oder Sport. Kein junger Mensch sollte sagen müssen: „Ich kann am Sonntagvormittag nicht in die Kirche gehen, weil ich Fußball spielen muss." – „Ich kann nicht zur Firmvorbereitung kommen, weil ich Training habe." oder umgekehrt. Deswegen, so meine ich, bedarf es frühzeitiger Absprachen und gegenseitiger Rücksichtnahme. Weil es eben um das ganzheitliche Wohl von Menschen geht. Dazu ein paar Überlegungen. Im

Sport wird Leistung großgeschrieben, manchmal zu groß: „Schneller – höher – weiter" heißt die olympischen Maxime im Sport. Wären für das Trainingsprogramm eines Menschen, besonders eines Christenmenschen, nicht die Trainingsziele „Langsamer – tiefer – näher" bedenkenswert? Ohne Leistung ist Sport, ist menschliches Leben überhaupt nicht möglich. Aber als Christen wissen wir auch, dass Leistung einerseits ein Geschenk Gottes ist, die uns durch die in uns angelegten Talente möglich ist, und andererseits ein Zutun durch uns, das wir nicht vernachlässigen dürfen, gerade auch im Sport. „Schildkröten können mehr über den Weg erzählen als Hasen" sagt ein altes Sprichwort. Vielleicht sollte sich ein Leichtathlet auch diese Perspektive einmal gönnen.

MITEINANDER GEHT ES BESSER

Mitgliedern von Sportvereinen wurde vor einigen Jahren folgende Frage gestellt: „Warum gehen Sie in einen Sportverein?". Mehr als 50 % der Befragten antwortete: „Wegen der Gemeinschaft". Ist das nicht schön? Miteinander geht es einfach besser. Da kommt man leichter voran. Wenn jeder seine Fähigkeiten in den Dienst des anderen stellt, bildet sich ein erfolgreiches Team. Gute Gemeinschaft pflegen ist das A und O im Sportverein, aber auch im Leben. Wichtig ist die Gemeinschaft, die der Sportler mit den anderen Sportlern und auch mit dem Trainer, der Übungsleiterin und dem Vorstand hat, ohne die ein guter Sport nicht möglich ist. Ganzheitliche menschliche Entfaltung geht auf jeden Fall über den Mitmenschen. Du bist wichtig für mich – ich bin wichtig für dich. Teamgeist entwickeln, miteinander Ziele haben, durchhalten, mitmachen. Das sind Tugenden, die wir im Sport erlernen können. Und schon wieder sind sich Sport und Kirche ganz nah. Auch die Kirche ist eine Gemeinschaft. Sie nennt sich Communio und meint die Gemeinschaft mit Jesus als Coach und der Christen untereinander, eine Gemeinschaft, in der es nicht nur um einen verwelkenden irdischen Siegeskranz geht, sondern um das Heil des Menschen, den Siegeskranz des ewigen Lebens bei Gott. Bei allem Respekt vor den sportlichen Disziplinen: Es gibt keine sportliche Disziplin, die uns den Sprung in das ewige Leben garantiert. Ein Grund mehr, für Kirche und Sport zusammenzustehen.

EIN SPIEL MIT FAIRNESS UND RESPEKT

Oft höre ich heute die Klage über die Verzweckung des Sports. Will heißen: Auch oder gerade den Sport hat die in der heutigen Gesellschaft scheinbar wichtigste Frage erreicht oder auch schon überrollt: Was habe ich davon? Es wäre dramatisch, wenn ein Sportverein eine Ansammlung von Egoisten werden würde, in der es nur noch um Karriere und Geld geht. Der Sport muss Spiel bleiben. Er darf Wettkampf sein, aber nicht zum unmenschlichen Kampf ausarten, wo die Fairness und der Respekt auf der Strecke bleiben. Deswegen mahnt uns der Apostel Paulus heute in der Lesung: „Wer an einem Wettkampf teilnimmt, erhält den Siegeskranz nur, wenn er nach den Regeln kämpft." Und da kann ein Verlierer durchaus auch Gewinner sein. Der große Jugendapostel, der hl. Johannes Bosco, hat mit seinen Jungs viele Stunden auf den Spielplätzen in Turin verbracht. Er gibt uns aus dieser Erfahrung zu bedenken:

„Ganz begeistert bin ich, wenn im Verlauf einer Begegnung, bei aller Anstrengung und allem Kampf, Spielwitz und Spielfreude immer mehr die Oberhand gewinnen; wenn phantasievoll kombiniert, wenn „gezaubert" und getrickst wird; wenn nicht taktisches Kalkül das Spiel bestimmt, sondern das Herz und der Esprit." Und genau das ist es doch, was uns Christen heute zu wünschen ist: dass wir das Spielerische und Fröhliche an unserem Glauben nicht vergessen.

DIE LEICHTIGKEIT DES SPIELS IM ALLTAG PFLEGEN

Deswegen braucht es auch Orte und Zeiten, an denen ich mich einfach einmal hinsetzen und vor Gott da sein und ihm aus meinem Leben erzählen kann. Orte und Zeiten, an denen man einfach ohne Zwang und Zweck spielen kann im Angesicht Gottes. Man nennt das auch Gebet oder Gottesdienst. Ich finde es schön, in N. zwei Gemeinschaften zu haben, die auf je verschiedene Weise in die Härte des Lebenskampfes die Leichtigkeit des Spiels einbringen, den Sportverein und die Kirchengemeinde.

Ich gratuliere dem SV N. zum 50. Geburtstag, danke ihm für seinen wertvollen Dienst an überwiegend denselben Menschen, denen wir als Kirchengemeinde dienen. Bleiben Sie den Idealen des Sports treu und pflegen Sie im Interesse dieser Menschen die Verbindung zum christlichen Glauben und die Partnerschaft zur Kirche.

Gott segne den SV N. und lasse ihn gut und sicher bei der 100-Jahrfeier ankommen.

Hans Amann

Zur Gestaltung von Wort-Gottes-Feiern mit GWiK

Die Gestaltung der Wort-Gottes-Feiern in GWiK orientiert sich am Werkbuch für die Wort-Gottes-Feier an Sonn- und Festtagen.

LIEDVORSCHLÄGE

Mit den Gesängen zur Eucharistiefeier lassen sich auch Wort-Gottes-Feiern gestalten. Dabei sind die der Eucharistiefeier vorbehaltenen Lieder einfach wegzulassen. Sollten andere Lieder nicht zur Wort-Gottes-Feier passen, wird ihnen eine Alternative angeboten. Sonn- und festtägliche Lobpreise sind dem Werkbuch zur Wort-Gottes-Feier zu entnehmen. Zudem wird hin und wieder ein Vorschlag für einen Hymnus gemacht, der den Lobpreis abrundet. Außerhalb der Fasten- und Adventszeit ist das in der Regel das Glorialied.

ERÖFFNUNG

Der Eröffnungsteil ist für Eucharistiefeier und Wort-Gottes-Feier gleichermaßen geeignet. Der liturgische Gruß ist so formuliert, dass er von Klerikern und Laien gesprochen werden kann.

ZU DEN SCHRIFTLESUNGEN

Der zweite Gliederungspunkt „Zu den Schriftlesungen" bezieht sich ebenfalls auf beide Gottesdienstformen. Von den Predigten bietet sich besonders die Kurzpredigt als Lesepredigt für die Wort-Gottes-Feier an.

ELEMENTE FÜR DIE WORT-GOTTES-FEIER

Die hier angeführten Elemente beziehen sich im Regelfall auf die „Antwort der Gemeinde" auf das gehörte Wort Gottes. Dazu kann auch eine zu bestimmten Sonn- und Festtagen gehörende Segnung zählen, etwa die Segnung des Adventskranzes. Segnungen setzen eine Beauftragung durch den Bischof voraus.
Die „Antwort der Gemeinde" auf die „Verkündigung des Wortes Gottes" mündet im sonn- oder festtäglichen Lobpreis.

FÜRBITTEN

Die Fürbitten sind für beide Feiern gedacht. Bei der Wort-Gottes-Feier entfällt das abschließende Gebet. Hier wird direkt das Vaterunser eingeleitet.

Anschriften der Mitarbeiterinnen und Mitarbeiter dieses Bandes

Amann, Dekan Hans, Marktplatz 15, 92421 Schwandorf – **Bidinger,** Dipl. Rel.päd. Daniel, Rotkehlchenweg 22, 55126 Mainz – **Birk,** P. OSB Martin, Abtei, 97359 Münsterschwarzach – **Bitter,** Prof. Dr. CSSP Gottfried, Tannenweg 2, 53424 Remagen – **Büning,** P. Sebastian, Brüder-Grimm-Str. 1, 36037 Fulda – **Busse,** P. Elmar, Klosterstraße 5, 56428 Dernbach – **Buysch,** Dr. Theol. Dipl. Theol. Christoph, Sandberg 139b, 47809 Krefeld – **Daschner,** P. Dr. OPraem Dominik, Prämonstratenser-Abtei Windberg, Pfarrplatz 22, 94336 Windberg – **Diener,** Pfr. Thomas, Kurgartenstraße 16, 67098 Bad Dürkheim – **Gaidetzka,** Dipl.- Theol., Petra, Im Purweider Feld 14, 52070 Aachen – **Geist,** Domkap. em. Dr. Heinz, Kettengasse 26, 97070 Würzburg – **Goßmann,** Brigitte, Zweitorstr. 25a, 41748 Viersen – **Günther,** P. OSFS Hans-Werner, Salesianum-Rosental, 85072 Eichstätt – **Hardt,** Elisabeth, Rubensallee 48, 55127 Mainz – **Hartmann,** Spiritual Dr. Wolfgang, Bischöfliches Priesterseminar der Diözese Fulda, 36037 Fulda – **Heinemann,** P. Christoph OMI, Merkurweg 21, 55126 Mainz – **Heizmann,** Pastoralreferent Klaus, Herrenhausstraße 16, 55291 Saulheim – **Hieke,** Prof. Dr. Thomas, Sägemühle 7, 91275 Auerbach-Michelfeld – **Hirt,** Beate, Rheinallee 1c, 55116 Mainz – **Hörnemann,** P. Dr. Daniel OSB, Abtei Gerleve, 48727 Billerbeck – **Jagelki,** P. Jürgen OMI, Merkurweg 21, 55126 Mainz – **Jakobi,** Dompropst i. R. Paul, Pauline-von-Mallinckrodt-Platz 8, 32243 Minden – **Jauch,** P. OFM Robert, Am Junkerstrauch 6, 40667 Meerbusch – **Kast,** Pfr. Hermann, Ludwig-Uhland-Straße 3, 67346 Speyer – **Katzer,** P. Josef OMI, Klosterstr. 5, 36088 Hünfeld – **Kayenburg,** Dipl. Theol. Katrin, Eichhornstraße 11, 41239 Mönchengladbach – **Kersten,** Dipl. Theol. Stephanie, Nansenstraße 4, 12047 Berlin – **Kinnen,** Dr. Michael, Ernst-Heilmann-Str. 3, 55413 Niederheimbach – **Klinger,** Dipl. Theol. Norbert, Bahnhofstr. 18, 63457 Hanau – **Klosterkamp,** P. Dr. Thomas OMI, De Mazenod Residence, 7707 Madonna Drive, San Antonio TX 78216 – **Knapp,** Pastoralreferent Steffen, Kiefernstraße 29, 55246 Mainz – **Konrad,** Pfr. Markus, Augustinerstr. 34, 55116 Mainz – **Kowalski,** Prof. Dr. Beate, Nachtigallenweg 1, 44225 Dortmund – **Kreiss,** Clemens, Grüne Gasse 10, 48143 Münster – **Kunz,** Dipl. Theol. Dipl. Rel.-päd. Florian, Orli-Torgau-Str. 7, 54294 Trier – **Kulla,** fr. André OMI, Kloster Mariengarden, Vennweg 6, 46325 Borken-Burlo – **Lauber,** Pfr. Prof. Dr. Stephan, Theologische Fakultät Fulda, Eduard-Schick-Platz 2, 36037 Fulda – **Lazar,** Schwester OSB Ruth, Abtei St. Gertrud, Alexanderdorf, Klosterstraße 1, 15838 Am Mellensee – **Leist,** Pfr. Klaus, Fruchtmarkt 19, 66606 St. Wendel – **Lehnertz-Lütticken,** Marlies, Händelstr. 8, 54294 Trier – **Lerchl,** Pfr. Markus, Basilikastraße 1, 55411 Bingen – **Miorin,** Pfr. Albert L., Scheyerer Straße 4, 85276 Pfaffenhofen/Ilm – **Modenbach,** P. Siegfried SAC, Propsteihof 4, 44137 Dortmund – **Molzberger,** Agnes, Frankfurter Str. 6, 65239 Hochheim – **Nitsche,** Dr. Martin, Katholisch-Theologische Fakultät, 55099 Mainz – **Ohly,** Pfr. Prof. Dr. Christoph, Lichhof 1, 50676 Köln – **Rauh,** Franziska, Am Mainzer Weg 2, 55127 Mainz – **Rieth,** Pastoralreferentin Stephanie, Schultheißweg 17, 55252 Mainz-Kastel – **Roos,** Pfr. Michael, Am Markt 7, 67593 Westhofen – **Roth,** Prof. Dr. Cornelius, Eduard-Schick-Platz 5, 36037 Fulda – **Rottmann,** Br. Burkhard OMI, Klosterstr. 5, 36088 Hünfeld – **Salzmann,** Pastor Dirk, Schledebrückstr. 33, 33332 Gütersloh – **Sauer,** Tobias, Im Sonnenschein 18, 54292 Trier – **Schäfer,** Pfr. Tobias, Lutherring 9, 67547 Worms – **Schmidt,** Pastoralreferentin Brigitte, Gerastr. 41, 53125 Bonn – **Schmitt,** Dominik, Hindenburgstraße 3, 66709 Weiskirchen-Konfeld – **Schöning,** Dipl. Theol. Benedict, Sömmeringstraße 14, 55118 Mainz – **Solis,** Pastor Dr. Robert, Hindenburgstr. 2, 21335 Lüneburg – **Stephan,** Pastoralreferent Thomas, Mozartstr. 7, 76863 Herxheim – **Surmund,** Pfr. Dr. Heinz-Georg, Katthagen 41, 48143 Münster – **Vogt,** Sr. Kathrin OMI, Grünstraße 11, 46325 Borken – **Watteroth,** P. Jens OMI, Brüder-Grimm-Str. 1, 36037 Fulda – **Wedon,** P. Dr. Athanasius OMI, Maria Taferl 1, 3672 Maria Taferl, Austria – **Wilczek,** P. Norbert OMI, Klosterstr. 5, 36088 Hünfeld – **Worbs,** Prof. Dr. Marcin, ul. Partyzancka 8, PL 45-850 Opole.